职业院校学前教育专业人才培养精品教材

幼儿园管理与创业

主　编　何小华　蒋春姣

副主编　林丽娜　陆淑华

主　审　邓素林　苏　玲

西南交通大学出版社

·成 都·

图书在版编目（CIP）数据

幼儿园管理与创业 / 何小华，蒋春姣主编. —成都：西南交通大学出版社，2020.3
职业院校学前教育人才培养精品教材
ISBN 978-7-5643-7381-8

Ⅰ. ①幼… Ⅱ. ①何… ②蒋… Ⅲ. ①幼儿园 – 管理 – 高等职业教育 – 教材 Ⅳ. ①G617

中国版本图书馆 CIP 数据核字（2020）第 036012 号

职业院校学前教育人才培养精品教材
You'eryuan Guanli yu Chuangye
幼儿园管理与创业

主　编 / 何小华　蒋春姣

责任编辑 / 孟　媛
封面设计 / 原谋书装

西南交通大学出版社出版发行
（四川省成都市金牛区二环路北一段 111 号西南交通大学创新大厦 21 楼　610031）
发行部电话：028-87600564　028-87600533
网址：http://www.xnjdcbs.com
印刷：四川森林印务有限责任公司

成品尺寸　185 mm × 260 mm
印张　12.5　字数　311 千
版次　2020 年 3 月第 1 版　印次　2020 年 3 月第 1 次

书号　ISBN 978-7-5643-7381-8
定价　38.00 元

课件咨询电话：028-81435775
图书如有印装质量问题　本社负责退换

前 言

幼儿园管理与创业是高等职业学校学前教育专业的主干核心课程之一。学习幼儿园管理与创业知识，不仅有利于毕业生入职时较快、较好地适应幼儿园工作，而且有利于毕业生的职业生涯发展。

本教材是广西工业职业技术学院学前教育专业与贵港市普罗旺斯幼儿园校企合作共同开发的就业创业教材。围绕学前专业毕业生职后创办幼儿园和成为幼儿园管理者的创业梦想，本书分为创业篇和管理篇。创业篇包括“幼儿园园长”和“幼儿园的筹建”两章。学习创业篇，学生能了解幼儿园园长必备的知识、能力素养和岗位职责要求，懂得获取园长资格的途径和借鉴园长成长之路规划个人职业生涯；了解幼儿园筹建的流程，熟悉幼儿园创办条件，掌握筹建幼儿园的基础知识与技能。管理篇则包括“幼儿园战略管理”“文化建设”“师资团队建设”“课程管理”“卫生保健管理”“安全管理”“公共关系管理”等章节。学习管理篇，学生能了解幼儿园管理基本制度和管理技巧，获得幼儿园管理与经营的基本技能。本教材的编写具有以下特点：

1.“目标导向”的结构体系

在结构体系方面，以目标要求为导向，运用实习幼儿园典型案例分析，让学生理解幼儿园管理的方法和知识，获得幼儿园管理的初步能力，为就业和创业奠定基础。

2.“理论够用”的编写特点

教材编写着重幼儿园管理的基本问题，引入合作幼儿园大量的管理案例，增加理论知识的实践性和应用性，突出高职教学知识实用性的特点。

3.“注重管理，关注经营”的管理思想

结合当前绝大多数幼儿园需要独立自主经营、自负盈亏的经营现状，在幼儿园管理教学中，注重“经营”管理思想的输入。

本教材编写组共九人。何小华、蒋春姣两位老师担任主编，邓素林教授和苏玲园长担任主审。蒋春姣老师编写第一、二、三、八、十章，何小华老师编写第四、九章，邓素林教授编写第五、六章，石媛老师编写第七章，刘信杰老师编写第十一章，刘凝辛老师编写第十二章。幼儿园管理制度及典型案例由林丽娜和陆淑华两位副园长审核提供。

另外，本书还借鉴和吸收了国内许多专家、学者及同行的最新研究成果、观点和资料，在此表示诚挚的感谢。由于编写时间仓促，编者水平有限，书中可能存在一些错漏和不当之处，敬请各位读者指正和提出宝贵意见，将不胜感激。

编 者

2019 年 12 月

目　录

创业篇

第一章　幼儿园园长

【学习目标】

1. 了解幼儿园园长的领导工作及园长所具备的基本素养。
2. 熟悉幼儿园园长的岗位职责及资格和职位的取得渠道。
3. 了解园长专业化成长之路，初步形成创新创业意识。

【导　　语】

学前教育行业的发展，不但需要大量高素质的幼儿园教师，也需要一定数量高素质的幼儿园园长。了解幼儿园园长的领导工作和基本素养，熟悉幼儿园园长的岗位职责和资格要求，借鉴成功幼儿园园长的专业化成长之路，帮助学前教育专业毕业生职业成长。

第一节　幼儿园园长概述

园长是履行幼儿园领导和管理工作职责的专业人员，对幼儿园的发展起着举足轻重的作用。“一个好园长，能带出一所好幼儿园”已成为幼教界的共识。理解幼儿园园长的含义、地位、职责等，全面认识幼儿园园长。

一、幼儿园园长的含义

原国家教育委员会 1989 年 12 月颁布的《幼儿园管理条例》(以下简称《条例》) 指出：幼儿园园长负责幼儿园的工作。2015 年教育部颁布的《幼儿园工作规程》(以下简称《规程》) 指出：幼儿园实行园长负责制。园长在举办者和教育行政部门的领导下，依据本规程领导全园工作。由此，《条例》和《规程》对幼儿园的管理结构做出具体的规定：幼儿园的领导体制是园长负责制度。园长负责制是指园长在上级主管部门的宏观领导下，以园长负责为核心，同党支部的监督、教职工民主管理有机结合，为实现幼儿园工作目标，发挥园长领导职能的管理体制。幼儿园实行园长负责制，是加强幼儿园科学管理、发挥管理效能、提高保教质量的重要举措。

近年来，世界各国普遍关注教育领导的专业化问题，很多国家或地区通过相关制度建设推进教育领导的专业化进程。2015 年 1 月，教育部颁发了《幼儿园园长专业标准》(以下简称《标准》)。《标准》中明确：园长是履行幼儿园领导与管理工作职责的专业人员。基于《标准》的定义，要想全面理解幼儿园园长的含义，就需要准确理解园长工作职责中“领导”和“管理”的含义。

“领导”产生于人类的群体活动，并随着社会生产力的发展而不断演进。“领导”一词有许多的表达方式，但目前没有权威的说法，更没有定论。《现代汉语辞海》(2011 年版)对“领导”解释为：率领并引导朝一定方向前进（作动词用）；担任领导的人，领导者（名词）。美国著名的领导科学专家约翰·麦考尔对“领导”做了三方面的解释：一是建立目标和方向；二是以既定目标为中心，将工作人员组织、团结起来；三是鼓舞和推动他们朝着既定方向前进。综合中外对“领导”含义的理解，领导就是组织负责人（领导者）带领和引导组织成员朝着既定目标和方向前进，为实现既定组织目标而奋斗的行为过程。领导重点是指人对人的关系的活动，是上级有意识地影响下级完成既定任务的行为过程，侧重“带领和领导”。

“管理”则是通过计划、组织、领导和控制过程，合理组织和充分利用人、财、事、物、时间、空间、信息等相关资源，优质高效地实现组织目标的社会活动。其侧重点则是对幼儿园的各个要素进行“管理和执行”。基于上述解释，领导与管理两者之间既有联系但又各有侧重。《标准》从领导者和管理者的双重角色定位幼儿园园长，要求园长既要有领导决策的能力，又要有科学管理的专业水平，引领幼儿园改革和发展，推动学期教育保教质量的提升。

二、幼儿园园长的地位和角色

园长是幼儿园的灵魂，一个好园长就是一所好幼儿园。园长在幼儿园中处于核心地位，肩负多种责任。明确这些问题有利于园长正确认识自己，准确把握自身的角色。

（一）园长的地位

《规程》规定，我国幼儿园实行“园长负责制”。园长作为幼儿园的负责人、领导者，全权负责幼儿园的各项工作。园长对内负责幼儿园的办园定位、规划发展、师资团队的建设、收益支配、保教管理等工作，是幼儿园发展的决策者和内部行政工作的组织者。园长对外代表幼儿园，对幼儿园的举办者、幼儿园家长、社区和行政管理部门等一切事物负责，与外部建立好各种关系，获取幼儿园发展的物质和社会资源。幼儿园园长在幼儿园的运行和发展中起着关键作用，在幼儿园保教质量提升、完成幼儿园保教任务和服务家长工作中起到决定性的作用。

（二）园长的角色

1. 教育者

苏霍姆林斯基曾指出，一个学校的领导只有把教学和教育以及研究和了解儿童这些学校工作中最本质的东西摆在第一位，他才能成为一位好的领导，成为一位有威信的、博学多识的“教师的教师”。园长作为教育者，基本任务是进行教学领导。所谓教学领导是指园长为实现幼儿园的教育目标，优化教育教学系统，通过规划保教发展愿景，制定课程标准，管理课程教学，评价保教活动等，以提升教师的保教品质和幼儿的学习成效的动态过程。

2. 领导者

幼儿园园长是幼儿园的领导者，是幼儿园发展的设计师与引导者，在很大程度上决定了幼儿园发展的方向。优秀的园长能够以战略眼光对幼儿园的发展做前瞻性、长远性、全局性的思考与设计，并能带领全体员工建立起共同的愿景与价值观。然后，发挥其引领作用，促进幼儿园的全体员工、家长以及社会认同并与其价值目标保持一致，以共同实现幼儿园的组织目标。

3. 管理者

园长作为幼儿园这一组织的管理者，组建组织，建立组织目标，然后通过计划、组织、实施、监控等环节对组织内部的人、财、物等进行管理，优化资源，高效实现组织目标。同时，秉承开放办学理念，对家庭、社区、政府等外部环境资源进行管理，为组织创造适宜的环境，为实现组织目标获取更多的资源。

三、园长的职责及聘用

（一）园长的职责

《标准》和《规程》对园长职责的规定各有侧重。《标准》主要从专业化的角度定义园长的职责，而《规程》主要从园长主要工作的角度定义园长的职责。

1.《标准》规定的园长职责

《标准》从园长作为领导者、教育者和管理者的职业角色定位，确定了幼儿园园长的六大职责：规划幼儿园发展职责；营造育人文化；领导保育教育；引领教师成长；优化内部管理；调适外部环境。

2.《规程》规定的园长职责

（1）贯彻执行国家的有关法律、法规、方针、政策和地方的相关规定，负责建立并组织执行幼儿园的各项规章制度；

（2）负责保育教育、卫生保健、安全保卫工作；

（3）负责按照有关规定聘任、调配教职工，指导、检查和评估教师以及其他工作人员的工作，并给予奖惩；

（4）负责教职工的思想工作，组织业务学习，并为他们的学习、进修、教育研究创造必要的条件；

（5）关心教职工的身心健康，维护他们的合法权益，改善他们的工作条件；

（6）组织管理园舍、设备和经费；

（7）组织和指导家长工作；

（8）负责与社区的联系和合作。

以下为广西贵港市普罗旺斯幼儿园园长岗位职责的实例，可供借鉴参考。

园长岗位职责

1. 在集团领导下，主持全面工作，负责全园行政、教学、后勤和队伍的思想政治教育等工作。

2. 团结全体老师，执行国家的法律、法规和政策；遵守幼儿园各项规章制度，带领全体工作人员，努力完成总部下达的各项工作任务。

3. 制定全园工作计划，定期召开园务会议，抓好幼教的各个环节，保证幼儿教育质量。

4. 主持全园幼儿的教育工作、卫生保健工作、安全保卫及其他工作。

5. 负责全园工作人员的聘任和调配工作，指导、检查和评估教职工的工作，并给予奖惩。

6. 负责办好幼儿食堂，确保幼儿健康成长。

7. 坚持勤俭办园方针，管理好园舍、设备、经费和园内绿化。

8. 负责召开家长会，听取家长的意见和要求，争取家长对幼儿园工作的支持。

9. 负责新生录取和幼儿班级调配工作。

10. 负责幼儿园日常开支和岗位津贴及奖惩制度的预算审核工作。

（二）园长的任职资格及聘用

1. 园长的任职资格

1996 年 1 月，原国家教委颁发《全国幼儿园园长任职资格、职责和岗位要求（试行）》文件，对园长的素质提出具体要求，明确幼儿园园长的任职资格。由于形势的发展，现普遍使用 2016 年施行的《规程》第三十九和四十条对幼儿园园长任职资格的要求。其具体规定如下：

（1）幼儿园园长应当贯彻国家教育方针，具有良好品德，热爱教育事业，尊重和爱护幼儿，具有专业知识和技能以及相应的文化和专业素养，为人师表，忠于职责，身心健康。

幼儿园园长患传染病期间暂停在幼儿园的工作。有犯罪、吸毒记录和精神病史者不得在幼儿园工作。

（2）幼儿园园长应当具有《教师资格条例》规定的教师资格、具备大专以上学历、有三年以上幼儿园工作经历和一定的组织管理能力，并取得幼儿园园长岗位培训合格证书。

2. 园长的聘用

《规程》第四十条对园长的任用做了规定：幼儿园园长由举办者任命或者聘任，并报当地主管的教育行政部门备案。

根据以上规定，园长的聘用权在举办者。在“政府主导、社会参与、公办民办并举”的办园体制下，幼儿园办园主体多元化，幼儿园有政府主办，也有各种社会团体、机关、企事业单位、个人等非政府主办。地方政府举办的幼儿园，园长由地方政府干部管理和任用条例选拔任用。非政府主办幼儿园，园长由办园主体根据园长任用标准，选拔和任用园长，并向当地教育行政部门备案。

第二节　园长的基本素养

园长作为专业人员，要求具有基本的专业素养。园长的基本素养是指从事幼儿园领导工作所必备的基本条件，以及领导工作中经常起作用的内在要素总和。2015 年颁布的《标准》以幼儿园园长的六大职责和60条标准确定了幼儿园园长专业的理解与认识、专业知识和方法、专业能力和行为，规范了园长的基本素养。园长的基本素养包括：政治素养、知识素养、能力素养。

（一）政治素养

思想政治道德素养是园长应具备的首要要素。思想政治道德素养包括政治思想、职业道德和办园的理念。

1. 政治思想

政治上，坚持党的领导，贯彻党和国家的教育方针政策，将社会主义核心价值观融入幼儿园工作，履行法律赋予园长的权利和义务，主动维护儿童合法权益；思想上，园长要有正确的办园指导思想、现代教育观念和科学的教育理论。

2. 职业道德

热爱学前教育事业和幼儿园管理工作，具有服务国家、服务人民的社会责任感和使命感；践行职业道德规范，立德树人，关爱幼儿，尊重教职工，为人师表，勤勉敬业，公正廉洁。

3. 办园理念

坚持幼儿为本的办园理念，把促进幼儿快乐健康成长作为幼儿园工作的出发点和落脚点，让幼儿度过快乐而有意义的童年；面向全体幼儿，平等对待不同民族、种族、性别、身体状况及家庭状况的幼儿；尊重个体差异，提供适宜教育，促进幼儿富有个性地全面发展；树立科学的儿童观与教育观，使每个幼儿都能接受有质量的教育。

（二）知识素养

幼儿园园长集领导者、管理者和教育者三种职业角色于一身。园长要完成三种角色的专业化工作，专业化知识必须包括以下四种：一是作为体现园长职业角色特征的核心专业知识，即本体性知识；二是作为活化剂，能够使工作顺利进行的条件性知识；三是有助于形成园长个人处事风格的实践性知识；四是能够提高园长整体素养的一般科学文化知识。

1. 本体性知识

本体性知识指园长作为幼儿园负责人、管理者，在实施管理工作时所需要的知识，主要指教育管理知识。管理对幼儿园的正常运转起着至关重要的作用，直接关系到教育投资效率的高低，影响着幼儿园各项工作的开展。园长最主要的职业角色就是管理者。为保证幼儿园工作顺利进行，园长应具有现代管理观念，掌握现代管理知识，能采用科学的管理方法，充分而有效地利用各种人力、物力、财力资源来提高管理效率，这是园长做好管理工作的前提和保证。此外，要特别注重幼儿园的教学管理，因为它是幼儿园管理的核心内容。为此，园长要灵活掌握教育管理理论，找到适合本园课程与教学特点的科学教育管理理论。掌握好本体性知识，既是园长专业化发展的要求，也是园长引导幼儿园更好发展的基本前提。

2. 条件性知识

条件性知识是园长在处理日常工作中为保证工作顺利开展、所遇问题顺利解决而应具备的知识，主要包括学前教育理论等专业性知识，以及教育学、心理学等属于大教育范围的专业性知识。园长以幼儿园为工作对象和活动范围，是幼儿园教师的指导者，即教师的教师，这就要求园长应首先具有扎实的学前教育专业方面的知识，包括专业理论知识和教学实践知识。只有这样，园长才能懂得如何运用自己的知识和智慧去提升幼儿园的整体教学质量，根据教育理念及个人信念，指导教师制定适宜的教学目标与任务，才能发展和提升幼儿园的课程与教学品质，为幼儿创造良好的学习环境，为教师提供教学支持，促进教师教学技能的提高。由于教育教学始终是幼儿园的中心工作，因此园长还应具备专业的教育教学知识，才能更好地指导幼儿园教育教学工作的开展，对幼儿园课程建设进行引领与规范。此外，园长还应掌握一些心理学方面的知识。这些知识对于园长了解教师和幼儿心理，有效引导其行为，增强工作的预见性和针对性有着重要的作用。

3. 实践性知识

实践性知识是园长在个人实践工作中形成的知识与智慧，是园长在理解和领悟理论知识的基础上建构起来的一种在特定情境中知道做什么和知道如何做的知识形态。实践性知识主要包括园长的情感态度、价值观念、生活经验等。这类知识是园长在实际工作中的个人经验总结，体现的是园长的个人管理风格和教育风格。实践性知识首先具有实践性，它是个体基于自己的实践经验，对公认的理论知识进行检验的知识，同时还是个体在实践中实际应用的知识。其次，实践性知识具有情境性。实践性知识体现的是园长在面对实际工作情境时做出的及时而机智的反应。此外，实践性知识还具有个体性，即实践性知识为园长个体所独有，园长依据个人实践经验、个人处事方式以及那些内化为个人品质的理论知识来处理实际问题。从某种程度上说，园长专业化发展最终体现的是园长个体的职业发展水平，而能对其发展产生真实影响的正是个人在实践中通过亲身体验和学习获得的实践知识，而不是理论知识。因此，园长不仅要吸收已有的理论知识，更要积累和建构基于自身体验的实践性知识，并在具体实践中不断完善自己的知识体系。

4. 广博的科学文化知识

广博的科学文化知识是园长专业化知识基础的重要组成部分，主要包括四方面的内容：一是人文社会科学知识，如哲学、社会学、逻辑学和历史学等方面的知识；二是自然科学和技术科学知识，园长应了解它们的基本理论和最新研究成果；三是工具类知识，如外语、计算机、现代化多媒体信息处理技术、公共关系等方面的知识；四是文艺类知识，如文学、美育等方面的知识。园长作为幼儿园的最高领导，掌握广博的科学文化知识，一方面是提高其自身素质的内在要求，另一方面也是帮助其更好地解决问题、提升形象的重要途径。

以上这几类知识构成了园长走向专业化所需知识的基本结构，这些知识是相互有机联系，而非各自完全孤立的。其中，本体性知识是园长工作得以顺利开展的基础性部分，条件性知识对本体性知识起着理论支撑的作用，它们是衡量园长专业能力的标志，同时也是园长取得任职资格的重要考核依据。实践性知识是园长将前两种知识运用于实践后，经过个人反思、总结而获得的知识，是园长自身职业个性的展现。广博的科学文化知识是对其他知识的重要补充。这些知识相互联系相互促进，共同支持园长的专业化发展。

（三）能力素养

园长的能力素养是幼儿园园长完成幼儿园领导工作必备的个人能力素养。《标准》从园长的 6 大岗位职责列出了幼儿园园长 24 项专业能力。现依据 24 项能力，根据岗位职责归纳出 6 大岗位职业能力。

1. 规划幼儿园发展的能力

正确把握幼儿园的办园公益性和普惠性的方向，充分认识学前教育对幼儿身心健康、习惯养成、智力发展等具有的重要意义，准确理解国家的教育方针和相关的法规，了解国内外学前教育改革发展的基本趋势。努力继承优良的办园传统，凝聚园内外各方智慧，以共同愿景为引领，科学合理地制定幼儿园的发展规划，然后依照专业规划各项目标的具体进程，责任到人，保障到位，扎实推进、在推进中建立评价与诊断机制，及时发现规划落实过程中出现的问题，及时调整规划目标以及执行方式，确保幼儿园朝着正确的方向健康发展。

2. 营造育人文化的能力

文化包括物质、制度、精神三个方面。文化塑造着人，文化对人有潜移默化的教育力量，优秀的文化能够丰富人的精神世界。园长应当重视幼儿园文化在价值引领、目标激励、情感陶冶和行为规范等方面的教育功能，将社会主义核心价值观以及中华民族优秀传统文化融入幼儿园文化建设。将尊重和关爱师幼、体现人格尊严、感受和谐快乐作为幼儿园育人文化建设的核心，将爱学习、爱劳动、爱祖国教育融入幼儿园一日生活和游戏之中。综合运用环境陶冶、思想宣传、制度规范、活动渗透等方式，营造陶冶教师和幼儿情操的育人氛围和精神家园。

3. 领导保育教育的能力

园长应当坚持保教结合的基本原则，珍视游戏和生活的独特价值，重视幼儿良好学习品质的培养，熟悉幼儿园环境创设、幼儿一日生活、游戏活动等教育活动的组织与实施方法，具备较强的课程领导和管理能力，深入班级动态监控幼儿园保教活动的开展情况，科学指导教师设计个性化的课程方案和实施符合幼儿身心发展规律与幼儿教育规律的保教活动，领导和保障保育教育研究活动的开展，不断深化幼儿园教育改革，以促进幼儿的身心健康与和谐发展。

4. 引领教师成长的能力

引领教师成长是提高幼儿园保教质量的关键。园长要积极保护教师的合法权益，尊重教师的专业自主权，为教师身心健康提供有力保障。教师的发展不单是教学技能的提高，还包括心理的成长。园长应重视立德树人，培养优良的师德师风。在此基础上，园长要依据教师专业成长的基本规律以及不同水平教师专业发展的不同需求，采取不同方式与不同层次的扶助手段以及相应的激励机制，有效促进教师的专业发展。园长还需引领教师反思教育实践，促进教师教学能力的提高，使其逐步成长为研究型教师。指导教师学习型组织建设与学习共同体的建立是园长引领教师成长的重要平台。

5. 优化内部管理的能力

幼儿园是一个具有内在运行机制的组织系统，园长作为这个组织系统的管理者与第一责任人，应坚持依法办园，实行科学与民主的管理，建立健全幼儿园管理的各项规章制度，优化配置人力、物力和财力等资源，最大限度地发挥幼儿园组织系统的效能。

园长的具体重要职责有：园长应建立健全幼儿园制度体系，保障各项工作正常运行，如行政制度、资产管理制度、人事制度、财务制度、保教管理制度、教科研管理制度、卫生保健制度、后勤管理制度、安全管理制度、突发事件应急制度等；园长应掌握科学管理知识和经验，实施科学管理，建立教职工大会或教职工代表会议制度，推行园务公开，实施民主管理；园长应提高危机管理的意识与能力，即危机预防和预测意识，具备在危机处理过程中采取有效的应对措施的能力。

6. 调适外部环境的能力

幼儿园作为一个社会性组织，与家庭、社会和其他机构等社会力量发生联系。幼儿园要获得良好发展，就需处理好与政府、幼儿家长、社区及其他社会机构之间的关系，创设和谐、良好的外部环境，实现幼儿园的良性发展。园长的职责是充分认识政府、幼儿家长、社区和其他社会机构在幼儿园发展中的作用，秉承开放的办学理念，建立开放的办学机制，运用恰当的沟通策略，利用亲子活动、家长开放日、家长委员会、园区共同开展的活动等交流平台，吸引家庭与社区参与幼儿园的保教活动，获取家庭和社区的支持，丰富幼儿园的资源。同时，利用幼儿园的人力和教育资源，开展回馈家长与社区教育服务的活动，发挥服务功能，赢取良好的社会声誉，以便得到更多的家庭和社会的支持，以获取更多的资源和发展助力。

第三节　园长的成长

幼儿园园长是幼儿园发展过程中的重要领导力量，是衡量一所幼儿园好坏的风向标。园长素质的高低直接决定着幼儿园发展的命运及前景，园长的气质与成长影响着该园教师的专业水平和道德修养，影响着该园幼儿是否能够健康地成长。了解幼儿园园长成长的含义、理解园长成长的重要阶段及各个阶段的专业化发展策略，有利于幼儿园教师的职业成长，对新任园长的发展也有很大的借鉴作用。

一、幼儿园园长成长的含义

“园长”为“幼儿园的领导者或核心负责人”。在平时的工作中，园长主要贯彻党和国家的教育制度，指导好幼儿园教学。幼儿园园长是否做好本职工作，是受他们自己的思想素质、业务能力影响的。《现代汉语辞典》(2011年版)将“成长”解释为“向成熟阶段发展”。对园长来说，主要指园长从初入职的新手教师成长为优秀园长的过程，由不是园长到担任园长的角色的转变过程，由新任园长成为成熟园长的逐步改进的过程。

二、园长成长阶段

布鲁姆(Bloom)(1998)在对园长进行实证研究的基础上，提出从教师到园长的专业发展需经历六个阶段，即生存、技能建立、热衷与成长、挫折、反思与启发以及事业终点。杜艺雯在她的硕士论文《一位幼儿园园长成长历程的叙事研究》中，以布鲁姆的理论为依据将园长的成长历程划分为“初探幼教”即生存；“‘我’的教学生活——职业适应期”即热衷与成长；“园长前奏——副园长的日子”即挫折与反思；“说‘我’年轻有担当——园长期”即启发以及事业终点，四个阶段。采用杜艺雯园长成长阶段划分的观点，结合幼儿园教师专业化发展的相关理论将园长成长归为以下四个阶段，并对每个阶段的工作聚焦进行阐述。

1. 初探幼教阶段

初探幼教阶段就是新手型教师的尝试摸索阶段，即生存和技能建立期(入职1~3年)。在生存阶段，新手型教师关注的焦点是：自我胜任能力、对课堂的控制、是否被学生喜欢、他人对自己教学的评价，急于获得领导、老师、家长和孩子的认可。新入职教师经常面临以下问题：

(1)理想与现实的差距。理想的幼儿园教师是带着天使般的孩子学习、游戏、载歌载舞，然而幼儿园一日生活吃喝拉撒睡等烦琐的保育工作会击碎新入职教师的职业理想，破坏心目中美好的幼儿教师工作形象。

(2)工作经验缺乏。保教工作方面，实践经验缺乏，对保育活动情景认知缺乏，对问题缺乏预见性，突发事件处理能力差。课堂教学方面，课堂教学关注教学内容，对孩子的关注低，课堂教学灵活性、应变性和控制性欠缺，教学效果不理想，活动组织中孩子不听话。

(3)人际关系焦虑。入职教师工作经验少，工作不够突出，领导、教师和家长对其工作认可度低于他们的工作期望值，工作满足感低，人际关系敏感、焦虑。在与人交往时，缺少沟通和交际技巧，与领导、同事、家长关系欠融洽，容易遭遇家长投诉。

成长策略：(1)新教师方面。新教师首先需要调适自己，积极应对，适应环境，然后主动实践、积极学习，掌握保教实践规范。在实践中反思和修正，形成并建立自己的教育教学技能。

(2)幼儿园方面。园方需要正视新入职教师的成长问题，形成轻松、愉快、接纳的工作环境，帮助其度过心理求生阶段。同时选择骨干专任教师开展传帮带，帮助其适应环境，掌握保教工作规范，然后通过提供平台、开展园本教研等支持性措施，促进其在实践中反思，建立保教工作技能。

一般新手教师的职位由保育员、配班教师向有一定经验的主班教师发展。这一阶段的良好发展，可以坚定新手教师的职业信念，丰富保教经验，规范保教行为，形成富有特色的保教技能，为未来园长职业成长奠定保教经验基础和职业的信念，培养园长的幼苗。

2. 教学适应阶段（第 4～6 年）

教学适应阶段即热心与成长期。这个阶段，教师积累了丰富的保教经验，已经建立了自己的保教技能模式，有一定的安全感，开始感受职业的幸福。专业朝两方面发展：一是沿用原有保教模式，不思进取，享有职业的幸福，最后只能成长为经验型技能熟练型教师；另一方面是不满足于现状，开始关注学生、教法、学法等方面的问题，寻求创新和改革，丰富自己的教学，成长为幼儿园骨干教师。

骨干教师成长策略：（1）教师方面。积极参加各种文艺和教学比赛，以出色的表现，展现个人保教能力；开展课程和保教活动改革，撰写反思性论文，或参与课题，提升专业科研水平；加强学习，外出参加各种交流学习和提升学历，为教科研提供理论保障；尽量争取当任年级保教主任、保教主任或园长助理等兼职行政职务，积累初步的组织管理能力。（2）幼儿园方面。积极组织适应段教师参加和开展各种文艺与教学技能竞赛，开展园本教研，鼓励教师开展课题研究和撰写论文，提升教育研究理论素养。最后委任行政管理的工作，提升骨干教师组织管理能力。

经过教学适应阶段的成长，教师已从有经验的主班教师向骨干教师转变，并身兼保教主任或幼儿园助理等行政职务。身兼保教主任或幼儿园助理职务的骨干教师是幼儿园副园长备选对象，是副园长的人才库。

3. 园长前奏阶段

园长前奏阶段即挫折与反思阶段。这个阶段，身兼保教主任和幼儿园助理职务的骨干教师，被提拔到负责保教和后勤副园长岗位上，完成从教师向管理者岗位的转变。成为管理者前期，若工作上遭遇挫折，工作满足程度会逐渐下降，教师便开始怀疑自己选择管理者这份工作是否正确，随后会进行反思，寻找解决问题的策略。

挫折产生的原因：（1）工作上不适应产生挫折。在这一阶段，工作不再是管理好本班的教育教学和一日生活工作，而是作为园长的助手，需要管理好卫生、保健、课程、保教、财务、人事、后勤、档案、安全、对外公共关系等园务工作。做好这些工作，需要幼儿园管理、财务管理、公共关系、文秘档案管理、课程理论等相关理论支持和实践积累，而新任副园长正是由于这些方面的欠缺，产生挫折。（2）角色变化。管理对象变化产生的挫折。这一阶段管理服务主要对象由本班幼儿转换成全体教职工。在管理中，为确保各项任务顺利完成，副园长要对全园教职工实施组织、指导、监督、评价和奖惩等管理机制。初任园长，对昨日同事实施管理的工作关系状态是：组织和监督，不敢；指导和评价，不能；奖励和惩罚，不忍。这种“不敢、不能、不忍”的工作关系状态给初任园长造成了极大的心理压力。针对这种挫折，副园长作为专业化发展主体应反思寻找发展对策，幼儿园方面需要聚焦挫折，提供主体发展的策略。

副园长的成长策略：（1）教师方面。首先，积极主动学习相关理论知识，在理论指导下，积极开展管理实践，并在实践中不断反思，形成自己的管理特色；其次，参加各种幼儿园园长培训、幼教行业各种交流学习、上级领导及专家的指导，借助外力，提升自己的管理水平和能力；最后，通过专项教改主持、专业学历提升和各种行业研讨等，提升专业水平能力，实现向研究型教师的转变。（2）幼儿园方面。本着培养人用人的原则，支持副园长接受管理、教改、专业等方面的培训学习；规划幼儿园发展，开展特色教改项目和活动，在副园长管理实践中培养人，增进副园长的管理水平和能力。

4. 园长任职阶段

园长任职阶段即启发以及事业终点。园长专业成长是合格园长——成功园长——专家型园长——名园园长的成长过程，其起点是合格园长，终点是名园园长，合格幼儿园园长是指具备幼儿园园长管理的基本素质，能经营和管理好幼儿园，保证幼儿园正常运营和发展。成功幼儿园园长带领其团队，针对幼儿园发展的困境，探索经营发展策略，将幼儿园经营成生源足、影响力好、有自己特色的幼儿园、园长在保教管理、队伍引领、文化建设、经营策略、内外部资源利用等能较好地发挥领导者、教育者和管理者的作用。专家型园长具有较高的学术研究水平、掌握国家幼儿园发展动态、熟悉幼儿园经营和管理策略，以战略家的眼光规划和经营，以规范和专业的标准管理，以名师引领师资团队。最后利用专家型幼儿园园长的实力，借助本市区的学习和交流服务平台，发挥专家型园长的引领和辐射功能，帮扶、指导和服务行业，推动幼教的整体水平提升。

一、简答题

1. 幼儿园园长的含义、地位和角色是什么？
2. 如何获取幼儿园园长资格？
3. 试论幼儿园园长的专业素养。
4. 幼儿园园长成长经过哪几个阶段？每一个阶段的成长策略是什么？

二、案例分析

广西贵港市普罗旺斯幼儿园园长的梦想

我的梦想就是办一所我心中的幼儿园，让孩子更自由、更健康地成长。

我心中的幼儿园要有属于孩子们的一片田、一个池塘、一块山坡，像个小农场，让孩子们亲身体验种地、养鱼的乐趣，自由自在地在山坡上奔跑、玩耍，零距离接触自然。人是离不开自然的，大自然的特性能使每一个接触它的人知识不断丰富，才学不断长进，观念不断更新，人品不断完善。孩子们最爱新奇的、有趣的事物，也最能发现事物的趣味性。在他们眼里，整个大自然就是趣味无穷的世界，他们最愿意去跑跳、追逐，采集各种物种，并会提出无数个新奇、有趣的问题。

在普罗旺斯幼儿园，每个班都有一片小自留地、一个公共小鱼塘，虽然小，但是能让孩子们亲身体验种田、养鱼的乐趣，我心里觉得很欣慰。我还通过让孩子们和家长一起来做活动，提高孩子们的动手能力，家长之间也可以相互联络感情。

我做了37年幼教工作，对这份工作很有感情。这是一项甜蜜又阳光的事业，我将一直坚持下去，为了有一所童话式的幼儿园。

（文章来源：节选《校园灵魂人物的梦想》，《贵港日报》，2017年10月23日周日特刊）

思考：是什么支持一位幼儿园园长为幼教工作37年？

第二章　幼儿园的筹建

【学习目标】

1. 了解创办幼儿园的条件、选址要求。
2. 掌握筹措资金、办理各项审批手续、各种设备设施配备等相关知识。
3. 具备招聘员工、开展有效招生和新生入学工作等工作技能。

【导　　语】

《中华人民共和国教育法》第二十七条规定设立学校及其他教育机构，必须具备下列基本条件：（1）有组织机构和章程；（2）有合格的教师；（3）有符合规定标准的教学场所及设施、设备等；（4）有必备的办学资金和稳定的经费来源。

因此，幼儿园筹建是幼儿园开办的法定环节，是幼儿园经营管理的前提和基础，也是一项系统工程。系统筹建幼儿园的流程包括：明确幼儿园创办条件、确定幼儿园选址、积极筹措资金、办理各项合法经营手续、招聘各类工作人员、宣传招生、形成正常办园秩序等，本章对这些问题给予了重点介绍。

第一节　幼儿园创办的基本条件

我国教育法规对幼儿园设置条件的规定，比较早的是1989年国务院通过的《幼儿园管理条例》，其中第二章对举办幼儿园应当具备的基本条件和审批程序做了规定。《中华人民共和国教育法》（以下简称《教育法》）的颁行，对学校及其他教育机构的设立条件做了全面规定，也涵盖了《幼儿园管理条例》规定的幼儿园的设置条件。2002年，《中华人民共和国民办教育促进法》按照《教育法》规定做出了具体的规范。接着，全国各地方政府及主管部门制定了具体的实施办法，规范幼儿园选址、园舍与设施、各类工作人员配备、经费来源、幼儿园管理与保育工作等办园的基本条件。下面节选《广西壮族自治区幼儿园办园基本标准》中的第三章供读者参考。

广西壮族自治区幼儿园办园基本标准（节选）

第三章　幼儿园设施设备

第八条　幼儿园设施设备应适应不同年龄幼儿身心发展水平和个体差异，满足保育、教育和幼儿自主活动的需求。

一、室外设施设备

幼儿园室外活动场地应设置活动器械以及玩水池、玩沙池等场地所需设施。沙池深为0.3～0.5 m，蓄水深度不超过0.3 m，面积大小与办园规模相适应，池中沙不得使用工业用沙。活动器械包括具有攀、爬、滑、钻、荡、平衡、投掷等功能的运动器械。禁止使用全封闭的滑梯和通道。运动器械上的装饰物，不能遮挡教师和儿童的视线。室外活动场地应具有良好的排水系统。

二、室内设施设备

（一）活动室有适合幼儿身高的桌子、椅子、黑板、电子琴或手风琴等；有足够供幼儿开展各类游戏活动的操作材料及玩具，玩具应当安全、卫生、无毒；有适合幼儿阅读的图书，图书数量不少于生均3册，种类丰富。

（二）寝室宜分班使用，配有符合幼儿身高要求的床，每生一床，若需使用双层床，应配备固定式双层床，总高度不应高于120 cm，四周设不低于30 cm的护栏。应安装窗帘，有防暑保暖设备。紫外线杀菌灯管按照每立方米1.5瓦计算需要量并安装。

（三）卫生间包括盥洗室和厕所。盥洗室应设水龙头6个以上，有流动水洗手；有毛巾架，做到毛巾专用。厕所设立蹲位6个以上，厕位之间设隔板及幼儿扶手，提倡男女分厕。严禁在盥洗室安装煤气、燃气热水器。

（四）幼儿园办公室应具备与教师数量相当的办公桌椅、文件资料柜及办公用品。配备各类保教理论书籍和教师用书、教学图片、教学卡片、光碟、录音带等，订阅专业期刊不少于6种。有条件的幼儿园可配置办公电脑、打印机、传真机等。

（五）保健室应配备相应的卫生保健设备，卫生保健设备包括必要的体检、简易外伤处理器械、常见外用药品和卫生消毒设备等。

（六）厨房应配备必要的设备及防蝇、防鼠、防尘、防腐、消毒设施等。

第九条　室内设备设施配备参见《广西壮族自治区幼儿园设备设施基本配备目录》。

第二节　幼儿园的选址

一、园址选定的论证

为了幼儿园的长期发展，在幼儿园定位及选择园址前必须先分析幼儿园的周围环境，评估其市场需求，论证在本地区创立幼儿园的必要性。应做调查包括：本地区适龄儿童的数量、现已开办的幼儿园的数量及分布情况，咨询当地政府教育部门有关地区幼儿园发展规划和幼儿园相关政策及法规，征求儿童家长及大型企业、组织的意见等。另外，要了解当地社会对幼儿园的认可情况。具体来讲，对市场的评估工作应包括以下几方面。

1. 学区的潜在变化

我国目前经济发展迅速，受各种因素影响，政策与规划变化快，会对未来人口及生源产生影响，如新兴的住宅区、大机构的迁入等，这些因素的变化将直接影响幼儿园的发展。

2. 幼儿园周边区域、社区内的幼儿数量

向街道办事处、妇婴保健所、户籍管理等部门咨询半年内的出生幼儿以及学龄前幼儿概数，若能获知名单更佳；同时应分析过去、现在与未来幼儿周边或社区内人口的变化。不同年龄段的幼儿人口会影响到幼儿园的招生和规模发展，因此应当认真研究分析。

3. 区域环境

区域环境包括社会环境、行业环境、经济环境、教育环境。这些不同的环境特性也是影响幼儿园发展的重要因素，必须做好事前的调查与分析。

4. 家长的职业、经济能力和素质

家长的经济能力、素质以及对孩子的期望心理等主要因素决定着幼儿园教育市场需求水平层次，影响着幼儿园办园定位。根据中国目前的经济状况和国家幼教发展趋势，幼儿园办园定位为以办园质量好、收费合理的普惠性幼儿园为主。

5. 同业的竞争

学区内是否已有幼儿园，其办学特色、规模、收费、师资、环境等如何？其在周边地区的影响力如何？家长认可度如何？这些都需要在筹备阶段仔细调查、分析，以便制定合理的对策。

二、幼儿园园址的选择

依据《广西壮族自治区幼儿园办园基本标准》文件，幼儿园园址应符合以下规定：

（1）幼儿园必须设置在安全区域内。应选在地质条件较好、环境适宜、交通方便、场地平整、排水通畅、日照充足、空气流通、公用配套设施较为完善、远离各种污染源的地段。

（2）幼儿园应独立设置。幼儿园应该单独设置，应有围墙（或安全隔离措施）、大门与传达（警卫）室。

（3）园址应避开地震危险地段、泥石流易发地段、滑坡体、悬崖边及崖底、风口、河道、洪水沟口、输气管道、交通干道、高层建筑的阴影区及高压输变电线路、加油（气）站等。

（4）幼儿园不应与不利于儿童身心健康成长和危及儿童安全的场所毗邻，包括：集贸市场、娱乐场所、医院传染病房、太平间、殡仪馆、垃圾场及污水处理站、公安看守所、生产（经营和贮藏）有毒有害危险品、易燃易爆物品的场所、通讯发射塔（台）等。

三、旧园舍或非幼儿园用房的改造

通常情况下，将租用的或其他现有的一所建筑改建成幼儿园是最简便易行的方案。房屋状况不同，需要改造的工作量不同，费用也就大不相同。在制订改造计划时我们应该认真分析一下改造的利弊。

一所幼儿园的最佳园址是在已建好的社区里。然而，在这样的社区里，在建设时没有幼儿园的规划用地和建筑，因此需要将过去的闲置用房或空地，或者是商铺用房改建为幼儿园。改建幼儿园相对于规划建设一所幼儿园，投资较少、建设周期较短，但是可能存在园舍面积、户外活动空间、洗漱室和卫生间等达不到幼儿园办园标准要求的问题，影响后期幼儿园的发展。同时，一些老房子在保养和维修方面需要资金相对较高。

因此，在办园时，是选择改建还是新建，幼儿园园长或投资商需要与相关专业人士商讨论证，既保证房屋用地面积达到办园标准的要求，又充分考虑资金投入、建筑安全等综合要素。

第三节　筹措资金，确定办园性质

一、幼儿园的办园性质

根据我国最新出台相关政策法律法规，坚持办学前教育“公益性”原则，建立政府主导、社会参与、公办民办并举的办园体制。未来一段时间，政府将大力发展公办幼儿园，积极鼓励社会力量举办幼儿园，扶持普惠性民办幼儿园。根据办园机制，我国幼儿园办园资金主要是：财政支持、举办者投资、社会捐资、幼儿园自筹、政府补助等。目前我国幼儿园办园形式主要是公办园、民办园。灵活办园机制下产生了：公办民营园、民办公助园以及普惠性幼儿园等。

1. 公办园和公办民营园

公办园是由国家或地方政府、单位或集体出资开办的幼儿园，带有福利性质。目前主要是各个乡镇中心幼儿园、小学幼儿园，县、市等政府机关单位保留下来的幼儿园。目前，公办幼儿园普遍存在编制内师资配备不够，运转资金投入不足等问题，这需要幼儿园自主筹措部分教师工资和运转资金，所以绝大多数幼儿园的经营方式偏向“民营”方式，有的公办园在建成后直接交给民营幼教集团管理经营，成为真正的“公办民营”性质的幼儿园。

2. 民办园和民办公助

民办园主要由个人、企事业单位、民间资本家成立的教育集团或公司出资所办的幼儿园，带有一定的盈利性。自主投资、自主经营的民办幼儿园，普遍存在高质量民办园收费贵，低收费民办园质量差等问题，为了解决这些问题，国家政府通过资助的形式，降低民办园的收费和提升办园质量，所以出现大量民办公助园。目前，普惠性民办园就是民办公助性质幼儿园的典型。

3. 普惠性幼儿园

“普惠性幼儿园”是一个新生概念，它主要包括三个类型的幼儿园：一是公办幼儿园；二是集体或单位举办的公办性质幼儿园；三是提供普惠性服务的民办幼儿园。普惠性幼儿园指办园达到各地市规定办园基本标准，面向社会大众招生，以同类公办园收费标准收费，带有公益性质的各类幼儿园。普惠性民办园的资金来源主要是民办投资，政府在资金、师资和政策上支持。

二、筹措资金

无论什么形式的幼儿园，经济永远是幼儿园发展的基础。没有资金或资金不足都会影响幼儿园的新建、启动、生存和发展。作为管理者，既要认真地分析研究，合理地分配使用资金，又要制订出可行的融资计划。首先，在启动阶段需要大量启动资金，这些资金要用来购置特定的设备或者制订一项新的发展计划；其次，幼儿园运转也需要周转资金，它必须包括所有常规预算项目。只有具备充足的周转资金，才能保证教育计划的正常实施。因此，为了满足各种各样的预算需要，幼儿园就必须进行融资。融资活动包括一系列手段与措施。可以说，一切符合法律、有利于社会与幼儿园发展的融资办法均可以实施。

（一）幼儿园新建和经营所需资金

1. 启动资金

启动资金是指幼儿园开办前所必需的资金和支持幼儿园最初运转所需要的资金，后者一直要延续到所收缴的学费以及其他资金已经非常充足，能够维持幼儿园的正常运转。一般说来，园长和举办投资者必须在幼儿园正式开园之前的几个月里筹措到足够的资金，用于幼儿园地点的选择、幼儿园的新建或改建、设备的配备、办公用品的采购以及开办阶段职工工资的发放。

2. 周转资金

周转资金是指幼儿园运转所需要的资金，它包括所有常规预算项目，如租金、公用设施、员工工资等。一旦幼儿园建立起来，并且基础的设备也已经购买，那么就必须有充足的周转资金，以保证教育计划的正常实施。许多幼儿园主要依靠学费或者政府资金作为幼儿园大部分甚至全部的周转资金。如果这样，幼儿园办园一定要保证一定的规模和合理的编班，适当配备员工，这样学生的保教费才足够维持运转。不过，为了以防万一，幼儿园在开园初期还是需要多筹措一些周转资金。

（二）幼儿园资金的主要来源

1. 向家长收取的费用

按照国家发展改革委、教育部、财政部印发的《幼儿园收费管理暂行办法》发改价格〔2011〕3207号中“第三条 学前教育属于非义务教育，幼儿园可向入园幼儿收取保育教育费（以下简称“保教费”），”保教费可以理解为：托儿费、幼儿园园费、管理费等。

《幼儿园收费管理暂行办法》还规定幼儿园对入园幼儿按月或按学期收取保教费，不得跨学期预收。幼儿园除收取保教费、住宿费及省级人民政府批准的服务性收费、代收费外，不得再向幼儿家长收取其他费用。因此，幼儿园可收取保教费、住宿费和规定的服务性收费和代收费。保教费是指幼儿园为幼儿提供保育教育服务而收取的费用。住宿费是指寄宿制幼儿园向在园住宿的幼儿提供住宿服务而收取的费用。服务性收费是指幼儿园在完成正常保教任务外，经幼儿家长自愿选择，为在园幼儿提供其他服务而收取的费用，包括伙食费和校车接送费。代收费是指幼儿园为方便幼儿在园生活，在幼儿家长自愿的前提下，为提供服务的单位代收代付的费用，包括意外伤害保险费和床上用品费。除保教费、住宿费、服务性收费和代收费项目外，幼儿园不得向幼儿家长收取其他任何费用。保教费是幼儿园资金的主要来源之一。

2. 社会资金和拨款

幼儿园的另一个收入来源是社会资金。许多幼儿园有来自个人、企业、地方机关、学校等团体提供的资助。一般来说，这种资助有些是有偿的。例如，某个企业给幼儿园投资，幼儿园可以对该企业的职工子女实行免费或减费。有时单位的资助是无偿的，可以提供现金，也可以提供实物。有些部门提供隐性资助，如减免租金、免除部分管理费用等。虽然国家明令禁止幼儿园收取家长的建园费，但实际上有部分幼儿园在幼儿新入园时还是收取了这部分费用，数额不等，往往以家长捐资助学的名义收取。

银行贷款也是幼儿园资金来源的一部分，幼儿园主办人可以以个人信誉贷款，也可以以不动产抵押贷款。贷款人的信誉至关重要，如果逾期不还失去信誉，经银行间联网查实以后在任何银行贷款都很困难。

资金是幼儿园正常运转和发展的重要保证，因此园长必须重视这一问题，应该做出相应的、创造性的筹资计划，多多吸引社会的捐助。为了筹资，园长应当对幼儿园所在社区有一定了解，向社区介绍幼儿园的发展计划，尽量取得社区的支持。对一些新园长来说，筹款是困难的，但当园长有了大量的筹款经验和渠道时，筹款就会变得相对容易了。虽然如此，如果园长希望能筹到更多的资金，仍然必须花费大量的时间和精力来准备，这对于民办幼儿园来说是更困难的事。有些民办幼儿园不惜借高利贷，这种做法是非常危险的，一旦幼儿园招生困难，债务问题就很难解决。

公办园是由国家各级机关或企事业单位筹资兴办的，其所有权和管理权属于出资的单位。公办园的资金来源主要是主管单位，其次是学费。因此，公办园的资金普遍来说相对宽裕。一般通过融资活动募集的资金不能作为幼儿园的运营资金，不列在幼儿园正常的收支范围内。任何融资活动都应该认真考虑、合理设计，应该和幼儿园的长远发展结合起来。

第四节　申请注册，合法经营

一、举办幼儿园的主体资格

举办幼儿园的主体资格是指对哪些组织和公民可以兴办幼儿园的能力限定。我国宪法对举办教育机构的主体资格做了原则性规定。《中华人民共和国宪法》第十九条中明确规定："国家鼓励集体经济组织、国家企业事业组织和其他社会力量依照法律规定举办各种教育事业"。《中华人民共和国教育法》根据宪法的精神，结合多年办学经验，在第二十六条中明文规定："国家鼓励企业事业组织、社会团体、其他社会组织及公民个人依法举办学校及其他教育机构。国家举办学校及其他教育机构，应当坚持勤俭节约的原则。以财政性经费、捐赠资产举办或参与举办的学校及其他教育机构不得设立为营业性组织"。《中华人民共和国民办教育促进法》第十条明确规定："举办民办学校的社会组织，应当具有法人资格。举办民办学校的个人，应当具有政治权利和完全民事行为能力。民办学校应当具备法人条件"。一系列的法律，对我国的办学体制、举办学校的原则和办学主体资格做了限定。

1. 具备举办幼儿园资格的主体

基于我国的系列法律，明确肯定了各级政府、企事业组织、社会团体和个人都可以办园，成为举办幼儿园的主体。但是，各级政府、企事业组织、社会团体、公民个人要取得办学主体资格必须依法律规定，即符合法定条件和法定程序。

2. 不具备举办幼儿园资格的主体

根据《教育法》和有关法律规定，下列组织和公民不得举办幼儿园。

（1）不具有法人资格的社会组织。

社会组织要举办幼儿园必须具备法人资格。法人成立的条件是：依法成立，有必要的财产和经费，有自己的名称、组织机构和场所，能够独立承担民事责任。社会组织要举办幼儿园，只有具有法人资格，才能以一个法律主体的资格参加到法律关系中去，或者说取得平等的、合法的法律地位，独立享受权利，更重要的是承担民事责任。如果社会组织不具有民事权利能力和民事行为能力，就无法享受权利、承担义务，故不能举办幼儿园。

（2）限制民事行为能力或无民事行为能力者。

公民的民事行为能力是公民以自己的行为行使民事权利和承担民事义务的能力。根据是否达到法定年龄和具备一定理智，可以划分为完全民事行为能力人、限制民事行为能力人和无民事行为能力人。限制民事行为能力和无民事行为能力人，包括精神病人、间歇性精神病人或未成年人，他们自己不能独立享受民事权利、承担民事义务，应由其监护人或法定代理人行使、承担。因此，限制民事行为能力或无民事行为能力者都不能举办幼儿园。

（3）被剥夺政治权利或被判处徒刑以上刑罚正在服刑者。

根据《中华人民共和国刑法》的规定，被剥夺政治权利的罪犯不能担任国家机关职务，不能担任企事业单位、人民团体领导职务；被判处徒刑以上刑罚正在服刑者，即使没判附加剥夺政治权利，实质上在服刑期间也没有担任国家机关职务的权利，没有担任企事业单位、人民团体领导职务的权利。所以，他们都不能举办幼儿园。

（4）其他。

拟设立的学前教育机构规模、层次、条件、形式及地址设置不符合当地教育发展规划和科学保教要求的；在申请筹建中弄虚作假的；举办者、行政负责人、教师和其他工作人员不符合法定资格的。

二、举办学前教育机构的基本条件

我国教育法规对幼儿园设置条件的规定，比较早的是 1989 年国务院通过的《幼儿园管理条例》，其中第二章对举办幼儿园应当具备的基本条件和审批程序做了规定。《教育法》的颁行，对学校及其他教育机构的设立条件做了全面规定，也涵盖了《幼儿园管理条例》规定的幼儿园的设置条件。2002 年，《中华人民共和国民办教育促进法》按照《教育法》规定做出了具体的规范。全国各地方政府及主管部门制定了具体的实施办法。

下面以广西壮族自治区为例加以介绍。

广西壮族自治区学前教育机构审批管理办法
（试行）（节选）

第二章　举办条件

第四条　举办学前教育机构应具备下列基本条件：

（一）学前教育机构的设置应符合当地教育发展规划和布局要求，符合国家安全标准，达到《广西壮族自治区幼儿园办园基本标准》的要求。

（二）举办学前教育机构的社会组织应当具有法人资格；个人举办者，应为享有政治权利、无犯罪记录、具有完全民事行为能力的中华人民共和国公民。

（三）学前教育机构名称应符合规范要求，不得带有与实际不符或者易产生误导作用的词语，不得冠以“中华”、“中国”、“全国”、“国际”等或其它超出本地区行政区划的区域字样。学前教育机构对外用名与教育行政部门审批同意的名称一致。

（四）有符合国家教育方针的办园宗旨；有合法的机构章程、组织机构；有符合国家要求的教职工队伍，有符合幼儿身心发展规律和教育规律要求的保育、教育计划。

（五）有必备的办学资金和稳定、可靠、合法的经费来源。

（六）有安全稳定的办学场所和基本办学条件。

三、幼儿园设置的程序

《教育法》第二十七条规定：“学校及其他教育机构的设立、变更和终止，应当按照国家有关规定办理审核、批准、注册或者备案手续。”也就是说，我国对教育机构的设立实行审批和登记注册两种制度。根据《中华人民共和国民办教育促进法实施条例（修订草案）》的规定，幼儿园实行审批制度。根据《幼儿园管理条例》（以下简称《条例》）的规定，幼儿园实行登记注册制度。当前绝大多数地方采用审批制度。下面以广西壮族自治区审批制度及审批程序为例介绍幼儿园审批制度。

（一）办学审批制度

办学审批制度是指主管部门对申请者提交的申请设立教育机构的报告进行审核，如未发现有违背法律、法规规定的情形，只要拟办的教育机构符合设置标准，都必须予以审批，使其取得合法地位；对不符合设置标准的，予以拒绝，并通知申请者。审批的实质是确认申请者所办教育机构的法律地位或事实。

（二）审批的程序

依据《广西壮族自治区学前教育机构审批管理办法（试行）》规定，新建幼儿园的审批程序包括两个阶段。

1. 第一阶段，筹设申请及审批

申请举办学前教育机构的单位和个人，在向审批机关提出筹设申请时，应提交下列材料：

（1）举办学前教育机构申请报告（原件）。

申请报告的内容应当包括：举办者、学前教育机构名称与地址、举办目的和培养目标、机构性质、规模、形式（全日制、寄宿制等）、条件、内部管理体制、经费筹措与管理使用等。举办单位负责人或举办者的签字、印章，以及所在乡镇政府（街道办事处）签署意见、盖章。

（2）学前教育机构举办者的资质证明（验原件，交复印件）。

举办者是个人的，须提供身份证及简历，注明现住址、联系方式，户口所在地（居住地）派出所出具的无犯罪记录证明（原件）；举办者是法人单位的，需提供政府部门或举办单位的批准建立文件、单位营业执照（或单位法人证书）、组织机构代码证、税务登记证及法定代表人简历等（验原件，交复印件）。

（3）学前教育机构资产及经费来源的有效证明文件（原件）。

由会计师事务所等经认定合法机构出具的验资证明。举办者为两个及以上单位和个人的，需提供各自的出资数额、出资比例证明。各县（市、区）可根据申办学前教育机构的规模和园舍产权自行确定本地区的资金数额标准。

（4）园产来源证明材料（验原件，交复印件）。

属自建园舍的需载明产权；属租房办园的须提供经公证部门公证的租赁合同意向书（原件）；属捐赠性质并提供产权证明材料的园产须提交捐赠协议，载明捐赠人的姓名、所捐资产数额、用途和管理方法及相关证明文件（原件）。租借园舍要有10年以上租借协议。

（5）学前教育机构章程（原件）

章程包括名称、地址、举办者、办园宗旨、培养目标、组织机构、决策机构及议事规则、拟建级别、招生范围、招生对象和规模、资产数额及来源、园所管理、出资人或单位是否要求取得合理回报、章程修改程序、幼儿园终止事由等内容。民办幼儿园需首届董事会全体成员签名（无董事会的独资举办者除外）。

（6）合作办园的须提供合作办园意向书（原件）。

其中要有统一的办园思想、办园目标，明确各方权利和义务。

（7）审批机关要求提供的其他材料。

审批机关应当自受理筹设申请之日起，在30个工作日内对提交的申请书和相关材料进行审核，并组织专家实地核查，以书面形式作出是否同意的决定。同意筹设的，发给筹设批准书。不同意筹设的，应当说明理由。筹设期不得超过3年，超过筹设期的，申办者应当重新申请；筹设期间不得招生和刊登广告。

2. 第二阶段，正式申请和审批

申请正式设立学前教育机构时，申办者应向审批机关提交下列材料：

（1）筹设批准书（复印件）。

（2）筹设情况报告（原件）。

（3）《广西壮族自治区学前教育机构登记注册（审批）登记表》。

（4）学前教育机构工作人员（拟任园长或主要行政负责人、拟聘教师以及其他工作人员）的身份证、专业资格证、县级以上医疗卫生机构出具的体检合格证明、工资、社会保险费用说明及聘任合同等（验原件，交复印件）。

（5）学前教育机构资产及经费来源的有效证明文件（验原件、交复印件）。

（6）提供房产证或经公证部门公证的租赁合同（验原件、交复印件）；建筑质量检测合格证（原件）；消防验收合格意见书（验原件、交复印件）；餐饮服务许可证和卫生保健合格意见（验原件、交复印件）。

（7）合作办园的须提供正式合作办学协议书（原件）。协议书内容应包括：统一的办园思想、办园目标；明确各方权利和义务；合作各方签字、盖章。

（8）学前教育机构设施设备清单（原件）。

（9）审批机关按法律法规要求提供的其他材料。

审批机关应在接收正式申请相关材料后的3个月内，会同相关部门进行材料审核和实地核验，以书面形式决定是否同意批准，并送达申办人。对不予批准设立的，审批机关应当以书面形式说明理由。民办学前教育机构颁发《民办学校办学许可证》。审批机关应将批准设立的学前教育机构及其章程向社会公告。

学前教育机构根据性质（举办者出资款的性质和比例），分别到相关部门申请办理《事业单位法人证书》和《民办非企业单位登记证书》，办理组织机构代码和收费等相关手续。学前教育机构在办理好收费手续后方可招生。

学前教育机构实行一证一点（址）管理，只能使用经审批机关核准的一个名称，不得将承担的教育教学任务委托或承包给其他组织和个人实施。若有分支机构或异地举办，必须经分支或新办机构所在地县（市、区）教育行政部门审批。

（三）幼儿园登记注册的机关

依据《广西壮族自治区学前教育机构审批管理办法（试行）》规定，县（市、区）级人民政府教育行政部门是学前教育机构审批机关，负责审查辖区内学前教育机构的办园资质，颁发办园许可证。街道办事处和乡镇人民政府应配合教育行政部门做好学前教育机构审批工作。

中外合作举办的学前教育机构按《中华人民共和国中外合作办学条例》及实施办法的规定，由自治区教育行政部门审批，颁发中外合作办学项目批准书，报教育部统一编号，并在所属县（市、区）及市教育局备案。

（四）变更和终止制度

已通过审批的学前教育机构因故更名、合并、迁址、变更单位或举办者、改变性质等，均应提前 1 个月向原审批机关提出书面申请，经审批机关审核同意后，方可办理变更手续。学前教育机构因故停办时，举办者应提前 3 个月向原审批机关提出书面申请，同时提交资产清理方案和原在园幼儿安置预案，经核准后，由审批机关监督实施，收回有关证件，并发布公告。

（五）年检制度

学前教育机构实施年度检查制度和动态管理。学前教育机构应接受教育行政部门管理并在每年年末向审批部门提交年检报告（包括办园方向、行政管理、人员资格及配备、保教质量、安全卫生、设施设备、资产和经费运行等情况），审批部门每年对学前教育机构开办情况进行审查。对符合国家、自治区、市有关法律法规、规章制度及达到相应标准的，视为年检合格。年检合格的学前教育机构方可开展新学期招生工作。年检不合格且限期整改后仍然达不到要求的，特别是存在重大安全隐患，拒不改正或逾期不改正的，取消其办园资格，收回办园许可证等有关证件，并进行公告。

拒绝年检、不接受年检处理决定的，依照《广西壮族自治区学前教育机构审批管理办法（试行）》取消办园资格并向社会公告。

第五节　招聘教职工

一、发布招聘信息

幼儿园园长应提前两个月甚至更早确定新学期员工的需求，并积极地开始招聘活动。招聘渠道主要有三种：刊登广告、参加校园招聘会、定向培养。

（1）刊登广告。采用电视、网络、报纸和发传单等形式发布幼儿园的招聘信息，能够使幼儿园得到许多候选人，包括经验丰富的教师；但是资料的审核、筛选工作量大。

（2）校园招聘。参加有学前教育专业的学校的毕业生招聘会可以吸收专业毕业生，专业毕业生文化基础扎实、专业技能过硬、富有工作热情、可塑造性很强，能较快成长，给幼儿园带来新鲜的血液，但是刚刚毕业的学生缺乏工作经验，流动性大，稳定性差。因此，近年来从学校直接选拔毕业生的幼儿园越来越多。这对于新建幼儿园来说是很好的招聘教师的渠道。

（3）定向培养。可以提前将幼教机构文化、特色课程、办园理念等渗透给学前专业学生，减少后期培养、缩短适应时间，此方式比较适合幼教集团、连锁幼教机构，特别是对教师有特殊要求的幼教机构。

幼儿园在招聘时，应尊重其他幼儿园，直接联系或挖掘其他幼儿园的某一教师是不明智的。招聘时，要做好宣传，将招聘信息、招聘条件等详细信息传达给更多的教师及幼儿园园长，并尽可能地让有意者得到更详细的资料。

下面以广西壮族自治区贵港市普罗旺斯幼儿园第二分园——新盛都幼儿园为例加以介绍。

新盛都幼儿园招聘方案

一、招聘岗位、人数

教学老师6名，保健医生1名，厨房工作人员2名。

二、招聘条件

教师：

1. 热爱幼教工作，身体健康，遵纪守法，品行端正，具有良好的职业道德。容貌端庄、性格开朗活泼、亲和力强；具备正常从事幼儿教育岗位职责的身体条件。

2. 全日制师范类中等以上学校毕业的幼儿教育及学前教育专业学生；普通院校大学专科毕业的音乐、美术、舞蹈专长的学生，其他师范院校毕业的师范生。

3. 年龄要求：40周岁以下。

4. 具有教师资格证、保育员证者优先录用。

保健医生：

1. 临床医学、全科医学、预防医学、妇幼保健医学、护理专业等中专及以上者。

2. 年龄要求：50周岁以下。

3. 如是医生请提供执业医师或医士资格证。如是护士请提供护士执业证，护士或护师资格证。

厨房工作人员：

1. 中专毕业，责任心强，吃苦耐劳，会基本的烹饪，有幼儿园厨房工作经验者优先；有厨师证、营养师证者优先。

2. 年龄要求：45 周岁以下。

三、待遇

1. 试用期 1 个月，签订试用期合同。试用期工资：基本工资+满勤奖。

2. 试用期结束，符合条件的签正式合同，并进行综合考核，根据个人业务水平和能力定级。工资计算：基本工资+岗位工资+全勤奖+安全奖，一年后调资。工作满两年开始计园龄工资，每年 50 元。

3. 一年 12 月工资，每年一次年终奖金（以单位效益定年终奖）。

4. 工作满半年，买五险（养老、医疗、工伤、失业、重疾）。

四、工作时间

每周 5 个工作日，周末正常休息，其他按国家法定节假日休息。

五、报名时间、地点、面试时间、联系电话

报名时间：2019 年 3 月 10 日—3 月 22 日

报名地点：新盛都幼儿园内

面试时间：2019 年 3 月 24 日上午 9 点开始

联系电话：134××××××××

六、面试内容

1. 面谈。

2. 针对所学专业，教师进行相应的技能展示：如弹琴、唱歌、绘画、讲故事、舞蹈等。

七、录用方式

面试合格者，三个工作日内电话通知录用，并约定时间签订合同。

思考问题：应聘人员最关心的问题是什么?如何应对?

二、审查申请

申请职位的材料应包括个人信息、教育及工作经验方面的简历、专业的推荐人名单。很多幼儿园还要求申请人提交个人评价或书面回答一系列问题。

幼儿园园长与所有候选人的推荐人联系。如果候选人是有经验的教师，则与其原在幼儿园的领导及教职工谈话是非常重要的。无论如何，申请人必须提供推荐人。园长应该确定一套标准的审查问题，节省与推荐人的联系时间。

三、面试

复审完申请表以后，幼儿园领导筛选出一些候选者以备面试。此面试应被视为互惠的对话。这样，园长和候选者可以在个人和幼儿园中找到共同点，以便达成协议。面试的流程基本如下。

（一）面试前

1. 介绍与工作相关信息

应聘人应在面试前要求得到以下信息：所要应聘的幼儿园的基本情况、幼儿园的办园理念和政策、重要的规章制度、应聘岗位的工资待遇、寒暑假是否带薪、是否提供食宿，职业发展等。

2. 参观园所环境

应聘人应参观一下教室、园内设施以及园内环境等。了解工作的职责任务、工作强度、工作时间等，自我评估自己是否喜欢和胜任。

（二）面试过程

1. 园方面试流程

（1）工作面试环节。面试时，首先进行专业基本技能面试，涉及弹唱跳画说等基本技能面试，接着开展教育教学技能面试，要求书写简单教案后，开始模拟上课。

（2）面试后的交谈环节。园长应准备一套问题进行面试。面试问题通常应包括职业态度、基本的专业知识和专业技能。设计的问题最好不是教条的，而是可扩展的，并应与个人和职业发展相关。设计的问题应能考察出候选人解决问题的能力。不过须注意，如果面试者是个没有经验的新教师或毕业生，则问题的侧重点应放在学校的成绩和表现方面。随着面试的进行，园长应注意到其他重要的方面，如自信程度、语言表达能力、是否热情大方、有无幽默感及总体表现。

2. 应聘者信息获取

面试时，应聘人应问一些问题，初步了解幼儿园基本概况和领导的能力，以便相互沟通。有问题可以在参观教室时提出。以下是一些可以问及的问题：幼儿园学生的构成怎样？幼儿园如何认识多样化的问题？招生政策如何？谁做决定？教师的自主性有多大？有无对幼儿的课程要求及标准？在课堂之外对教师有何期望？幼儿园如何组织？谁来监督？如何评估？人员的流通量是多少？家长如对孩子的老师或班级有意见如何投诉？教室器材及改进的预算如何？关于手工制作材料的政策如何?幼儿园如何支持教职工的职业发展？补贴、福利、合同有效期和其他问题如何？工资的长期增长趋势如何？这些问题不要一并提出，也最好在不同的时间提出，否则容易引起园领导的反感，感觉应聘人过于挑剔而影响其录用。

四、录用

面试后，幼儿园面试人员对所有应聘者进行综合评估，优先选择适合的应聘者，并电话通知。应聘者如果对应聘职位感兴趣，可在面试结束后通过写信或电话等方式主动表达自己对此职位的兴趣。一旦被录用，通常的情况是按照合同法规定的试用期试用，试用期结束后，与幼儿园签订一份合同，应聘人在签名前应弄清合同的所有条款及相关问题。

第六节　宣传与招生

一、幼儿园的宣传

1. 选定招生对象

招生前园长必须弄清楚幼儿园的服务定位、服务地域、服务收入人群等。幼儿园的保教费用定价取决于幼儿园家长的消费，因此需要定位那些愿意且能够承受得起的家庭。但是，如果有外部资金支持和帮助，就可以拓宽宣传的对象，发展潜在客户。

2. 招生宣传的形式

宣传与招生是一个系统工程，成功的招生有赖于宣传的内容和方式。招生宣传的方式主要包括：报纸、杂志、期刊广告、网络、电台、电视广告、海报以及传单等。作为园长，在招生宣传工作中，需要确定宣传地点、制作宣传材料、建立公共关系以及预算支付广告招生的费用等。

除此外，幼儿园还可以通过电视专题宣传、在公共集体场合播放专题宣传片、给附近居民价格优惠等形式进行招生宣传。

二、幼儿园的招生

（一）幼儿园招生规模的确定

幼儿园招生规模是指幼儿园招收婴幼儿入园名额、年龄等预计指标，是幼儿园有目的、有计划管理婴幼儿入园工作的首要保证。招生规模要依据幼儿园园舍、设施、师资、经费实际情况以及幼儿园生源情况而确定，一方面满足社会对婴幼儿入园的要求，另一方面要保证婴幼儿入园后的生活、游戏等活动的正常开展及其身心的健康发展。依据幼儿园的条件，确定招收婴幼儿的数量、年龄等，以使所确定的招生规模更为合理、实际、精确。

（二）幼儿园招生简章的制定

招生简章是幼儿园招收婴幼儿的计划工作以简要的文字表述成文，并报上一级行政主管部门批准后，在幼儿园外公开张贴，使适龄婴幼儿家长见到简章后及时按简章规定到幼儿园报名办理子女入园登记手续的宣传性提纲，是幼儿园每年一次的定期大规模招生工作的开端。婴幼儿入园简章包括：报名条件、时间、地点、手续、招收婴幼儿入园的规模、注意事项等。简章既是婴幼儿家长为其子女入园报名的指南，同时也是幼儿园招生工作顺利进行的保障。

1. 报名条件

报名条件是指幼儿园对招收的婴幼儿身体状况、智力等健康要求及居住地范围等要求。在招生简章中要明确表述，以提醒不符合要求的婴幼儿家长明白招生条件，量力参加报名。

如规定智力不健全或有严重遗传病、传染病的幼儿，患有心脏病、肝炎的婴幼儿不允许报名。一旦报名，但上交体检结果不符号录取要求，无疑会给幼儿园招生工作及家长带来不必要的麻烦。

2. 报名时间、地点、手续要求

招生简章中应明确提出报名的起始时间和结束时间、报名地点、应携带的证件及方法。如“请家长在规定的时间内到幼儿园报名，携带婴幼儿户口册、父母双方工作证或所在单位开具的证明信以及孩子，进行验证、登记、面试（主要是面试婴幼儿身体智力有无明显缺陷、残损等）等，办理入园的简要手续”。

3. 招生规模

应在招生简章中标明此次幼儿园新招收婴幼儿的年龄，即出生时间范围、婴幼儿数量以及适龄插班幼儿年龄和数量。

4. 注意事项

注意事项是招生简章中强调的重要内容，如婴幼儿无本地区户口或临时户口的不予报名；身体或大脑有严重缺陷以致影响生活的婴幼儿以及患有传染性疾病如肝炎、猩红热等病的患儿不予报名等。

录取方法：一般以板报的方式公示在幼儿园门口和微信工作群，方便家长和相关人员了解。

下面以广西壮族自治区贵港市普罗旺斯幼儿园为例加以介绍。

贵港市普罗旺斯幼儿园2019秋季期招生公告

普罗旺斯幼儿园坐落在普罗旺斯小区的西北角，北邻荷城小学，占地面积约4 800平方米，建筑面积约3 200平方米，前期投入1 300多万人民币，可容纳12个班近400名幼儿就读。

贵港市普罗旺斯幼儿园投资人——中强集团，投入近300万资金，为幼儿园增添了各种先进的设施设备，极具环保功能的园林式布局为每个孩子带来了宽敞的、高品质的绿色空间。园内各功能室完善，符合幼儿年龄特点，各室按要求配齐了各种设施设备。室外设有幼儿沙池、小游泳池，户外有三十米跑道，场地宽敞安全。幼儿生活、保健、教育教学设施配套完善，人员配备为两教一保。设施设备的完善、人员的配备齐全，为幼儿的生活、游戏、学习提供了根本保障。

2019年秋季新生学位预约报名开始啦！想加入我们这个温馨大家庭的宝贝们赶紧预约吧，我们等着你！

一、招生对象

1. 小班：84人（2016.9.—2017.1.出生的宝贝，2岁8个月～3岁）

2. 中班、大班、少数插班生。

注：只要宝贝们身体健康，无传染病、慢性疾病，适龄儿童均可报名。

二、招生程序

1. 预报名时间：2019年5月30日—6月6日上午：8:00—12:30；下午：2:30—5:30

2. 请宝贝家长带上户口本或出生证明来园报名。

3. 所有预报名信息和材料经核实后，我们将电话或信息通知家长进入下一程序。

4. 通知日期：6月9日正式报名。（未接到通知的家长将不再联系，敬请谅解！）2019年6月12日公布录取名单！

5. 凡未接到通知的人员子女视为未录取（因名额已满）。

6. 如符合条件宝贝人数过多，将采取按年龄由大到小的顺序录取。

7. 报名时提交的所有信息我们将严格保密。

8. 符合条件的宝贝的家长请在规定报名时间内来园注册，（无特殊情况）未来园缴费的，视为自动放弃本年度我园学位，所余名额将向社会招生。

普罗旺斯幼儿园对此工作拥有最终解释权！感谢家长对我园的厚爱与选择！

贵港市普罗旺斯幼儿园

2019年5月30日

【思考问题】

为什么普罗旺斯幼儿园的招生简章没有对幼儿园大力宣传呢？

第七节　入园与分班

一、入园前了解入园婴幼儿情况

（一）全面了解入园婴幼儿情况

全面了解婴幼儿情况对迎接婴幼儿新生入园后的生活、游戏等活动，使其尽快适应陌生环境有着不可忽视的重要作用，是更好地迎接新生入园的首要工作。

1. 了解婴幼儿的生活习惯

婴幼儿在入园前的生活大多是在家庭中度过的，因此其生活习惯是其所在家庭生活习惯的缩影，在不同程度上反映了该家庭的生活习惯。幼儿园是婴幼儿集体生活的场所，并有着严格的作息制度，婴幼儿从熟悉的家庭生活中转到幼儿园的集体生活，的确有很大的困难。了解婴幼儿的生活习惯，便于迎接新生时针对有不同生活习惯的婴幼儿给予不同的照顾，使其感到犹如在家中一样，而后把幼儿园的生活常规教育逐渐渗透到婴幼儿集体生活的各环节之中，以便使其尽快适应幼儿园的生活。

2. 了解婴幼儿的身体健康状况

婴幼儿的身体健康状况对其适应幼儿园集体生活有很重要的影响。根据了解到的情况对幼儿健康状况及体质情况进行认真分析，建立幼儿园及班级婴幼儿健康档案，以便在婴幼儿入园后针对不同体质及健康状况的婴幼儿给予适度照料。

3. 了解婴幼儿的个性特点

每个婴幼儿都有不同的个性和气质，其个性及气质特点是其适应陌生环境的心理因素。了解婴幼儿的个性特点有助于因人施教，以促进婴幼儿的心理健康发展。

（二）了解入园婴幼儿情况的方法

1. 问卷调查法

问卷调查法通过问卷的形式，对婴幼儿在家庭中的生活习惯、健康状况及个性特点等进行调查，得出结果，以帮助教师分析、研究、采取相应的措施，帮助幼儿尽快适应集体生活。事先准备好有关题目，一般以回答“是”“否”或画“√”等题型出现，将要调查的内容编成题，印发给婴幼儿家长，要求其填写问卷上的问题。幼儿园对问卷等材料统一保存建档，用以作为学期开始评估婴幼儿发展水平的依据之一。

2. 家庭访问法

家庭访问法是指幼儿园教职工深入到婴幼儿家庭中了解其生活习惯、健康状况及个性特点等的方法。访问法可以了解到婴幼儿更多的情况，较问卷法了解得更深入，但需幼儿园有一定的人力和时间投入。

3. 观察法

可由幼儿园举办幼儿园开放活动，请将要入园的幼儿及家长到幼儿园参加，允许幼儿及家长进入各班活动室，参与幼儿园教学班师生的游戏活动，以观察婴幼儿的反应，为新生入园工作的顺利进行做准备。

可见，做好入园婴幼儿身体、生活、个性等方面情况的调查、了解工作，是幼儿园婴幼儿入园工作的重要准备。只有全面了解婴幼儿情况，才能有目的、有计划地做好婴幼儿入园迎接工作。

下面以广西壮族自治区贵港市普罗旺斯幼儿园为例加以介绍。

普罗旺斯幼儿园幼儿入园基本情况登记表

<table>
<tr><td>孩子姓名</td><td></td><td>性别</td><td></td><td>出生年月</td><td></td></tr>
<tr><td>家庭住址</td><td colspan="3"></td><td>紧急联系电话</td><td></td></tr>
<tr><td>家庭成员</td><td colspan="3"></td><td>主要接送人</td><td></td></tr>
<tr><td>健康状况，饮食习惯</td><td colspan="5">1. 是否经常患病________
2. 适应季节、环境的能力如何________
3. 心理健康方面：是否经常保持情绪愉快________是否任性________
4. 是否自己吃饭________
5. 是否偏食________
6. 有无过敏史________
7. 有无抽风史________</td></tr>
<tr><td rowspan="5">基本生活能力习惯</td><td>饮水</td><td colspan="4">是否有饮白开水的习惯（　　）喝水用具（　　）是否会用杯子喝水（　　）</td></tr>
<tr><td>睡眠</td><td colspan="4">是否独睡（　　）　陪睡（　　）　是否尿床（　　）</td></tr>
<tr><td>穿脱衣服</td><td colspan="4">是否自己穿（　　）脱（　　）衣服　由成人给穿（　　）</td></tr>
<tr><td>玩具整理</td><td colspan="4">玩具玩完后是否自己收拾整齐________
有无幼儿自己支配的空间________</td></tr>
<tr><td>入厕</td><td colspan="4">幼儿能否自己入厕大、小便（　　）　由成人把大、小便（　　）</td></tr>
</table>

续表

活动兴趣	最喜欢的活动________________ 最喜欢的玩具________________ 对什么事情最感兴趣________________
交往	喜欢与成人交往吗？ 有同龄小伙伴吗？ 家长每天是否有时间与孩子玩或交流（时间________________具体内容________________
孩子需要特别关照的地方	

注：请家长认真填写，此表作为我们对孩子身体发展情况进行全面了解的依据，便于个别照顾。“( )”里请用“是”或“否”填入。

二、办理入园手续

（一）办理婴幼儿入园登记手续

登记手续是幼儿园在招生报名后，批准录取的婴幼儿随家长来幼儿园报到所需进行的注册手续。登记手续是建立婴幼儿入园档案的基础，是新入园婴幼儿花名造册的重要依据，也是科学管理婴幼儿入园工作的体现。

入园登记手续包括：家长填写入园登记表格，婴幼儿出生后健康卡片登记，预交婴幼儿伙食、管理、保育等费用及婴幼儿入园后使用的物品费用，婴幼儿安全保险登记，须取物品登记，班级婴幼儿家庭情况登记等。

（1）填写入园登记表格。家长持录取通知及体检报告单前来登记，经审核体检报告为健康的，发放登记表 1 张，请家长填写 1 或 3 份（园内婴幼儿档案 1 份、保健室存档 1 份、班级保教教师 1 份，以备与家长联系用）。

（2）交纳各种费用。家长填写表格、验表。填表处留下 2 份，家长持 1 份表格到会计室交费，财会人员凭登记表为婴幼儿家长办理入园预收费用及用品费手续。

（3）领取物品。家长凭交费收据及用品费收据到指定房间领取婴幼儿用品，包括婴幼儿个人用被、褥、毛巾、水杯、枕巾、枕套、床单（幼儿园有学习用具，如色笔、幼儿园用书）等。除文具、毛巾、水杯以外，其他用品需家长绣上幼儿姓名，以便班级保教人员对幼儿物品的保管和保证婴幼儿使用自己的睡具。毛巾、水杯每日须清洗，定时消毒，因此可供婴幼儿集体统一使用。

（4）到医务室或保健室送交婴幼儿出生后的健康、防病卡片，注射各种药物的时间、地点等登记卡，便于婴幼儿入园后统一进行定期免疫、防病注射、服药等工作。

婴幼儿入园登记手续是入园工作的重要环节，登记手续应做到细致周到、认真审核、耐心服务，以确保婴幼儿入园后正常的生活、游戏，利于幼儿园保健、教养、婴幼儿管理等工作的顺利开展，因此婴幼儿入园登记手续要认真做好。

（二）入园体检

体检是婴幼儿入园工作的关键环节。婴幼儿入园体检是幼儿园经过本地区幼儿保健所指定医院对申请入园幼儿进行规定项目的身体健康检查，为婴幼儿做身体、智力状况的鉴定检查，并作为幼儿园收托婴幼儿入园的依据。

婴幼儿入园体检一般包括身高、体重、血色素、视力、智力、身体发育、心脏功能、肺功能、骨骼、传染病、营养状况检查等方面内容。

婴幼儿入园体检工作应由保健医生负责组织，收集体检报告，将体检情况如实上报园长，告之因体检不合格而不能录取的婴幼儿名单，并将已录取及未录取婴幼儿的体检报告建立入园体检档案，作为每一位入园婴幼儿成长健康档案材料，统一管理。不合格的报告单独存放备案。幼儿园婴幼儿入园体检工作是幼儿园录取新生工作的最后环节，也是最重要的环节。经体检合格的、符合招生条件的婴幼儿则为正式录取的新生；反之，符合其他条件，而体检不合格的婴幼儿不能被录取，或经复查合格以后方能录取。

为此，幼儿园要对婴幼儿入园体检工作严格把关，为提高幼儿园婴幼儿身体健康水平以及身心健康和谐发展提供重要的保证。

三、入园编班

婴幼儿入园编班是指幼儿园对录取的新生从促进其身心发展出发，为便于婴幼儿入园后的生活、游戏、学习，保教人员对其进行养成教育及相应的生活照料，按规定编制一定数额的婴幼儿为一班，根据招生规模大小及实际招生数编为若干个班。

婴幼儿入园编班依据《规程》关于招生编班的规定及幼儿园实际，可按年龄分别编班，也可将婴幼儿年龄相近的混合编班，分组教养。

幼儿园编班时要严格按照《规程》的编班规模限制各班婴幼儿定额。在保教人员比例正常的情况下（指幼儿与保教人员比例）可适当增加各班容量，但最多不能超过 15% ~ 20%。

四、新入园幼儿入园焦虑情绪的缓解和稳定工作

每一个初次进入幼儿园的幼儿（尤其是小班的孩子们），总会哭闹不停。面对这种情况，老师不要怪孩子不懂事，因为习惯了家人时刻陪在身边，突然来到一个陌生的环境，幼儿就必然会产生不安感。由于这个时期孩子的语言表达能力比较差，他们稍不合意就会发脾气、大声喊叫、哇哇哭闹，这就是所谓的“分离焦虑”和“陌生焦虑”。

开学初，作为幼儿园班级的管理者，需要根据各班的实际情况制定合理的计划，然后根据计划有针对性地实施科学保教，缓解入园焦虑，做好班级稳定工作。

拓展阅读：

小班新生入园适应方案

小班幼儿入园前，大都生活在爷爷奶奶、爸爸妈妈的精心呵护下，长辈们是捧在手上怕摔了，含在嘴里又怕化了，可谓是家里的“小皇帝”“小公主”。入园后，他们面对的是一个全新、陌生的环境，一张张陌生的面孔。幼儿不但要适应新的环境、生活方式，还要适应新的学习活动。进入幼儿园小班，是幼儿一生学习活动的起点和开端，老师应通过多种方法和途径正确缓解与疏导幼儿入园初期的不良情绪或行为，使之在最短的时间里愉快地适应新的群体生活、加入集体学习活动中。帮助孩子们渡过这一适应期，将会对他们的心理健康和社会适应能力产生深远的影响。

一、园级准备工作

（一）小班组研讨会

小班幼儿开学入园前，园长或副园长组织同年级小班组老师和有经验教师开会，分享往年帮助幼儿适应幼儿园生活的经验，介绍解决入园适应的方法以及存在的问题。然后，要求各个班级的教师和保育员分析本班幼儿情况，思考解决幼儿入园适应问题的方法。

（二）时间安排循序渐进

为了使幼儿尽快适应幼儿园生活，有效缓解其分离焦虑情绪，在幼儿作息时间上应采取循序渐进的方式。应科学安排幼儿在园时间，将九月作为小班幼儿适应月，每周安排亲子活动、独立活动、午餐时光、香甜午睡等阶段，从两个小时到半天再到全天逐步过渡，减少幼儿的焦虑。

（三）游戏活动贯穿始终

为了让小班幼儿尽快适应幼儿园生活，我们小班组确立了从一日活动游戏化入手的专题研究，结合小班课程设计了符合幼儿年龄特点的游戏活动，如入园环节的“我和羊羊手拉手”，常规环节的“送毛巾宝宝回家”，饮水环节的“我帮汽车加加油”“我给小花浇浇水”。同时，在游戏中为了缓解孩子的分离焦虑，我们组织了“打电话”“抱娃娃”“我爱我家”等环节。编排了亲子操“爱我你就抱抱我”。

（四）特色绘本舒缓情绪

为缓解幼儿的入园焦虑，我们选取了适当的绘本故事，通过丰富的画面，生动的语言，把孩子吸引到故事中，缓解孩子紧张的情绪。如《抱抱》通过猜猜学学动物的拥抱，增强认知经验。孩子们模仿动物的肢体动作，感受抱抱的快乐，体验老师、同伴的爱。常用绘本有《装在口袋里的妈妈》《汤姆上幼儿园》《三只小猪上幼儿园》等，帮助孩子缓解焦虑，建立与教师和同伴的情感。

（五）注重调整家长心理

幼儿进入幼儿园时，由于不适应离开孩子的生活，加上担心孩子不适应以及对教师的不信任等，许多家长也出现幼儿入园的分离焦虑症状。幼儿园需要注重调整家长的心理。

二、班级准备工作

（一）活动室的布置以及玩具的投放

小班幼儿喜欢色彩明亮耀眼、外形夸张逼真的图案，我们在活动室中多向幼儿展示不同的动物形象，吸引幼儿的注意。为了使幼儿园成为小朋友熟悉的地方，我们请家长们带来了全家福，张贴在了我们的墙上，小朋友们思念家人的时候，就看看照片，可缓解情绪。

再则，要根据小班幼儿的年龄特征选择并投放适宜的玩具，比如拖拉玩具、串珠玩具、娃娃家玩具、积木积塑、幼儿自带玩具等。让幼儿愉快地置身于既好玩又有利于幼儿智力发展的玩具世界中，在玩的过程中学会与同伴认识与交往，分散与排除依恋家长的情绪和行为，继而喜欢幼儿园的环境与同伴，就不会再因孤单和无助而哭闹了。

（二）教师每天保持乐观向上的情绪，用微笑面对幼儿

在幼儿入园及日常生活中，教师都应以微笑面对幼儿发生的各种情况，减少说教，使幼儿能对幼儿园产生好感，没有畏惧心理。给幼儿以母亲般的拥抱和亲吻，在幼儿无助或伤心惶恐而闹情绪时，牵牵他们的小手，及时给孩子们一个热情而母性的拥抱。或亲亲他们的小脸蛋，对他们说：妈妈是不是这样爱你的啊？老师也像妈妈一样爱你。

（三）合理安排适应周的活动

幼儿第一周来幼儿园的时候，我们请家长和孩子们一起选择自己的毛巾阁、水杯阁，选择自己的小柜子，为自己做一个标记牌，贴上自己的照片。在老师的带领下组织家长和幼儿参观、熟悉、适应幼儿园；组织家长和幼儿进行亲子游戏，如亲子操“爱我你就抱抱我”，常规游戏开火车等，让孩子和家长尽快与老师、幼儿园建立感情。第二周我们将着重从独立入园入手，用形象有趣的绘本故事、游戏等转移孩子的分离焦虑。用教师的肢体和口头语言增强与孩子的情感，如抱抱、摸摸、赞扬、奖励等；第三周我们将带领孩子与哥哥姐姐做游戏，让其喜欢在幼儿园进餐；第四周我们将适应较强的幼儿进行全天生活，个别幼儿采取半天，逐步让孩子喜欢上幼儿园。在今后的工作中，我们还将继续开展研究，探索适宜的途径和方法，帮助幼儿和家长适应幼儿园的生活，度过分离焦虑这一关。

【思考与练习】

1. 幼儿园园址的选择有哪些条件?实地察看一所幼儿园，看是否符合选址要求。
2. 调查几所幼儿园，试写一篇关于幼儿园办学体制改革情况的调查报告。
3. 假如你自己办园，试着列一列办园的工作程序。
4. 拟一则幼儿园教师招聘启事。
5. 拟一份帮助小班幼儿入园适应的方案。

【案例分析】

案例一

请微信搜索并关注“贵港市普罗旺斯幼儿园”公众号，进入普罗旺斯幼儿园公众号，阅读“普幼家园”《分离焦虑专题讲座一》。

思考：结合普罗旺斯幼儿园的做法，分析一下老师、家长应该如何帮助幼儿更快更好的适应幼儿园的生活?

案例二

请阅读“普幼家园”《分离焦虑专题讲座二》。

思考：结合案例分析家长产生分离焦虑的原因，怎样消除家长的分离焦虑症?

管理篇

第三章　幼儿园的战略管理

【学习目标】

1. 了解幼儿园战略管理的含义、特征、管理内容的层级结构。

2. 熟悉幼儿园战略管理流程，具备初步制定幼儿园战略管理规划能力。

3. 熟悉幼儿园竞争战略分析理论和竞争战略选择依据，运用相关理论分析幼儿园竞争策略。

4. 了解幼儿园品牌管理含义、特征和构成要素，熟悉幼儿园品牌的打造。

【导　　语】

从某种角度说，21 世纪进入了一个“战略谋划的世纪”。任何一个组织的发展都离不开战略管理。组织的发展战略是否正确，直接决定着组织的兴衰成败。幼儿园组织在战略管理中发展，幼儿园园长在战略管理中成长。了解幼儿园战略管理内涵，熟悉幼儿园战略管理流程，具备初步制定幼儿园战略管理规划能力；熟悉幼儿园竞争战略分析理论和品牌管理理论，运用相关理论分析幼儿园竞争策略，创建幼儿园品牌，实行品牌管理，提升幼儿园的竞争能力。

第一节　幼儿园战略管理概述

一、幼儿园战略管理的含义

1. 幼儿园发展战略

“战略”一词有着十分悠久的历史，来源于希腊的军事用语“sreatedos”，意思是战争全局的指挥和策划，英语是“strategy”。后用于其他领域，泛指重大的、带有全局性的或决定全局的谋划。发展战略是组织为求得长期生存、稳定发展，而对组织做出的全局的规划。幼儿园的发展战略是指以幼儿园的未来为基点，根据幼儿园的内外环境和可获得资源情况，为寻求、维持幼儿园的持久竞争优势、生存和发展，而做出的有关全局的重点筹划与谋略。

2. 幼儿园战略管理

“发展战略管理”一词最早由安索夫（H. Igor Ansoff）于1972年提出。发展战略管理是一种崭新的管理思想和管理模式。这种管理模式针对企业如何应对环境的恶化和动荡，如何应对竞争，以及满足利益相关者的基本问题上做出回应。战略管理是关于企业整体的管理，它涉及企业的全局和整体，管理者要具有多职能领域的解决问题的能力，需要与不同的利益团体、不同工作职能的人进行协调。战略管理还具有不确定性和模糊性，它强调对环境的适应、长远发展和资源的整合。管理者在进行决策时不可能做到完全有把握。战略管理还涉及企业的变革，它不是维持现有局面，而是不断改变现存状态，以适应不断变化的环境。

借鉴企业战略管理，幼儿园的战略管理是幼儿园以未来的发展为基点，在战略分析外部环境和内部资源的基础上，管理者做出事关全局的谋划，然后实施谋划，开展监控和评价的系列管理活动。

二、幼儿园战略管理的特征

1. 全局性

战略管理必须以幼儿园的发展规律为基准，充分考虑幼儿园组织内部和外部的环境。另外，这种全局不仅表现在幼儿园自身的全局、行业状况，也表现为幼儿园的发展战略与国家的经济社会发展战略相一致，与国家发展的总目标相适应，与幼儿的身心发展规律相适应，与我国各教育阶段的承接变换相适应。只有通盘考虑全局，幼儿园的发展战略才能切中要害，引领幼儿园持续发展。

2. 未来性

幼儿园战略管理规划不仅是幼儿园未来发展的指导性文件，也是企业在未来一定时期内生存和发展的统筹谋划，它通常着眼未来五年以后的时间。

3. 相对稳定性

幼儿园战略管理规划作为一个幼儿园发展的纲领性文件，必须在一定时期保持稳定，以利于幼儿园各部门、各单位贯彻实行。基于幼儿园长期的目标、发展方向、行动方针、重大措施和基本步骤，需要保持稳定。如果朝令夕改，幼儿园组织内部就会发生混乱，贻误发展时机，不利于组织总体发展目标的实现。但是，组织内外环境是动态变化的，发展战略管理必须时刻保持动态适应性，适当采取调整。

4. 竞争性

当前我国幼儿园主要以民办幼儿园为主，幼儿园数量的增加，导致幼教行业竞争激烈。如何在激烈的幼儿园竞争中始终保持不败之地，赢得自身的发展空间？这就要求在幼儿园的发展战略管理充分考虑来自环境和竞争对手多方面的冲击、压力和威胁，并为这些挑战制定长期的行动方案和保障策略。

三、幼儿园战略管理内容的层级结构

借鉴企业管理，幼儿园战略管理自上而下，分为总体战略、经营战略和职能战略三个层次。

（一）幼儿园总体战略

总体战略又称为公司战略，它是一个企业或幼儿园各种行为的行动纲领，对于一些大型集团尤其是进行多元化发展的企业来说，总体战略是其进行资源配置的前提和基础，管理者根据组织的总体战略来分配各种资源，明确自身发展的整体业务组合和核心业务。总体战略分为发展型战略、稳健型战略和收缩型战略。

1. 发展型战略

发展型战略是指企业以积极进攻的态度来进行市场竞争，多适用于行业的龙头企业或者有发展后劲的企业，具体包括市场渗透、多元化经营和联合经营战略。市场渗透是指通过扩大生产规模、提升产品性能等方式用现有产品开辟新的市场或者向现有市场推出新产品来开展竞争，例如，大力发展连锁园、分园等；多元化经营是指一个企业同时经营两个或两个以上的业务类型，具体包括同心多元化、水平多元化和综合多元化；联合经营强调两个或两个以上独立的经济实体出于共享资源、降低成本的目的，通过横向联合的方式成立一个经营实体或企业集团从而在市场上展开竞争。比如现在集团化的幼儿园经营就是这种横向经营模式。

2. 稳健型战略

稳健型战略强调保存实力，进而有效降低经营风险，多适用于中下等规模企业或经营不景气的大型企业，具体包括无增长战略和微增长战略两种类型。

3. 收缩型战略

收缩型战略主要适用于市场疲软、产品或行业进入生命周期衰退期或经营亏损等情况，该战略是管理者为了减少损失而采取的一种保守经营的战略形态。收缩型战略具体可分为转移策略、撤退策略及清算策略三种形态。

（二）幼儿园的经营战略

一般情况下，幼儿园有着自己独立的幼教服务、特色课程和相应的竞争市场，经营战略能够帮助幼儿园控制有限资源的分配和使用。幼儿园的经营战略主要包括基本竞争战略、投资战略以及针对行业所制定的经营战略。本书所研究的经营战略主要是指竞争战略，根据迈克尔·波特的理论，一个企业的竞争战略主要分为成本领先战略、差异化战略、集中化战略和职能战略四种类型。竞争战略类型将在下一节中详细介绍。

（三）职能战略

职能战略是指为了确保总体战略和经营战略的实现，组织中各个部门针对自身职能特点所设计的行动指南，具体包括生产运营型战略、资源保障型战略和战略支持型战略[38]。生产运营型战略是从企业或业务运营角度出发对组织整体战略进行支撑，具体包括研发战略、生产战略、营销战略、运营战略等；资源保障型战略主要是指为企业总体战略和经营战略实施提供保障，具体包括财务战略、人力资源战略、信息化战略等；战略支持性战略是为总体战略和经营战略提供支持的战略，具体包括组织结构战略、企业文化战略、公共关系战略等。相对于大型企业而言，幼儿园的规模相对较小，职能部门细分没有那么清楚，但幼儿园的具体职能工作依然借鉴企业分工执行。

四、幼儿园战略管理的流程

战略管理作为一个动态的全过程管理，不仅仅涉及企业采取何种战略，还涉及这一战略的具体选择过程和实施评价。因此，完整的战略管理应包括战略分析、战略选择和战略实施三个环节。其中战略分析帮助组织了解其所处的外部和内部环境，战略选择强调对行为过程的评价和选择，战略实施关注具体采取什么样的措施以及对实施过程的控制与评价。

1. 战略分析

战略分析主要是分析组织发展所面对的环境，明确各环境因素对组织未来发展的影响，对环境因素的分析可分为外部环境和内部环境两个方面。外部环境主要是考察宏观的经济环境、政治环境、科技环境、社会环境以及整个行业发展环境，对外部环境的分析有利于组织探寻未来发展的机遇和挑战；内部环境分析主要是帮助管理者明确组织自身的相对优势与劣势，从而更好地利用组织资源，具体包括内部资金、生源、办学等方面。

2. 战略选择

战略选择是在明确幼儿园未来发展的机遇与挑战、优势和劣势的前提下对幼儿园未来的发展战略进行选择。战略选择是重要的决策，对幼儿园的发展至关重要。形成多个战略方案是管理者进行战略选择的前提，战略方案的形成有两种思路。一种是发展的最优选择，也就是在战略选择时追求最优方案。但是，正如美国管理学家西蒙所指出的，由于决策者的理性有限，所以收到的与决策相关的信息难以充分，以及有些具体决策方案难以量化、比较、排序，这就导致决策难以真正实施。所以，在做幼儿园发展战略选择时，可以考虑第二种思路，也就是满意决策。满意决策不是说决策降低了决策的标准，以不认真的态度进行决策，而是强调决策时只需要把决策的目标理清，然后以决策目标作为衡量标准，只要能够实现决策目标，就可以了，不需要追求幼儿园发展战略决策的最优化。

3. 战略实施

战略实施是将目标与方案具体转化为行动的过程。这一阶段需要根据选定的幼儿园发展战略方案，计划和分配资源、设计组织结构、管理战略变革等。这里需要强调的是，根据当代战略管理理念，是先有了幼儿园发展战略，再来设计组织结构。传统的幼儿园管理是先有了组织结构再来制定发展目标，当代管理理念产生了重大变革，是根据选择好的发展战略，再来重组机构。而且，在实施幼儿园发展战略的过程中，幼儿园外部环境与内部状况都可能有变化，所以幼儿园发展战略需要有变革。

一般地，战略流程是从“战略分析”到“战略选择”，再到“战略实施”，但是这三个阶段相互影响、相互作用。所以战略流程需要反复循环，不断调整，最后带来幼儿园管理水平的发展上升。

五、幼儿园战略管理规划的制定模式简介

幼儿园战略过程理论分析较为抽象，下面就以一个更为具体的幼儿园经营战略制定的模型加以分析（详见图 3-1）。

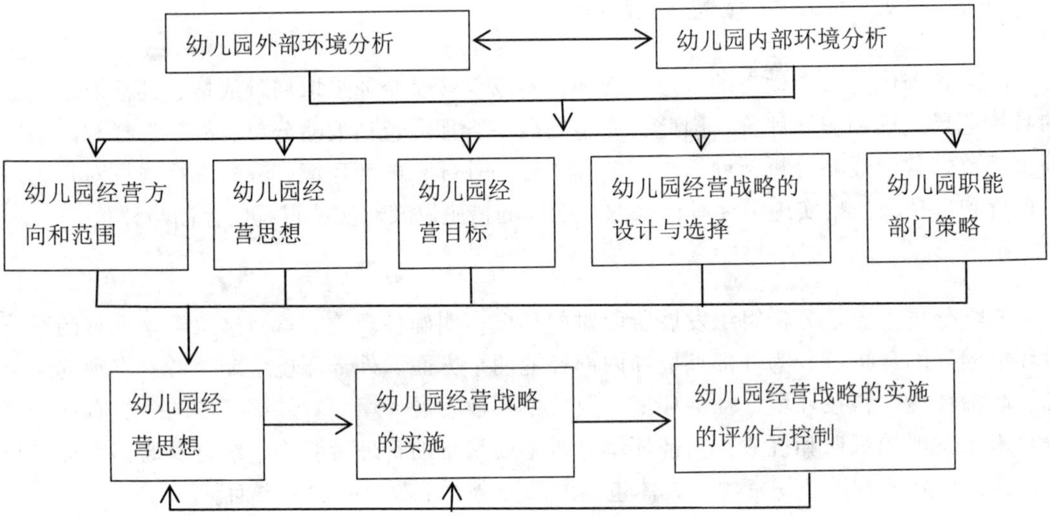

图 3-1　幼儿园经营战略制定的模型

1. 幼儿园的外部环境分析

幼儿园的外部环境分析是制定经营发展战略的第一步，它主要从宏观、中观和微观三个层面，对国家幼教发展政策、经济发展水平、学龄人口的数量、周边幼教资源情况等方面进行优势和劣势的分析，找到发展的机遇，为幼儿园经营方向、目标和战略的制定打下良好的基础。

2. 幼儿园的内部实力分析

幼儿园内部实力分析包括已经具备的和可获得的资源的数量和质量，具体包括人、才、物等物质资源，还包括幼儿园组织结构、信息、时间、空间、文化、品牌影响等无形资源。

内外部环境的分析一般通过 SWOT 矩阵分析来进行，即分析外部的机遇与挑战、内部的优势和劣势。

3. 幼儿园的经营领域

对内外部环境进行分析后，决定幼儿园经营的方向和范围，确定幼儿园进入的市场。

4. 幼儿园的经营思想

幼儿园的经营思想指在确定经营领域后，为了实现发展的目标，在整个幼儿园运营中坚持的指导思想。它是幼儿园经营哲学，幼儿园活动方式依据的信念、价值观和行为标准，是幼儿园发展的灵魂。幼儿园教育属于公益事业，把为社会提供最好的教育服务作为第一要旨

来制定幼儿园发展指导思想。

5. 幼儿园的经营目标

幼儿园的经营目标指幼儿园在一定时期内，按照幼儿园经营思想，考虑内外条件和可能，沿着经营方向所要达到的预期的理想目标。它是幼儿园经营战略的基本内容之一。

6. 幼儿园经营战略的设计与选择

幼儿园经营战略的设计与选择指对战略分析后的多种战略方案的选择与分析。在这个阶段，要对多个方案进行逐个比较和评价，求得一个能最好地实现幼儿园经营方向、目标、战略的组合。在比较各种方案时，具体的衡量标准十分关键，因此在确定衡量标准时要考虑幼儿园的整体和长远发展。不过，衡量标准的选择常常与决策者对待风险、稳定性、赢利率、发展速度，以及经营分散程度等因素的态度有关。幼儿园战略评价和选择的基本标准为：适用性，即与环境相匹配；可接受性，即利益博弈可接受程度；可行性，即与幼儿园可活动资源的数量和质量相匹配。幼儿园所做的是社会教育事业，还要考虑其教育性和社会性。

7. 幼儿园职能部门策略

幼儿园职能部门策略指在事业部级战略指导下，按专业职能进行目标落实的对策。具体地说，它是幼儿园总体经营战略转化为职能部门具体行动计划的指南，根据这些行动计划，职能部门管理人员可更清楚地认识到本职能部门在实施总体战略中的责任和要求。

8. 幼儿园的经营手段和途径决定

指为实现幼儿园的长期发展目标的途径和手段的总体谋划，是幼儿园在动态环境中确定的幼儿园经营的重大战略决策。

9. 幼儿园战略的实施

指幼儿园通过一系列的措施和手段，组织教职员工为实现幼儿园战略目标所采取的一系列行动。

10. 经营战略实施的评价与控制

这一阶段主要确定在实施过程中，在多大程度上实现了战略目标，以及通过实施过程中的形成评价对实施过程进行有效调节和控制，以保证战略实施按照既定的方向和规定行进。

第二节　幼儿园竞争战略

幼儿园的竞争战略作为幼儿园管理的一种战略，对幼儿园的生存和发展起到举足轻重的作用。本节借鉴企业竞争战略管理，重点介绍幼儿园竞争力战略分析、幼儿园竞争战略类型和幼儿园竞争的具体策略。

一、幼儿园的竞争力

在市场经济下，幼儿园作为一个组织，要想保持自身的独特性，并赢得社会的信任和支持，获得长久的生存发展，就必须拥有能够胜于其他幼儿园组织的竞争优势。

根据竞争的定义，结合幼儿园的独特性质，笔者认为，幼儿园竞争是指幼儿园在国家政策和市场经济条件的综合作用下，为了争取稳定和足够的生源，赢得政府、社会、家长的肯定和支持，从而为实现自身生存、服务社会的崇高理想而开展的经营活动。

幼儿园竞争力则是指在市场经济和国家政策环境下，相对于其他对手，所表现出来的生存能力和可持续发展能力的总和。通常来说，幼儿园竞争力可以细分为三个方面，即幼儿园的内外部环境转化能力、生存能和发展能力。

1. 内外部环境转化能力

这一能力集中表现为幼儿园对外部政治、经济等环境变化的掌握能力，对幼儿园所承担的社会责任的履行能力，信息沟通能力等。

2. 生存能力

生存能力是指幼儿园在当前环境下的实际竞争能力，主要体现在幼儿园能够提供的教育服务质量、软硬件设备条件、师资条件水平、社会信誉以及文化理念等各方面的综合能力。其中最为关键的是，幼儿园在大众心目中所拥有的心理地位，即被接纳和认可的程度。

3. 发展能力

幼儿园的发展能力是指，幼儿园潜在的发展空间和可能性，集中体现于幼儿园所具有的设备先进程度、人力资源结构与可持续发展能力、幼儿园品牌效益、幼儿园资产的增值率和资信度。此外，还包括幼儿园能够获得内外部财务及政策支持的能力大小。

上述三种能力，在发挥幼儿园竞争力时总是相辅相成、综合发挥功用，因此，幼儿园在发挥竞争优势时要兼顾以上三方面的能力。在不同时期，对此三种能力的使用也应有所侧重，要根据具体情况来加以确定。

二、幼儿园竞争的战略分析

1. SWOT 分析法

SWOT 分析法，是通过分析找到幼儿园外部发展的机会和内部发展的优势，化解外部的威胁和克服内部的弱点，趋利避害，优化战略方案。具体做法是，将与幼儿园发展相关的内部优势（Strengths）、弱点（Weaknesses）、外部机会（Opportunities）和威胁（Threats）进行调查分析，并依照一定的次序按矩阵的形式排列起来，然后运用系统分析的思想，把各种情报相互匹配起来加以分析，从中得出相应的结论。

2. 波特战略管理分析法

这个模型也可称为“五力竞争模型”，是组织在制定竞争策略时较常用的分析模型（详见图 3-2）。这个模型主要从分析竞争来源、竞争因素和竞争强度入手。首先，从竞争来源来看，竞争者主要有现有竞争者、新进入者、替代品、供应商和顾客五个方面。其次，从竞争因素来看，每个竞争主体都含有不同的对竞争可能造成影响的因素，如以现有竞争者为例，竞争因素可以分为竞争者数量、产品差异、品牌特征和转换成本等。最后，竞争强度也是做出竞争策略的重要参考指标，它是不同竞争主体围绕不同竞争因素展开竞争的状况，可以划分为大、中、小三个级别。在分析竞争强度时，要根据具体的实践情况，给不同的竞争主体划分不同的权重，最后统计出该行业在某一时期的具体竞争强度。

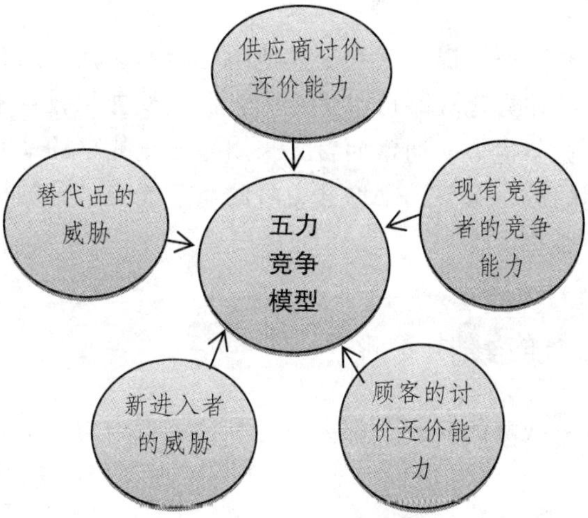

图 3-2　五力竞争模型

利用五力竞争模型对幼儿园竞争进行战略分析，可以对幼儿园发展的如上五个方面因素进行深入分析，这一分析将为幼儿园发展战略的制定提供科学依据。

三、幼儿园竞争战略的类型

组织在制定经营竞争策略时，必须坚持以顾客为导向，因为组织不论采用何种竞争策略，都是为了满足顾客的需求。因此幼儿园在选择具体的竞争策略之前，必须弄明白三个问题，即为谁服务、提供哪些服务内容，以及利用何种具有竞争力的方式来满足顾客的需求。通过对这三个问题的分析，幼儿园可以从满足顾客需要的角度来挖掘组织的核心竞争力。而这种核心竞争力可以通过如下三种方式来形成。

1. 集中化战略

集中化，指对服务对象做细分，然后选择自己将要服务的重点群体，并将其集中在某一个范围内。所以，集中化战略也就是重点市场战略。幼儿园在界定竞争策略时，可以首先根据幼儿园所处的地理位置、办学理念、特色、资源以及能力来确定自己的最佳服务群体，然后集中优势资源，重点和集中地服务这一市场，而不是把资源和精力分散于所有细分市场。不过，幼儿园采用重点市场战略，一方面便于幼儿园形成核心竞争力，另一方面也可能存在一定的风险。因为狭小的竞争性市场随着新进入者的加入，竞争会变得日益激烈，并且这种细分市场如果被替代品所取代，那么幼儿园的转型和生存将会变得比较困难。

2. 成本领先战略

成本领先战略是指幼儿园通过一系列管理活动，使幼儿园能够以低于竞争者的成本，提供满足顾客需要的服务。例如，幼儿园可以通过加强对物力和人力的管理，减少资源消耗，降低办学成本，以提高幼儿园的竞争能力。又或者，有的幼儿园利用小学并校后空置的校舍办学，或者依托知名幼儿园，提升幼儿园的整体形象、办学理念和员工培训效果，以此来节省幼儿园办园成本，增强自身的竞争能力。

3. 差异化战略

差异化战略是指幼儿园通过提供区别于其他幼儿园的、独特的教育服务，来营造幼儿园的核心竞争力。幼儿园的差异化战略可以体现为，提供差异化教育服务、差异化的定价、差异化的课程等，以获取竞争优势。通常而言，采用差异化战略的幼儿园，一般通过提供特殊的、与其他幼儿园不同的教育服务，来增强自身的竞争能力。它的核心点在于，凭借提供独特的教育服务而获得特别的收益。

四、幼儿园竞争的具体策略

各种幼儿园发展竞争战略的实现，都离不开具体的竞争策略。具体的幼儿园竞争策略至少有以下五种。

1. 提高保教质量

保教质量是衡量幼儿园保教效果好坏的标准。一所幼儿园即便已经很有名气，但是一旦保教质量不能与品牌信誉相一致，品牌也会被瓦解。因此，幼儿园需要通过师资队伍建设、环境文化建设、管理水平提升等举措，提升办园质量和服务水平，以赢得家长和社会的肯定，从而获得自身长久的竞争力。

2. 加大招生宣传

随着幼儿园数量的增多，家长的可选择性也在增大，因此，各幼儿园就必须通过加大宣传来吸引家长的注意，将自身的办园理念及特色呈现给家长。幼儿园不仅要注重对自身基本情况的介绍，还要注意对幼儿园的改善情况、取得的成绩进行宣传。

宣传的方式也应灵活多样：可以通过广播、电视、报纸、网络等不同媒体进行宣传；可以利用节假日活动、文艺节目表演等一系列活动来扩大幼儿园的知名度；可以通过设计带有幼儿园名字的园服来进行宣传；可以通过发传单、拉横幅招生的宣传方式进行宣传；可以建立微信公众号，宣传幼儿园的办学理念、多彩活动等。

3. 课程特色吸引家长

当前，幼儿园为了吸引家长，根据本园环境、家长的需求、政府部门的要求等，开设陶泥、音乐、创意美工等艺术特色课程，开发幼儿智力的珠心算、绘本阅读课程；传承中国文化的经典诵读；体现园本特色的主题式园本课程和活动。这些课程开设，突出了幼儿园办园特色，吸引了家长。

4. 打造幼儿园品牌

在品牌消费的时代，再好的幼儿园，如果没有树立自己的品牌，也会影响招生、保教费收取定价等，因此幼儿园需要打造自己的品牌。幼儿园品牌打造的途径有：通过市级、省级示范园认证的方式来打响品牌；通过加盟幼儿园或者联合成立幼教集团或联盟，实现资源共享，用独特的教育理念来树立品牌，提升幼儿园持久的竞争力。

5. 占领潜在市场

通常情况下，幼儿园一般招收 3 ~ 6 岁的学龄前儿童入园，但是当前也有些幼儿园招收 1 ~ 3 岁婴幼儿，为家长提供托幼服务。还有的幼儿园进入社区，为 0 ~ 3 岁婴幼儿家长提供育儿辅导。这些做法的目的一是为了扩大市场，二是为了吸引潜在客户。因为如果幼儿园为 0 ~ 3 岁婴幼儿家长提供育儿辅导，那么这些家长会逐渐接受和认可这些幼儿园的办园理念。很可能会在孩子入园时，将孩子送人该幼儿园。

第三节　幼儿园品牌战略

品牌是组织的核心竞争力，是联系组织主观努力与消费者客观认知的纽带。品牌不只是产品服务的记号，更代表了产品服务的独特意义和深层文化价值。因此，通过品牌的打造和管理，幼儿园可以获得更多的品牌溢价，提升其核心竞争力，在竞争中处于优势地位。

一、幼儿园品牌的内涵

1. 品牌

品牌是人们对一个企业及其产品、售后服务、文化价值的一种评价和认知，是一种信任，是所有传播和营销活动必须围绕的核心。品牌是由区别于竞争对手的产品或服务的商业名称、标志物、象征、设计或它们的组合构成，品牌是给拥有者带来溢价、产生增值的一种无形的资产。

2. 幼儿园品牌及其构成要素

幼儿园品牌是社会对一个幼儿园及其幼儿园保教服务、办学理念和文化的一种综合评价和认知。它是幼儿园建立和重新塑造一个品牌形象的过程和结果，代表着一种标志、一种文化、一种无形资产。

幼儿园品牌主要构成要素由以下几方面组成：

（1）标志要素。

如幼儿园名称、幼儿园园徽、幼儿园服装、幼儿园师资储备、园舍布局、建筑主体色调、VI 设计等。其中 VI 设计包括：袋子、园服、笔、各种案头用本或纸等，几乎涵盖所有幼儿园用品均用标志。

（2）文化要素。

如幼儿园风气、幼儿园历史、幼儿园发展、幼儿园执行理念、园长个性风采等。

（3）品牌运营要素。

如幼儿园品牌标志设计、幼儿园市场推广、幼儿园品牌营销、幼儿园公关宣传等。

（4）核心要素。

如幼儿园办园理念、幼儿园文化、幼儿园管理、幼儿园课程设置、幼儿园团队等。

二、幼儿园品牌的价值与效应

1. 幼儿园品牌的价值

幼儿园品牌的价值包括用户价值和自我价值两部分。用户价值主要包括品牌的功能、质量和价值，即品牌的内在三要素；自我价值主要包括品牌的知名度、美誉度和忠诚度，即品牌的外在三要素。幼儿园品牌的内在三要素是指品牌能为幼儿园提供什么样的保教服务、品质享受以及附加的教育理念和文化价值。幼儿园品牌外在三要素是指幼儿园品牌在公众、行业和目标受众中的知名度、获得社会公众、行业和目标受众的赞许和支持程度，以及社会公众、行业和目标受众对品牌的信任与忠诚的程度。

2. 幼儿园品牌的效应

幼儿园品牌一旦形成，并在社会中成为名牌，就会产生以下效应。

（1）聚合效应。

企业和其产品成了名牌，不仅可获得较高的经济和社会效益，而且还可以利用品牌资本使企业不断发展壮大。名牌企业或产品在资源方面会获得社会的认可，社会的资本、人才、管理经验甚至政策都会倾向名牌企业或产品。名牌企业或产品会稳固自己的实力，并通过加强与供应商、后续企业的关系，通过资本营运聚合社会资源使企业更进一步扩大，形成规模，产生规模效益。这样企业聚合了人、财、物等资源，形成并很好地发挥名牌的聚合效应。

（2）光环效应。

名牌幼儿园作为同行业中的佼佼者，会给幼儿园带来一道美丽的光环。在这美丽的光环的照耀下，幼儿园的教职工及其幼儿均会收到一种正确的激励和影响。幼儿园品牌的名气、声誉会使政府、社会、家长、幼儿及其他社会公众产生一种亲和力和认同感。家长和幼儿会慕名而来，政府、社会也会给予关心、支持、爱护，会给名牌幼儿园创造更佳的成长环境。

（3）磁场效应。

品牌幼儿园在社会、家长及幼儿心中树立起极高的威望，它就会像磁石一样吸引家长和幼儿，成为家长、幼儿最为向往的地方。这些家长在享受品牌幼儿园教育的同时，会对其不断宣传，而其他品牌幼儿园的家长也会在名牌幼儿园的磁场力下开始选择此品牌幼儿园，并可能同样成为此品牌的忠实消费者。这样品牌就会形成良性循环，幼儿园因品牌会变得更有名，又会因有名变得更加优秀。

（4）“核裂变”效应。

当品牌发展到一定阶段后，品牌幼儿园会积累、聚合各类社会资源、营销力量和管理经验，不断提升保教服务质量、推出特色优质课程等，同时在聚合效应下，幼儿园不断以连锁经营、集团化发展占领潜在幼教市场，同时开拓同类相关联的幼教新产品。

（5）内敛效应。

内敛效应是品牌幼儿园对内部员工的精神具有凝聚作用。名牌幼儿园以其良好的形象使生活、工作在这样幼儿园中的员工产生自豪感和荣誉感，并能形成一种特有幼儿园文化、工作氛围，给每一位员工以士气、志气，使员工精神力量得到激发，从而更加努力、认真地工作，提高工作效率、提升工作积极性。名牌的内敛效应聚合了员工的精力、才力、智力、体力甚至财力，使企业得到提升。

（6）宣传效应。

宣传效应指名牌形成后，它就可以利用名牌的知名度、美誉度传播幼儿园的名声，宣传地区甚至国家的幼儿教育，成为地区或国家幼儿教育的形象代言人。名牌的宣传效应在经济、社会生活中表现较为突出，越是有名的品牌，越是形象佳、美誉度高的品牌对幼儿园、地区甚至国家的宣传效果越明显，比如柳州的小红帽幼儿园。人们通过对小红帽幼儿园的认识，逐步认识到柳州的民办幼儿园教育。

（7）带动效应。

名牌的带动效应是指名牌幼儿园对幼教发展的带动作用。名牌的带动效应也可称作为龙头效应，名牌幼儿园就像龙头一样带动着幼儿教育行业的发展、地区经济的增长。一个有名的幼儿园可能优化企业内部资源，使资源充分利用，发挥最大的效用，同时积蓄力量，积累经验从而时机成熟地衍生、创造出更多的连锁幼儿园。品牌幼儿园或通过兼并一些对手使自己壮大，或迫使竞争对手发展以获得生存，或通过传帮带，带动其他幼儿园提升办园质量，推动行业健康快速发展。

三、幼儿园品牌的打造

（一）幼儿园品牌的定位

品牌定位是一种显示该品牌对其竞争对手占有的优势，以及与竞争对手不同之处的方法，强调产品和服务的特点、好处、用途、价值，以及为消费者解决问题的能力。品牌定位是幼儿园发展战略中的重要组成部分，对幼儿园的发展有重要影响。在对幼儿园进行品牌定位时，往往要进行如下几个方面的考量。

1. 问题解决

问题解决是指，以一种可以消除消费者的挫折感、不安全感、无助感或软弱感的思路来提供产品或服务。换句话说，问题解决是指在为消费者提供一定产品或服务的基础上，为使其能够更好地享受这产品或服务而做的更多努力。例如，幼儿园为家庭住址相对较远的家庭提供园车接送服务，为消除家长的担忧，提供高质量的园车，并且聘请技术能力合格的驾驶员。为工作比较忙的家长延长幼儿的放学接送时间、增加双休托管服务以及寒暑假的托管服务等。幼儿园的问题解决就是指，为幼儿提供基本的保教服务，或者进一步解决家长和幼儿享受在幼儿教育过程中可能出现的问题和困扰。

2. “好处”

“好处”是指某种产品或服务可以提高消费者生活质量，使他们生活得更加舒适、快乐、幸福和健康。对于幼儿园而言，它所能够提供的“好处”可以分为两方面：一是以何种方式为家长分担教育孩子的精力和时间，使家长能够从抚育孩子中得到时间和精力上的解放；二是通过保教过程使孩子获得健康成长的“好处”。“好处”是人们在消费时考虑的一个重要因素。

3. 物有所值

打造品牌的目标之一就是让消费者觉得自己所购买的产品、服务是物有所值的，也就是人们所说的“值得”。同样，树立品牌也必须通过物有所值来实现。物有所值就是要在消费者付出的金钱和获得的东西之间达到平衡，甚至有时候做到“物超所值”来满足消费者的需求。物有所值要提供能与消费者付出的代价相符合的产品和服务。在考虑物有所值时，不仅要考虑幼儿园所能够提供的教育服务，更要考虑它能在多大程度上满足家长及幼儿精神层面的需求。

4. 特色

提供独一无二的产品和服务，是定位品牌较常用的方法。因此，幼儿园在定位品牌时需要考虑提供何种有特色的教育服务来赢得竞争。值得注意的是，特色所能保持的时间有时候会很短，因为一旦特色被关注，其他的同业竞争者就会争相效仿，所以没有一劳永逸的特色。幼儿园在打造特色时要保持经常创新的意识。

（二）幼儿园品牌的打造

在幼儿园品牌打造中，幼儿园管理者各显神通，可借鉴的策略许多，笔者认为幼儿园主要以以下几种方式打造自己的品牌。

1. 塑造教师职业形象，树品牌标志

幼儿园教师形象是幼儿园品牌形象的重要组成部分。教师形象不仅仅是个人形象，而是组织形象。教师形象主要是指教育形象，而非一般的、泛指的个人形体形象。教师形象更不是自发形成的，而是需要思考、需要引导、需要研究、需要管理、需要建构的，并且是伴随着幼儿园组织发展始终。教师形象不仅会直接影响到幼儿园的声誉、生源，而且还会关系到幼儿园的组织生存与发展。

教师职业形象塑造是一项内修素养、外塑形象的系统工程，是对教师进行规范教育、调整行为、综合评价、不断完善与提升教师人格魅力的整饰过程。它需要我们对教师的仪表、行为举止、语言、道德人格、教师专业素质等形象进行设计和管理。

（1）仪表形象。要求幼儿园教师的穿着打扮、仪容修饰等应当符合教师的职业特征，又要照顾到教育对象——儿童的年龄特征。做到穿着既要大方、得体，又要便于室外活动；面部修饰要清新淡雅、富于活力。

（2）行为举止形象。教师的行为举止形象主要包括两个方面：一方面是课堂中教师的行为——眼神、表情、手势、步态、形体等方面的表现，另一方面则是课堂外在交往中所展现的社交行为。

（3）教师的语言形象。教师承担的主要任务离不开语言表达。因此，作为一名教师其语言表达应准确、音量要适当、语言要精练，并且要注意表达语言时应遵守的礼仪、礼节。更应注意的是，教师的语言表达不可过于复杂，语言内容多为儿童喜闻乐见的事物，符合儿童的理解能力水平。

（4）道德人格形象。教师的道德人格形象包括多方面内容：职业道德精神，为教奉献精神，除职业外的社会交往中的道德精神等。

（5）专业素质形象。教师专业素质形象是指教师经过专门的培训，掌握大量丰富的专业知识和教学技能，并能将之运用到教学活动当中去。教师专业素质是教师教育教学的基础和起点，因而，一定程度上决定了教师的教学认识水平。

2. 创建课程品牌

课程的设计与建设是幼儿园突显其内在品质的重要方面，也是使幼儿园具有可持续性发展，走内涵发展之路的根本途径，更是使幼儿园具有旺盛生命力的支撑。如：立足于幼儿园的过去、现在与将来，也就是说着眼于幼儿园的基础、现状、背景、实际、条件及可能等反映幼儿园现实的因素，建立独特的园本课程；开展扎实的园本教科研；创建富有生命力的特色课程。

3. 营造品牌文化

品牌幼儿园实质上就是一种整体性的校园文化模式。它是在独特的文化环境内逐步发展形成的，可以说，独特的幼儿园文化环境为特色幼儿园提供了生长的基础，一定的文化环境孕育了一定的校园文化。校园文化建设的内涵十分丰富，主要包括幼儿园的物质文化和精神文化。物质文化包括幼儿园的建筑风格、装修风格、系列幼儿基本用具等。精神文化主要包括校风、教风、学风等构成要素。幼儿园品牌文化建设，需要对校园文化做出统一的部署，整体优化学校的校园环境，使学校能体现出自己的特色目标、品牌的特点和优势。规章制度、幼儿园的特色方向、办学理念、园风、教风都会影响师幼的心理行为并成为幼儿园发展的推动力，也会使每一位来访者感受到浓郁的特色（品牌）氛围。可以说，建设校园文化的过程同时也正是创建特色幼儿园的过程。良好的校园文化是师生员工共同创造的，它一旦创造出来，就是一种能动的教育力量，是一种持续的教育力量。品牌幼儿园园长、教师、幼儿经常换，可幼儿园的精神却是永恒的。这种幼儿园的精神通过教师、幼儿和家园活动等逐步扩张到家长和社会，强化了幼儿园与家长、社会基于教育共识而产生的品牌忠诚关系。

优秀的校园文化就等于卓越的品牌。此时，幼儿园和品牌已经融为一体，传统积淀、文化氛围、办学理念、园风、教风等要素构建了幼儿园品牌的根基。

【学习与思考】

一、简答题

1. 什么是幼儿园发展战略规划？
2. 怎样制定幼儿园发展战略规划？
3. 幼儿园竞争战略与具体竞争策略有哪些？
4. 怎样打造幼儿园品牌？

二、合作园成功案例分析

贵港市普罗旺斯幼儿园“十三五”发展规划

（2016—2020 年）

一、指导思想

幼儿园教育是基础教育的重要组成部分，它是学校教育和终身教育的奠基阶段，幼儿园教育要以《幼儿园管理条例》《幼儿园工作规程》两个法规为准绳，全面贯彻落实《幼儿园教育指导纲要》(以下简称《纲要》)、《3—6 岁儿童学习与发展指南》(以下简称《指南》) 精神，本着“以人为本，注重内涵发展”的办园思路，在“十三五”进程中，我园将进一步规范管理，探索办园特色，积极营造自主、体验、互动的学习环境。积极承担学前教育改革的示范任务，发挥好示范园的示范辐射作用，加强师资队伍建设，全面提高保教质量，促进幼儿全面和谐发展，使幼儿园向更高的目标奋进。

二、幼儿园发展现状分析

(一) 幼儿园概况

普罗旺斯幼儿园创办于2010年，在上级领导的关心下，通过全园教职工的努力，通过了自治区示范幼儿园评估组的评估，获得“自治区示范幼儿园”称号等诸多荣誉，赢得了社会的赞誉、家长的认可和领导的肯定。如今，我们园所文化显现、园所管理规范、教研活动常态化、体育特色彰显、书香校园氛围渐浓、家园合作初见成效，幼儿园逐步形成了自己独特的办园风格！随着我国学前教育的不断深化，在第十三个五年规划中，我园将面临着更大的机遇和挑战，我们必须宏扬“求真务实、争先创优”的精神，坚持“以人为本，注重内涵发展”办园思路，走出一条具有普幼文化特色和课程特色的发展之路。

(二) 幼儿园发展优势

1. 园所文化显现

幼儿园以“健康、快乐、成长”为办园宗旨，确立了“质量强园、特色立园、科研兴园、文化护园、服务惠园”为办园目标，致力营造平等、合作、奉献、创新的园风，经过五年发展的心路历程，坚持“以人为本，促进发展”的原则，上下团结、开拓创新，既注重稳中求进，又注重适度超前发展，使幼儿园的办园水平、办园品位和竞争力得到了稳步提高和发展，为今后的持续发展奠定了良好的基础。

2. 管理规范保证

以法治园、以德治园是我园办园的根本，我园有一支团结奋进、积极向上、业务功底蕴厚的领导班子，相互配合、团结协作、追求美好、营造民主的管理机制；有一支敬业爱岗、勤奋学习、不断进取的教师队伍；有一支踏实肯干、经验丰富、雷厉风行的后勤队伍。在过去的五年里，我园狠抓制度落实，修订了幼儿园奖惩考核条例、中层竞争上岗制度、各类人员安全责任制度、各类应急预案。在制度的执行中，坚持以制度为准则，开展师德教育主题活动，提升教职工执行制度的自觉性。努力实施制度保证下的人性化管理，追求常规、常态、细致、细节，不断推进幼儿园内涵发展的进程。

3. 教研活动常态化

我园扎实推进园本培训、园本教研，用科研引领教师发展，有较浓郁的研究氛围和团队协作意识，为打造高素质的教师队伍、全面提升教师素质、提高质量、提升幼儿园办园水平打下了扎实的基础。

4. 体育特色彰显

我园始终将幼儿健康放在首位，经过多方考察，我们聘请了专门的体育男教师，将体育教学活动真正开展起来，同时将篮球活动作为每个幼儿的必要活动项目，使幼儿爱上体育活动并能坚持参加体育活动。丰富的户外体育器械和体育游戏活动增强了幼儿的体质，也使之成为幼儿园的一个特色活动。

5. 书香校园氛围渐浓

在全民提倡阅读的大气候下，幼儿园的“书香校园”也顺利开展，幼儿阅读活动带动了家长，幼儿的图书阅读量也有较大的提高，班级的图书角也不断丰富，借阅图书已成为孩子的一个习惯，家长进班上课也成为常态。

（三）主要劣势

1. 培养的优秀教师流入公办园

在幼教改革的大形势下，幼儿园面临激烈的竞争，和公办园相比教职工待遇差距较大，每年的公招将幼儿园培养出来的优秀教师招入公办园，极大地影响了幼儿园教师的稳定性和员工工作的积极性。

2. 教师素质有待全面提高

由于教师流动较大，幼儿园不断地招入教师，部分教师观念更新不快，适应现代教学能力不强，专学本科学历层次提高不快，一线教师中缺少市级骨干能手教师，青年教师成长不均衡，教师之间发展不平衡。实践、反思、总结能力还需进一步提高，如何加强研训力度，促进教师互动参与、主动发展，优化课堂教学，提升教师专业化水平，进一步推进幼儿素质教育进程是摆在我们面前的一道现实难题。

3. 硬件设施需加强

幼儿园现代化装备有所欠缺，缺少能满足幼儿活动、游戏的专用教室和配套设施设备，给师生互动发展，从更高层面上的幼儿园特色发展带来物质上的束缚。厕所、盥洗室也需进一步改建提升。因此，为将园所文化的物质和精神有机融合，构建良好的育人环境，促进师生的共同发展，需要幼儿园进一步完善办园条件。

三、幼儿园发展总目标

以科研为先导，深化教育改革，为每个教师、幼儿提供“健康、自主、快乐、探究”的发展机会与条件。树立以幼儿发展为本的教育理念，注重保教结合的原则，把幼儿园建设成为教育思想先进、管理科学规范、师资结构合理、幼儿全面发展、教育具有个性、环境具有特色、社会声誉良好的优质精品园。

1. 以“幼儿为本”，促进园所发展

探索幼儿园人性化、智能化的管理；充实、完善幼儿园课程，实现幼儿健康、自主、快乐、和谐地发展。

2. 特色为主，深化健康、阅读等活动

在落实《纲要》《指南》的过程中，树立自己的品牌。以先进的教育理念，科学的管理机制，强劲的师资队伍，整合课程体系、优化学习环境，发挥“教科研保教”龙头作用，带动整个保教质量的提高，使保教质量完全符合示范性幼儿园的水平；把幼儿园真正建设成一所示范性、特色鲜明的现代化儿童乐园。

3. 理念为先，和谐发展

以教师专业发展为主线，建设一支师德高尚、理念先进、素质精良的创新型、示范型、研究型的教师队伍；全体教师认同“教师发展是幼儿园最为有效的保障”

这一理念。幼儿园创造各种条件，使教师具备实施学前新教材的知识和技能，全面提高教师的业务素质，促进有效教育的真正落实。

4. 整合资源，合作共赢

建立家、园、社区一体化的教育环境，以幼儿园为主体，依托社区、联系家庭、整合各方的教育优势，实现大教育目标；以课程化环境的创设与利用为途径，积极营造“自主、体验、互动”的学习环境；以示范与辐射为任务，承担区域学前教育改革的实践与示范任务，发挥好示范园的作用。

5. 优化环境，以环境育人

环境创设达到外观具有和小区和谐统一的建筑风格，内在体现园林绿化、美化、宽松、自由、趣味，使幼儿园的环境实现“自然、自主、开放、互动”，最大限度地支持和满足幼儿通过直接感知、实际操作和亲身体验获取经验的需要。

四、完成“十三五”规划的主要策略

（1）积极争取项目资金，加大投入，进一步改善办园条件，使幼儿园环境绿化、美化、净化、童化。

（2）管理、考核机制与监控力度逐步完善，针对现状拿出切实可行的制度来规范管理，考核机制。针对本园实际情况，抓实抓细幼儿一日活动常规，一日三巡视，做到细化、量化，和月考核、期末考核相结合，让绩效事实说话。

（3）加大教师培训投入，建立多渠道、多层次教师园本培训模式，提高教师整体素质。

（4）从新颁布的《幼儿园工作规程》和《3—6 岁儿童发展指南》入手，进一步更新教师观念，深化教学改革，优化幼儿一日活动，全面提高保教质量。

（5）建立一支教科研骨干队伍，加大科研考核力度，形成教研组，培养园级、区级、市级骨干教师。树立“科研兴园”的意识，鼓励教师在教育教学实践中应用教科研成果，总结优秀教师的成功经验，提升教师素质，提高教育质量。

（6）加强和家长、社区的联系，建立和完善幼儿园与所处社区的互动机制，有效整合并发挥家长、社区教育资源，提高教育实效。

（7）加大对安全、卫生工作的监督，建立安全、卫生工作的管理机制，注重考核对安全、卫生工作的督促。

五、各年度目标及完成计划措施

按照幼儿园发展总目标，从管理创新、队伍建设、条件改善、课程建设、特色打造、办园水平提升方面提出分段目标和实施措施。

（一）2016 年工作计划

1. 目标

（1）一日活动更加注重细节（整改示范园评估时提出的整改意见）。

（2）三年档案归类。

（3）帮扶一所市级示范园创建省级示范。

（4）“书香校园”继续深入开展。

（5）幼儿对体育活动产生浓厚的兴趣。

2. 措施

（1）认真学习新的《幼儿园工作规程》，实施《3—6 岁儿童发展指南》，加强对幼儿的保育工作，把保护幼儿生命安全和保证幼儿身体健康作为首要任务。

（2）优化幼儿一日活动，开展区域活动的设置和引导，丰富活动区材料，给幼儿提供动手操作和实践的环境，让他们在自由自在、自主、自发的状态下玩中学、学中玩。

（3）对教师近三年的所有卷宗进行整理归类、装档。

（4）根据本园实际，对教师队伍因地制宜地进行园本培训，提高她们的专业素质和师德水平，努力达到省级示范性幼儿园教师的有关要求。

（5）对全市的学前教育起到示范和辐射作用。计划在 2015 年秋季对口帮扶一所幼儿园创建省级示范幼儿园。

（6）针对省级示范园评估组进园评估时提出的问题进行整改。

（7）各班总结书香校园开展的经验。

（8）开展篮球进校园活动，幼儿人手一个篮球，教研组编排各年级篮球操，使篮球活动成为我园户外的特色活动。

（9）开展全园半日户外自选活动。

（二）2017 年工作计划

略

（三）2018 年工作计划

略

（四）2018 年工作计划

略

（五）2020 年工作计划

强化、巩固前四年工作，继续以《幼儿园教育指导纲要》和《3—6 岁儿童发展指南》精神全面指导我园保教工作，进一步深化“创办高质量的幼儿教育”的教育理念，保教质量居区内较先进水平。

目标：1. 继续保持省级示范园称号。

2. 书香校园活动成为幼儿园一项常态化的工作。

3. 幼儿对体育活动有较高的兴趣和爱好。

措施：

1. 对照示范园标准，进行各项工作的改进与落实，使幼儿园真正成为名符其实的示范幼儿园。

2. 开展“书香校园”活动成果展。

六、保障机制

1. 管理机制：组建幼儿园规划实施领导小组，加强民主监督保障作用，充分发挥党、团组织的模范作用。

2. 互动机制：在实践中不断调整、完善各项管理和实践措施。形成经常与群众、与领导、与专家的互动机制。

3. 师资保障：稳定师资队伍，特别是骨干教师队伍。为落实五年规划，积极开展园内自培。

4. 环境保障：努力创造舒适、安全的环境，保证幼儿健康、安全的活动。

5. 经费保障：制定年度经费预算，并严格执行。依法理财、勤俭节约、提高幼儿学习生活质量。

六、监控：

主要途径：家委会、家长信箱、家长调查问卷、民主管理大会、上级部门。

方法：1. 每学期定期通过各渠道开展相关调查，发现问题，及时改进。

2. 每年对幼儿的发展情况进行评估。

3. 每年由园代会审核通过学年工作小结。

4. 每年由监控小组对年度工作进行较为全面的评价。总之，我们一定要夯实基础，发展内涵，在实践中发展，在发展中创新，在创新中示范，在示范中完善。

结合本章所学知识试分析普罗旺斯幼儿园十三五发展规划制定的依据，指导思想，发展总目标、保障措施和每一年的工作中计划？

第四章　幼儿园管理概述

【学习目标】

1. 深刻理解管理的概念和职能。
2. 理解幼儿园管理的概念和内容。
3. 掌握幼儿园管理的原则和方法。
4. 掌握幼儿园管理的体制：园长负责制。

【导　　语】

管理是人类社会生活中最普遍的社会现象，教育管理是社会管理的一个特殊领域，学前教育管理是整个教育管理的一个组成部分。学前教育的管理包括学前教育行政管理和学前教育机构管理。幼儿园管理是对幼儿园人、财、物、时间、信息等资源的管理。

第一节　幼儿园管理概述

一、管理的概念和职能

（一）管理的概念

“管理”一词，通常理解为“管辖”和“处理”。管理作为一个科学概念的理解：（1）从职能上讲。法国管理学家亨利·法约尔认为，管理就是实行计划、组织、指挥、协调和控制。（2）从目的上讲。管理就是由一个或更多的人来协调他人活动，以便收到个人单独活动所不能收到的效果而进行的各种活动。（3）从过程上讲。管理就是计划、组织和控制等活动的过程。（4）从人际关系上讲。管理就是协调人际关系，激发人的积极性，以达到共同目标的一种活动。（5）从决策的角度讲。决策的制定贯穿管理的全过程。

（二）管理的职能

职能是指人、事物或机构所具有的功能和引起的作用。管理职能是指管理者实施管理的功能或程序，即管理者在实施管理中所体现出的具体作用及实施程序或过程。关于管理职能的争论已有数百年，至今仍然没有一个确定的定义。总体来说，管理职能大体分为计划、组织、领导和控制四个方面。

1. 计划职能

计划指预定的目标和达到预定目标的详细途径、方法等。计划中的预定目标制定在整个计划中显得尤其重要，它决定了全体职员的行动方向。一个好的计划的内容应该包括“做什么、为什么、谁去做、何地做、何时做、怎么做”，即计划需要清楚地确定和回答组织需要达到的目标，实施计划的原因，计划由谁来实施执行，计划在何时何地开始，计划具体实施的方法和途径等方面的问题。同时，计划还应该具有相对稳定性，朝令夕改的计划自然无法成为全体员工的工作纲领，更无法成为员工工作的动力和方向。

2. 组织职能

从广义上说，组织是指由诸多要素按照一定方式相互联系起来的系统。从狭义上说，组织就是指人们为实现一定的目标，互相协作结合而成的集体或团体。组织中有组织系统，相应的岗位及其职责，并有一系列的规章制度，进而保障组织活动的有序开展。

3. 领导职能

领导是指领导者为实现组织的目标而运用权力向其下属施加影响力的一种行为或行为过程。领导工作包括五个必不可少的要素，领导者、被领导者、作用对象（即客观环境）、职权和领导行为。同时，领导也意味着创造共同的文化和价值观念，在整个组织范围内鼓舞员工树立起谋求卓越表现的愿望。

4. 控制职能

控制是指对照计划和目标，对组织活动的实际情况进行检查和考察，发现缺点和错误，分析原因，采取措施，从而进行纠正和改善。对于复杂的管理活动而言，除了合理地计划、有效地执行，还需要反复修正控制，确保工作能按原定计划进行。

二、幼儿园管理的内涵

1. 幼儿园管理的概念

幼儿园作为教育系统中的一个组织处于整个社会系统和环境中，受社会各方面因素的影响，如国家教育方针政策、教育行政体制、制度法规、社会需要与家长需求；幼儿园所处的自然环境和人文环境等。要搞好幼儿园管理就要重视考察各方面外部条件与影响因素对组织机构的影响，主动与外部环境协调适应，最大限度发挥管理效益，促进幼儿园发展。同时，幼儿园还要加强组织机构内部管理，运用科学的管理方法和手段，将师资、设备、资金等合理组织利用，提升服务质量，实现办园目标。

总的来说，幼儿园管理是指幼儿园管理人员遵照国家的教育方针政策，遵循保教工作的各种规律，采用科学的工作方式和管理手段，将人、财、物等各因素合理组织起来，调动各方面的积极性，优质高效地实现国家所规定的培养目标和幼儿园工作任务而进行的各种一般管理职能活动。

2. 幼儿园管理的内容

在幼儿园管理的人、财、物、事、信息、时间等六大要素中，人是管理系统的第一要素。幼儿园的财力、物力资源是幼儿园有效地进行教育活动和管理活动的物质基础。幼儿园管理的要素具体到幼儿园的管理内容上包括：幼儿园保教工作的管理；幼儿园卫生保健工作的管理；幼儿园总务工作的管理；幼儿园安全工作的管理；幼儿园公共关系的管理；幼儿园保教队伍的建设；幼儿园管理队伍的建设；幼儿园组织文化的建设等。

第二节　幼儿园管理的基本任务、原则和方法

一、幼儿园管理的基本任务

幼儿园管理的基本任务包括确定管理目标、建立管理系统、理顺组织关系和创造良好的育人环境。

1. 确定管理目标

管理目标就是通过管理活动使幼儿园的各项工作达到什么水平或标准。确定幼儿园的管理目标应从本园的实际出发进行科学论证，要在明确自己的期望、认清形势、分析自身优势与劣势的基础上，确定切合实际的发展和建设目标。

2. 建立管理系统

从幼儿园实际情况出发，按照幼儿教育的任务、内容、工作范围和工作规律建立管理系统，并使系统中各组成部分既相对独立又相互联系，既相互作用、相互制约又相互融合，围绕管理目标，充分发挥人、财、物、事、时空、信息、手段的作用，共同完成管理任务。

3. 理顺组织关系

组织机构建立并不等于管理工作可以顺利运行，因为各机构、岗位、人员之间存在着错综复杂的关系。若不理顺这些关系，工作就难以开展。管理者要充分发挥领导的职能，建立明确的岗位责任制，使各岗位有明确的分工；提高各层次管理人员的管理水平；维持良好的工作秩序，养成良好的工作习惯，形成良好的园风。

4. 创造良好的育人环境

保证和促进幼儿身心健康发展是幼儿园一切工作的出发点和落脚点。幼儿园的管理任务就是要为幼儿的健康成长与发展创造良好的条件，为幼儿提供良好的成长环境和促进身心发展的机会。在幼儿园一日生活中最大限度地挖掘幼儿的潜能，使幼儿在幼儿园快乐地度过每一天，使幼儿园成为“幼儿今天来了明天还想来”的乐园。

二、幼儿园管理的基本原则

原则是指本质、基础或基本的行动准则、规则、指导思想和基本要求等。管理原则是指导管理工作的行为准则。幼儿园管理原则是指为实现幼儿园工作目标，正确处理管理过程中一系列矛盾、关系或问题的指导原则，是对幼儿园管理系统提出的基本要求。

依据教育与管理规律，并针对以上几方面主要矛盾或关系的揭示和分析，笔者提出幼儿园管理的五条基本原则：办园方向性原则；教养为主的整体性原则；激发积极性的民主管理原则；有效性原则与内外协调的社会性原则。这五条基本原则相互之间是紧密联系的，共同

作用于幼儿园管理活动过程，在总体上对园所工作起指导作用。

1. 办园方向性原则

方向性原则指的是幼儿园管理工作必须坚持正确的方向，即坚持党的领导和社会主义办教育方向的原则。举办幼儿园要以社会效益为根本，以满足社会需要为根本出发点。这条原则也就是办教育的政治思想觉悟性的原则。

《幼儿园工作规程》明确指出："幼儿园是对 3 周岁以上学龄前幼儿实施保育和教育的机构。幼儿园教育是基础教育的重要组成部分，是学校教育制度的基础阶段。幼儿园的任务是：贯彻国家的教育方针，按照保育与教育相结合的原则，遵循幼儿身心发展特点和规律，实施德、智、体、美等方面全面发展的教育，促进幼儿身心和谐发展。幼儿园同时面向幼儿家长提供科学育儿指导。"《规程》对幼儿园性质和任务的规定体现了我们社会主义国家办教育的目的。双重任务就是幼教机构的工作方向。

因此，幼儿园必须明确培养目标和树立正确的办园指导思想，坚持和改善党的领导，用正确思想引导幼儿园建设优良园风园貌。

2. 教养为主的整体性原则

幼儿园是社会系统的一个组成部分。幼儿园本身也是一个整体，园所是由各个部门、各项工作、各方面人员所组成的。幼儿园管理工作就是要把这些部分合理加以组合。

教养为主的整体性原则指的是，幼教机构是一个系统，一个整体，是由相互作用、相互依赖的各个部分结合而成的具有特定功能的有机整体。要实现总体效能，核心问题在于目的性。保教工作处于整个系统的中心，管理上要从实现整体目标出发，全面规划，统一指挥，合理组合幼儿园各个部门、各种因素、各个层次的力量，充分发挥整体效能，以达到最佳的管理成效。

幼儿园教养为主的整体性原则可以指导我们正确处理园所管理工作中整体与局部利益、主要矛盾与次要矛盾、中心工作与其他工作、教育与管理等多种错综复杂的关系。教养为主的管理原则表明办教育应依据教育的客观规律，是一条教育性原则，也是一条管理原则，同时也反映了管理工作的规律。

要贯彻好这一原则，必须注意以下几点：树立全局观念，强化整体意识；以教养工作为中心，全面整体安排幼儿园的工作。

3. 民主管理原则

民主管理原则是指在幼儿园管理中，要处理好完成工作任务和关心人的关系，同时要处理好管理者、领导者与管理对象即广大教职工的关系，调动各类人员的积极性，发挥管理的激励机制，以较好地实现幼儿园的任务目标。调动积极性的民主管理原则也是全员参与管理的组织原则。

幼儿园管理工作的民主性原则，是由我国社会主义制度决定的，是我们党的群众路线和民主集中制原则在幼儿园管理工作中的体现，反映了人民群众是历史的创造者的客观规律，可以指导我们正确处理园所中领导与群众、集中与民主、组织与个人之间的关系。

因此在贯彻民主管理原则时，我们要树立群众民主管理观点，坚持群众管理路线，在管理实践中为群众参与管理创造组织和制度条件，保证幼儿园民主管理落到实处。

4. 有效性原则

管理的根本目的在于提高效率，要以最小的投入创造出更多更好的经济效益和社会效益，为社会做出有价值的贡献，充分发挥管理的生产力职能。

幼儿园管理的有效性原则是指，幼儿园管理要在正确的目标指导下，通过科学管理，合理组织园所人力、物力、财力等资源，充分挖掘潜力，讲究经营，高质量、高效益地实现培养目标，完成幼儿园双重任务。

在幼儿园管理实践中，贯彻有效性原则需要注意以下问题：树立正确的幼儿教育质量观、效益观；建立合理的组织与制度，使幼儿园工作规范化、程序化；有效组织和利用人力、物力、时间、信息等资源，实现经济效益优化。

5. 社会协调性原则

幼儿园作为教育机构，它不是一个孤立的社会组织，而是整个社会系统的一个组成部分，与社会密切联系。随着时代的发展，园所与社会的联系日益密切，其生存与发展受到社会外界各方面因素的制约。幼儿园管理活动是在同社会各个方面的交往中进行的。特别是在当前改革开放、市场经济逐步确立的新形势下，幼儿园必须面向社会，开拓发展，否则管理工作囿于封闭体系，孤立进行，必然没有出路。

幼儿园管理的社会协调性原则是指，幼儿园是社会的一个组成部分，园所管理要注重与社会的联系，通过内外协调，充分利用有利条件，尽力排除不利因素，在幼儿园内外相互作用与影响下，不断提高保教工作质量和管理水平。

在管理过程中实施社会协调性原则需要注意的问题：正确认识组织与环境的关系，树立面向社会的办园思想；增强与家长、社区、小学等的联系，协调好与家长、社区和小学的关系，实现合作双向、互动和共赢的目标。

三、幼儿园管理的方法

在现实的幼儿园管理中，有些园领导虽然有做好工作的强烈愿望，也有脚踏实地的精神，但往往由于单凭工作热情，而忽视研究管理工作的客观规律，不讲究科学的管理方法，因而达不到预期的效果，反倒是事与愿违。实践证明：方法正确，管理工作就事半功倍，反之，必然事倍功半，甚至适得其反。可见，幼儿园领导认真研究和正确运用管理方法，对于提高园所管理成效，实现管理目标，具有十分重要的意义。

方法，按其普遍性的程度，是分层次的。一般来说，可以分为哲学方法、一般方法和具体方法。高层次方法对低层次的具体方法起指导作用，具有方法论的意义，本节探讨的是幼儿园管理的一般方法。幼儿园管理的一般方法，主要有以下几种。

（一）行政方法

1. 行政方法的意义

行政方法是指幼儿园管理者依靠各级组织机构及其赋予的权力，通过发布行政指令的方式，直接对教职员工产生影响的管理手段。按照行政方法，园所中的各级各类组织及其人员的职责和权力范围是有严格规定的，各级之间的关系是明确的。行政方法的核心是各级组织及其管理者一定要有职、有责、有权、有能力。如果职责与权力脱节，职务与能力脱节，就会影响行政方法的有效性。可见行政的方法就意味着上级对下级有指挥和控制的权力，下级对上级有服从的责任和义务。

任何一种社会的活动，特别是管理活动，如果没有一定的权威和服从，都是不能存在的。如果每个人想干什么就干什么，那就不会有共同的目标和协调一致的行动，也就不会有社会性组织及其活动的存在。因此，从这个意义上讲，行政方法对任何一种管理都是有必要的。

2. 行政方法的特点

（1）权威性。

行政方法是以依靠上级组织及其管理的权威和下级及其被管理者的服从为前提的。上无权威、下不服从，就无法保证共同目标和共同活动，行政方法也就失去了应有的作用。

（2）强制性。

园所组织及其管理者在管理过程中有权对下级的行为进行强制性的干预。对被管理者不服从指令的行为，管理者有权进行制裁性处理。强制性是行政管理令行禁止的必然要求。

（3）单向性（垂直性）。

行政手段的传递是垂直单向的，上级对下级发出指示、命令等，下级执行。

（4）无偿性。

采用行政方法进行管理，园所内所进行的各部门之间的人、财、物、信息等调配和使用不考虑价值补偿，一切根据行政管理的需要统一调配。

行政方法在幼儿园管理中具有重要作用，采用行政方法可以使纵向的信息比较迅速地传递到下级执行者，各种管理措施发挥作用比较快，能够集中统一地使用和灵活地调动人、财、物、信息等资源，保证园所内部上、下级行动上的一致，有利于加强有效控制，按照管理的意图办事。

3. 运用行政方法时应注意的问题

（1）正确认识行政方法的有效性和局限性。

行政方法虽然有着不可忽视的作用，但和任何方法一样，也不可避免地存在着局限性。主要表现为：第一，过分强调上级权威和集中统一，容易导致长官意志和官僚主义；第二，更多的强调的是工作关系，不重视人的多方面的需要，使教职工往往处在被动和被强制的地位，他们的各种愿望和要求往往不能得到满足，从而不利于下级和教职工能动性、创造性的发挥；第三，强调管理权力集中统一，园长拥有管理的全权，下级不能根据情况的变化采取应急的措施和行动，因此使管理的适应性和灵活性受到限制；第四，行政方法的信息传递缺乏横向联系和必要的反馈，会影响园所上下左右的沟通与协调。

（2）正确认识和对待权威的作用。

为了有效地运用行政方法，园长首先要正确认识和对待权威的作用，注意提高自身的素质水平。目前幼儿园普遍实行园长负责制，国家通过教育行政法规的形式赋予了园长一定的权力，目的是使园长在幼儿园管理中发挥更大的作用，更好地完成幼儿园的任务。但有一些园长不能正确理解园长负责制，把园长负责制简单地与“行政命令”“长官意志”等同起来，在工作中滥用行政方法，任意扩大行政方法的管理范围，到处指手画脚，随意强制下级和员工接受自己的主观意志，其结果是管理没什么成效，挫伤了下级和群众的积极性，也降低了园长的威信。因此，园长在运用行政方法时，应根据不同时期、不同背景和情况，把行政方法限定在一个必要和可行的范围之内，不断地加以完善，使其更符合幼儿园管理的客观规律。

（二）经济方法

1. 经济方法的意义

幼儿园管理的经济方法，是指园所管理者运用各种经济手段，调动教职工的积极性，对教职工的行动进行管理的方法。具体讲，它是根据教职工的工作表现和实际成绩以及按劳分配的原则，运用工资、福利、奖金、罚款等经济手段的杠杆，组织调节和影响教职工的行动，以提高园所管理的效率，促进园所管理目标的实现。

心理学的研究表明，物质利益是人们工作的基本动因之一。经济方法的实质是物质利益原则，即运用经济手段不断调整各方面的物质利益关系，把个人利益与国家集体利益结合起来，使之与个人利益密切联系起来，从而提高全员工作的积极性和责任感。列宁曾指出，社会主义管理不能单凭政治热情和行政命令，还必须借助经济方法，从个人利益上关心每个人。如果不承认经济利益的调节作用，“吃大锅饭”“搞一刀切”“干好干坏和干多干少全是一个样”，就会严重挫伤教职工的积极性，给园所工作造成很大的损失。近些年，随着社会主义市场经济体制的建立，随着幼儿园管理体制改革的不断深化，实践证明，经济方法在园所管理中的运用是一种客观要求，它是调动广大教职工的积极性、提高园所管理成效的一种有效的方法。

2. 经济方法的特点

经济方法源于经济组织的管理，它具有以下特点：

（1）利益性。

承认个人物质利益及其差异，把教职工的工作业绩与个人物质利益直接挂钩，用物质利益作为一种杠杆调节教职员工的工作行为，是经济方法的根本特点。

（2）有偿性。

经济报酬是根据“按劳分配，多劳多得”的原则进行分配的，付出得多，干得好，得到的经济报酬就多。教职工的额外工作是一种有偿性的劳动，应得到一定的补偿。

（3）平等性。

平等性体现在经济利益（工资、福利、奖金及罚款等）是根据统一的价值尺度，按照职工的工作成绩来计算和分配的。在工作效率和效益面前，人人都是平等的。

（4）间接性。

经济方法不直接干预人们的行为，而是通过物质利益的调整间接地影响人们的行为，至于教职工究竟会采用何种行为，则完全由他们自己决定。

经济方法的最大作用是把人们的个人利益与他们的工作业绩以及幼儿园整体效益直接联系起来，使教职工看到自身工作的利益所在，有利于激发他们的工作积极性。其次，这种方法有利于消除平均主义、大锅饭的弊端，促进园所内部各部门员工之间的有效竞争，从而有利于园所工作目标的实现。

3. 运用经济方法应注意的问题

（1）正确认识经济方法的局限性。

经济方法在调动教职工的积极性方面是有局限的，因为人们除了物质需要外，还有更多的精神和社会心理方面的需要。经济方法不能解决一切工作问题，并且由于它是一种强调物质利益的方法，过分运用还容易导致个人主义价值观和金钱至上的错误倾向，使教职工队伍缺乏艰苦奋斗、无私奉献的精神。

（2）奖惩结合。

在管理中运用经济方法，必须实行奖惩结合的原则，否则就失去了意义。实行奖惩必须注意：① 论功行赏，赏罚分明。受奖者确实有值得奖赏的功绩；受惩者确实有必要惩罚的过错。② 慎重对待，不可滥施。奖惩的功效在于教育人，它关系到对一个人的某种肯定或否定的评价，并直接关系到个人的经济利益，因此，必须慎重、得当。赏得太滥，则无人珍视；罚得太滥，则无人畏惧。

（3）全面兼顾。

在社会主义制度下，国家的利益代表了广大人民群众的利益。因此，一切经济活动都不能损害国家的利益。在社会主义市场经济条件下，园长应正确使用办园自主权，依法合理扩大幼儿园的经济利益。在实行分配时，必须全面兼顾，正确处理国家、集体、教职工三者之间的利益关系。

（三）思想政治教育方法

1. 思想政治教育方法的意义

幼儿园管理的思想教育方法是指用正确的人生观、价值观，教育、动员教职工，以提高他们的思想政治觉悟和贯彻党的教育方针和政策的自觉性，培养他们良好的职业道德和高尚的情操，从而保证幼儿园各项工作任务顺利完成的方法。

幼儿园管理的核心是对人的管理。在同样的条件下，人的思想状况不同，工作成绩大小是不一样的。思想政治教育方法的实质正是通过提高或改变教职工的精神面貌，调动他们的积极性，进而促进他们的工作效率和质量。我们在幼儿日常工作中可以看到，人的思想素质不同，工作的效果和质量也不同。成千上万优秀的保教人员以他们的亲身实践更加证明了这一点。坚定的信念、崇高的理想、良好的思想道德品质、高尚的情操成为他们献身幼教事业并不断做出贡献的强大精神动力。因此，加强对教职工的思想政治教育工作是幼儿园管理的客观要求。

2. 思想政治教育方法的特点

（1）启发性。

思想政治教育方法并不直接干预和决定人们的具体行动，而是通过思想和价值观的导向，使教职工正确地选择该做什么及怎样去做。一般说来，园所领导者的宣传越符合真理，并晓之以理、动之以情，就越能说服被管理者，从而导之以行。

（2）长期性。

长期性表现为过程的长期性和效果的长期性两个方面：一方面，转变人的思想不是一朝一夕所能完成的，需要长期不懈的努力，是一个渐进的过程。另一方面，一旦形成良好的思想品德和正确的价值观，政治觉悟得到提高，就会持久稳定地对人的工作产生积极的影响。

（3）复杂多样性。

人的思想多种多样，不同的人需要不同对待。人的思想的这种复杂多样性，决定了思想政治工作方法具有复杂性和灵活性的特点。

思想政治教育方法在实际工作中发挥着十分重要的作用。它通过动员群众、组织群众、教育群众、提高教职工的政治思想素质，促进教职工主动、积极、努力地工作。可见，思想政治教育方法对坚持社会主义办园方向和全面贯彻党的教育方针和幼教规程起着保障作用。

3. 运用思想政治教育方法应注意的问题

（1）正确认识思想政治教育方法的局限性。

思想政治教育方法只是通过思想和精神因素间接影响园所的管理工作，不是直接决定管理的过程。它对园所管理过程中一些有关业务问题、社会心理问题，尤其是需要立即改变行动的问题，并不能有效地加以解决，因而这一方法并不是万能的。

（2）思想教育的内容要有科学性。

科学靠的是真理和知识的力量，只要我们紧密联系教育领域的方针、政策，联系中国半个世纪以来的巨大变化，特别是改革开放以来我国取得的举世瞩目的成就，联系教职工的思想和工作实际，全面地学习、宣传，就能够有效地提高全园教职工的思想觉悟，振奋精神，做好工作。

（3）思想教育的形式要注意群众性。

任何进步的思想教育活动，都是群众自己教育自己、自己解放自己的自我认识活动，因此，必须废止那些强迫命令、教条主义的说教形式，而要采用教职工喜闻乐见的形式，采用讨论式、商量式、启发式等民主方法，把教职工吸引到思想教育中来，使他们成为思想教育的主人。

（4）思想教育的方法要讲究灵活性、艺术性。

思想工作是一门科学。人的思想活动是有其客观规律的，幼儿园思想政治教育方法能否卓有成效，关键在于能否按照人的思想活动的规律，针对教职工的思想实际，因时、因地、因人，灵活变化，因势利导。要做到：① 充分认识思想工作的长期性、艰巨性、复杂性，不要操之过急；② 进行思想教育时要正确选择适当的环境，创造良好的气氛，为思想教育的可接受性创造条件；③ 思想工作是一门科学，又是一门艺术. 艺术是靠感染力去吸引人的。具有艺术性的思想教育工作方法，在导入真理的过程中，可以使教育更加生动、活泼、形象、直观。寓教育于闲谈之中，寓教育于娱乐之中，寓教育于日常的工作学习之中，这都是思想教育艺术性的体现。

（四）法律方法

1. 法律方法的意义

幼儿园管理的法律方法是指园所管理人员通过国家制定的各种教育的法律、法令、法规、条例和教育方针政策，对园所工作进行管理的方法。法律方法也就是人们常说的“法治”。

教育法律、法规、法令等是把体现统治阶级意志的教育宗旨、方针、政策法律化、规范化，以实现国家对教育的领导与管理。长期以来，我国的教育立法和司法工作没有受到应有的重视，各级管理者也不善于运用法律手段管理教育机构，导致了教育行政及教育机构内部的管理在很大程度上存在着无法可依或有法不依的现象。近十几年来，我国加快了教育法制建设的步伐，先后颁布了《中华人民共和国义务教育法》《中华人民共和国教师法》《中华人民共和国教育法》等一批教育法律文件。在幼教法规建设上也取得了可喜成绩，90 年代以来，原国家教委颁发了《幼儿园工作规程》《幼儿园管理条例》两个重要的法规文件，这对促进新时期我国幼教事业健康发展起到重要的保障作用，同时也为幼儿园管理人员依法办园、依法治园提供了重要的法规依据。

在社会主义市场经济条件下，幼儿园打破了原有封闭式的办园模式，成为面向社会自主办园的独立实体。这就使幼儿园与社会多方面的联系更加密切了，涉及的法律关系也更多、更复杂了。因此，园长作为国家委托对幼儿园全面负责的法人代表，首先要树立很强的法律意识，成为国家法律的忠诚执行者，保证幼儿园的办园方向；其次，还要善于运用法律方法维护和保障园所以及教职工和幼儿的合法权益；最后，还要善于运用法律方法对园所内部进行管理。如对教师因失职造成幼儿严重伤残的事件，对保教人员辱骂、殴打儿童的行为等，这些都需要运用法律手段来有效地加以解决和杜绝。

2. 法律方法的特点

法是一种全民的社会行为规范。教育法律法规是由国家权力机关按照各自的职权范围，通过一定的程序制定和颁布的，各级组织和个人都有义务依法办事。

（1）强制性。

教育法律法规明确规定人们应该做什么，可以做什么，禁止做什么。任何违反法律法规的行为都要受到国家力量强制性纠正或制裁。

（2）规范性。

法律规范是社会所有有关组织和个人行动的统一准则，对所有组织和个人具有同等的约束力。法律和法规都有极其严格的语言，准确地阐明着一定的含义，并且只允许对它做出一种意义的解释。所有的教育组织和机构以及个人在法律面前都是平等的。

（3）稳定性。

教育法律、法规是具有普遍约束力的行为规范，因此它的制定、修改、废止都要非常慎重，从而保证法律法规的稳定性和持续性。朝令夕改，只会损害法规的严肃性和权威性。

3. 运用法律方法应注意的问题

教育法律法规是统治阶级意志的体现，其实质是依靠上层建筑的力量来影响教育，监督教育机构的管理。法律的方法并不是万能的，它只能在有限的范围（合法与违法）内调整和控制幼儿园内部的活动。事实上，在法律方法作用范围以外还存在着广泛的领域，还有大量的管理工作要做。此外，法律方法本身也有某些局限性，如刚性过强、弹性不足、缺乏灵活性等，容易导致管理系统呆板、僵化，不利于管理者根据具体情况发挥自身的主动性和创造性。

以上介绍了我国幼儿园管理工作中最常用的几种基本方法。在现实的管理工作中，各种管理方法是相互联系、相互依存、共同起作用的，任何一种管理方法的作用和效果都是有限的，而众多方法的综合运用，则可以起到相互取长补短的作用和效果。因此，我们要整体地、综合地、优化地看待和运用这些方法，使它们在管理中发挥更大的作用。

第三节　幼儿园管理体制

一、幼儿园园长负责制

（一）园长负责制的含义

原国家教委于 1989 年 12 月颁布的《幼儿园管理条例》中指出：幼儿儿园园长负责幼儿园的工作。幼儿园园长由举办幼儿园的单位或个人聘任，并向幼儿园的登记注册机关备案。幼儿园的教师、医师、保健员、保育员和其他工作人员，由幼儿园园长聘任，也可由举办幼儿园的单位或个人聘任。

2016 年国家正式颁布实施的《幼儿园工作规程》第五十六条指出：幼儿园实行园长负责制。由此，《幼儿园工作规程》和《幼儿园管理条例》以法规的形式对幼儿园的领导结构做出了具体规定，明确了幼儿园的领导体制为园长负责制。幼儿园实行园长负责制，是加强幼儿园科学管理，发挥管理效能，提高保教质量的重要举措。

园长负责制是指幼儿园在上级主管部门的宏观领导下，以园长全面负责为核心，同党支部监督、教职工民主管理有机结合，为实现幼儿园工作目标，充分发挥行政领导职能的三位一体的管理方式。园长负责制是一个结构的概念，它反映的是园内领导关系的结构方式。幼儿园园长是幼儿园的负责人，在幼儿园处于核心地位，是幼儿园的法人代表，对内全面领导保育、教育和行政工作，对全体教职工、幼儿负责；对外代表幼儿园，向举办者、家长和社区负责。园长负责制明确了园长对幼儿园工作有最高行政权，即园长有决策指挥权、用人权、奖惩权、用财权。但幼儿园实行园长负责制并不意味着园长的权力不受约束，幼儿园应当有如教代会和园务会等组织形式的民主管理和监督机制加以制约。如《中华人民共和国教师法》第三十九条："教师对学校或者其他教育机构侵犯其合法权益的，或者对学校或者其他教育机构作出的处理不服的，可以向教育行政部门提出申诉，教育行政部门应当在接到申诉的三十日内，做出处理。"

（二）园长具体的权限

园长是幼儿园的法人代表，全面负责幼儿园的保育教育和行政工作。园长对外代表幼儿园，对举办者、幼儿家长及社区负责；对内全面领导保教和行政工作，对全体教职员工、幼儿负责。园长具有以下权力。

1. 决策指挥权

决策指挥权是指决定幼儿园的具体教育目标和规划幼儿园的发展，并统筹幼儿园的全面工作。

2. 人事管理权

园长有权向上级主管部门提出重建或调整组织机构意见，改变幼儿园机构组织和权限关系。有权聘用、考核和奖励工作人员。有权在符合国家要求的范围内，按照相关文件精神制订规章制度。

3. 财政管理权

园长有权在国家规定的范围内支配幼儿园财经费用，规划和使用幼儿园的财产设备。

（三）园长负责制下的民主监督管理

园长负责制是建立在民主基础上的，而教育机构实行民主管理是由我国的社会主义性质决定的。《幼儿园工作规程》明确指出：要建立教职工参与管理的民主监督机制。教职工的积极参与能够完善园长负责制，避免园长的长官意志、一意孤行或独断专行。

《幼儿园工作规程》提出："幼儿园应当建立教职工大会制度，或以教师为主体的教职工代表会议制度，加强民主管理和监督。"教职工代表大会的主要职责是听取园长的工作报告，审议办园方针、发展规划，评议园长和其他幼儿园管理层干部的工作业绩，有权就有关幼儿园建设和改革的重大问题提出意见、建议，决定有关教职工生活福利的重要事项，支持园长正确行使职权。

除幼儿园教职工代表大会，幼儿园的园务委员会是幼儿园日常管理民主化的重要形式。园务委员会由保教、医务、财务人员的代表及家长代表组成，园长任主任，定期召开园务会议，对幼儿园工作计划、工作总结、人员奖惩、财务预算和决算方案及规章制度的建立、修改等涉及全园工作的重大问题进行审议。未建园务委员会的小型幼儿园，可由园长召开全体教职工大会进行商议。

民主管理是园长负责制不可缺少的重要组成部分，是园长负责制的基础。要办好幼儿园，提高管理效率，必须依靠全体教职工，尊重和维护教职工的民主权利，发挥教职工的监督和管理作用。

下面以××幼儿园的《幼儿园园长负责制工作实施条例》为例加以说明。

××幼儿园园长负责制工作实施条例

第一章　总　则

第一条　根据贯彻有关教育体制改革的精神，决定在××幼儿园实行园长负责制，特制定园长负责制工作实施条例。

第二条　实行园长负责制，园长的职责、权限与奖惩统一，提高管理效能，增强幼儿园活力。

第三条　园长是幼儿园的法人代表，是幼儿园行政全权负责人，统一领导幼儿园的教学、行政、后勤等工作。

第四条　园长对幼儿园和上级教育行政部门及全园教职工负责。

第二章　园长的职责

第五条　全面贯彻执行党的教育方针、政策、法规，执行上级党委和教育行政部门的指示、决定、制度和计划，带领全园教职工，按照培养目标，完成上级下达的任务。

第六条　根据上级的指示，结合幼儿园的实际提出或拟定幼儿园远（近）期发展规划、幼儿园规模、专业设置、基建（扩建）计划、年度工作计划、年度招生计划，上报审批并组织实施。

第七条　根据精简效能及统一指挥原则，提出幼儿园机构设置和编制意见，报上级审批或备查。

第八条　制订和实施岗位责任制以及幼儿园各项规章制度。

第九条　对幼儿园的思想政治教育工作实行全面的领导，统一协调。抓好幼儿园的精神文明建设和园风、园纪教育，使之树立良好的园风、教风和学风。

第十条　支持和帮助教师尤其是青年教师更新知识，提高思想、业务水平。关心教职工，做好教职工的思想政治工作，增强教职工对幼儿园的凝聚力。

第十一条　管理好园舍、仪器设备，抓好仪器设备的增置及更新工作，努力改善办园条件，提高教幼儿质量。

第十二条　贯彻按劳分配的原则，使多劳、优质、高效的教工得到较多的实惠；积极设法改善教职工的工作、幼儿学习和生活条件，不断提高教职工的物质文化生活水平。

第十三条　积极支持和帮助副园长和组室负责人开展工作，主动与副园长以及各级干部团结协作。

第十四条　定期向上级汇报请示工作，遇有特殊情况和特殊问题应及时请示汇报。

第三章　园长的权限

第十五条　在国家的教育方针、政策、法规和上级有关文件规定的范围内，对幼儿园管理有决策权和指挥权。

第十六条　有权审定和实施幼儿年（幼儿期）工作计划、园内教育改革方案、园际联合、以及各项规章制度。

第十七条　有权决定幼儿园的机构设置，任命幼儿园中层干部（上报备案）和工作人员。

第十八条　根据有关财经制度，有权审定国家拨给幼儿园的经费的使用计划。

第四章　尊重党组织的保证监督作用

第十九条　定期向党组织通报工作，认真听取党组织的意见和建议。

第五章　支持和发挥教代会的民主管理和监督作用

第二十条　园长要定期向教工代表大会报告幼儿园工作，让教工代表审议，提出意见和建议。

第二十一条　有关教职工的生活福利问题，应提交教工代表大会审议通过。

第二十二条　有关岗位责任制和幼儿园的重大规章制度应提交教代会审议、修订、通过。

第二十三条　园长在职权范围内决定的事项，如与教代会存在争议时，先由园长向教代会征询协商或提出复议，如意见仍不统一，园长有权作出决定，承担责任，并向上级反映请求帮助解决。

第六章　建立园务委员会制度

第二十四条　园务委员会是协助园长决策的机构。其主要任务是审议幼儿园重大改革方案、规章制度、发展规划等。对上述重大问题，园长应预先召开园务委员会进行审议，必要时可成立专门小组进行论证，在审议和论证的基础上由园长进行决策。园务委员会由园长主持并召集。

第二十五条　园务委员会由幼儿园党、政、工、团、各组室负责人组成。

第二十六条　园务会每月召开一次会议，如有重大事情需要临时召开会议由园长决定安排。

（文章来源：https://wenku.baidu.com/view/b0049a22df80d4d8d15abe23482fb4daa58d1d25.html）

二、幼儿园的组织机构

（一）幼儿园组织机构的含义

幼儿园组织指的是为达到一定的育人目标而共同活动的人群集合体。幼儿园组织机构的设置是指在一定的环境条件下，按一定形式与层次组成的机构体系，形成有机结合的活动功能系统，它既能维系这种人群集合体的内部关系，又与外部特定机构与社会系统相连接。幼儿园组织机构设置就是通过建立适宜的机构及活动规则，确定领导关系和职权分工，将幼儿园所拥有的人力、物力等组织起来，较好地实现幼儿园的任务目标。

（二）幼儿园组织机构的类型

1. 行政组织

行政组织的核心是园长，负责主持全园的行政工作。幼儿园的行政组织架构由于幼儿园的规模大小不同有所不同，主要是依工作性质和范围，分别设定相应的职能组织与职务。

2. 业务组织

幼儿园的工作中心是保教工作。保教工作是幼儿园工作的主体，直接关系到幼儿的身心发展和办园质量。业务组织由于承担的工作量和要完成的具体工作多，在人员配备上占全员的大部分，要设一名专门的业务园长。规模小的幼儿园可由园长代替。

3. 党群组织

党群组织包括党组织、团组织、工会、教职工代表大会等，党群组织对幼儿园的各级组织起着保证、配合监督和制约的作用，是幼儿园实现民主管理、有效管理的基础。

4. 其他组织

根据幼儿园的实际工作，还可设立幼儿家长委员会、园务委员会、治安保卫小组等。这些组织是配合幼儿园完成保育、教育任务的有效组织。

（三）幼儿园组织机构的管理层次

幼儿园是教育机构，其组织层次不易分得过细，以免影响教育的统一性和整体性。幼儿园组织机构的管理层次可分为决策层、执行层和具体工作层。

1. 幼儿园管理的决策层

园长是幼儿园行政负责人，是最高的行政管理者、指挥者。按照幼儿园编制标准，三个班以下的幼儿园设一名园长，四个班以上的幼儿园设一正一副两名园长，十个班以上的或寄宿制幼儿园设一正两副三名园长。副园长协助园长工作。

2. 幼儿园管理的执行层

执行层的管理者为各个职能部门的负责人，如保教主任、总务主任等。其职责就是下达和执行园长的决策，将决策转化为可操作性的行动，同时负责对本部门教职工的管理和组织开展本部门的工作。

3. 幼儿园管理的具体工作层

具体工作层包括各班组、班级和班组的工作人员，他们负责各类具体工作，如膳食组、财务组、教师和保育员。

【练习题】

一、简答题

1. 管理的概念和职能是什么？
2. 幼儿园管理的概念和内容是什么？
3. 简述幼儿园管理的原则和方法。
4. 请简单介绍幼儿园管理的体制。

二、幼儿园园长负责制典型案例分析

园长负责制幼儿园园长的苦恼

某单位所属幼儿园的陈老师，在日常工作中不能很好地遵守劳动纪律，时有迟到、早退、上班聊天等违章情况的发生。在年底奖金发放时，园长根据奖罚制度从其年终奖金中扣发 150 元作为处罚，并奖给出满勤、工作积极认真负责的李老师，以期起到奖优罚劣、奖勤罚懒、调动职工积极性的作用。陈老师感到心理很不平衡，认为幼儿园工作量大，放松一下没什么大不了，况且也没出现什么意外情况，要求园长退还扣发的奖金。园长认为，既然制定了规章制度，就该认真贯彻执行，否则会挫伤本园职工的积极性，拒绝了陈老师的要求。陈老师很愤怒，认为园长对自己有看法，于是打击报复她。还对园长进行人身攻击，并让家里人和她一起到园里大吵大闹，看到园长没有让步的意思，又找到单位主管的幼儿园上级领导去闹，歪曲事实。而此领导在没有调查清楚的情况下，轻率地表态，认为批评一下就可以，让园长把扣发的奖金还给陈老师，这样就使园长处于被动地位和两难境地。但该园长并不盲从上级领导，而是写材料呈报上级，讲明情况：如果不能贯彻执行幼儿园的规章制度，那么自己就无法胜任园长的工作。况且自己的做法是正确的。上级领导对此很重视，经反复调查研究，做出决定：① 给陈老师记处分一次，扣发奖金不必退还。② 表扬了该园长对工作认真负责、能把制定的方针政策贯彻执行到底的做法。

（资料来源：http：//www.jy135.com/html/guanlizhidu/glal/2008/0714/14968.html）

请结合材料分析：

1. 该园长坚持扣发陈老师的150元年终奖的做法对吗？为什么？

2. 该园长扣发陈老师年终奖金的做法没有得到单位主管领导的支持，你觉得原因是什么？

第五章　幼儿园队伍建设

【学习目标】

1. 了解团队的主要特征。
2. 理解领导团队的选用原则。
3. 理解幼儿园团队组建的基本要求。
4. 掌握对教师、保育员的选聘、培训和考核的基本做法。

【导　　语】

幼儿园的具体工作依靠相关人员团结协作共同完成。如何发挥每个人的工作潜能，促成幼儿园的最大发展，赢得家长、社会的认同和好评，是幼儿园管理的根本任务。一个幼儿园是否可以与时俱进，得到家长和社会的认可和好评又取决于幼儿园整个队伍建设水平的高低，因此，培养一支具有较强凝聚力、团结奋进的高素质的幼儿园团队，是幼儿园管理的重要任务和使命。

第一节　团队建设概述

一、团队

（一）团队的定义及构成要素

管理学家斯蒂芬·P·罗宾斯认为：团队就是由两个或者两个以上的相互作用、相互依赖的个体，为了特定目标而按照一定规则结合在一起的组织。

团队是由基层和管理层人员组成的一个共同体，它合理利用每一个成员的知识和技能协同工作，解决问题，达到共同的目标。

团队的构成要素总结为 5P，分别为目标、人、定位、权限、计划。团队和群体有着一些根本性的区别，群体可以向团队过渡。一般根据团队存在的目的和拥有自主权的大小将团队分为五种类型：问题解决型团队、自我管理型团队、多功能型团队、共同目标型团队、正面默契型团队。

团队有几个重要的构成要素，总结为 5P。

1. 目标（Purpose）

团队应该有一个既定的目标，为团队成员导航，知道要向何处去，没有目标这个团队就没有存在的价值。

2. 人（People）

人是构成团队最核心的力量，2 个（包含 2 个）以上的人就可以构成团队。目标是通过人员具体实现的，所以人员的选择是团队中非常重要的一个部分。一个团队中需要有人出主意，有人定计划，有人实施，有人协调不同的人一起去工作，还有人去监督团队工作的进展，评价团队最终的贡献。不同的人通过分工来共同完成团队的目标，在人员选择方面要考虑人员的能力如何，技能是否互补，人员的经验如何。

3. 定位（Place）

团队的定位包含两层意思：第一，团队的定位，团队在企业中处于什么位置，由谁选择和决定团队的成员，团队最终应对谁负责，团队采取什么方式激励下属？第二，个体的定位，作为成员在团队中扮演什么角色?是订计划还是具体实施或评估?

4. 权限（Power）

团队当中领导人的权力大小跟团队的发展阶段相关，一般来说，团队越成熟领导者所拥有的权力相应越小，在团队发展的初期阶段领导权是相对比较集中。团队权限关系的两个方面：

（1）整个团队在组织中拥有什么样的决定权？比方说财务决定权、人事决定权、信息决定权。

（2）组织的基本特征，比方说组织的规模多大，团队的数量是否足够多，组织对于团队的授权有多大，它的业务是什么类型。

5. 计划（Plan）

计划的两层面含义：

（1）目标最终的实现，需要一系列具体的行动方案，可以把计划理解成实现目标的具体工作程序。

（2）提前按计划进行可以保证进度的顺利进行。只有在计划的操作下，团队才会一步一步地贴近目标，从而最终实现目标。

（二）高效率团队的主要特征

1. 清晰的目标

高效的团队对所要达到的目标有清楚的了解，并坚信这一目标包含着重大的意义和价值。而且，这种目标的重要性还激励着团队成员把个人目标升华到群体目标中去。在有效的团队中，成员愿意为团队目标作出承诺，清楚地知道团队希望他们做什么工作。

2. 相关的技能

高效的团队是由一群有能力的成员组成的。他们具备实现理想目标所必需的技术和能力，而且相互之间有能够良好合作的个性品质，从而出色完成任务。后者尤其重要，但却常常被人们忽视。有精湛技术能力的人并不一定就有处理群体内关系的高超技巧，高效团队的成员则往往兼而有之。

3. 相互的信任

成员间相互信任是有效团队的显著特征，也就是说，每个成员对其他人的品行和能力都确信不疑。我们在日常的人际关系中都能体会到，信任这种东西是相当脆弱的，它需要花大量的时间去培养而又很容易被破坏。而且，只有信任他人才能换来被他人信任。所以，维持群体内的相互信任，需要引起管理层足够的重视。

4. 一致的承诺

高效的团队成员对团队表现出高度的忠诚和承诺，为了能使群体获得成功，他们愿意去做任何事情。我们把这种忠诚和奉献称为一致的承诺。

对成功团队的研究发现，团队成员对他们的群体具有认同感，他们把自己属于该群体的身份看作是自我的一个重要方面。因此，承诺一致的特征表现为对群体目标的奉献精神，愿意为实现这一目标而调动和发挥自己最大的潜能。

5. 良好的沟通

毋庸置疑，良好的沟通是高效团队一个必不可少的特点。群体成员通过畅通的渠道交流信息，包括各种言语和非言语信息。此外，管理层与团队成员之间健康的信息反馈也是良好沟通的重要特征，它有助于管理者指导团队成员的行动，消除误解。就像一对已经共同生活多年、感情深厚的夫妇那样，高效团队中的成员能迅速而准确地了解彼此的想法和情感。

6. 谈判技能

以个体为基础进行工作设计时，员工的角色由工作说明、工作纪律、工作程序及其他一些正式文件明确规定。但对于高效的团队来说，其成员角色具有灵活多变性，总在不断地进行调整，这就需要成员具备充分的谈判技能。由于团队中的问题和关系时常变换，成员必须能面对和应付这种情况。

7. 恰当的领导

有效的领导者能够让团队跟随自己共同度过最艰难的时期，因为他能为团队指明前途所在。他们向成员阐明变革的可能性，鼓舞团队成员的自信心，帮助他们更充分地了解自己的潜力。

优秀的领导者不一定非得指示或控制，高效团队的领导者往往担任的是教练和后盾的角色，他们对团队提供指导和支持，但并不试图去控制它。这不仅适用于自我管理团队，当授权小组成员时，它也适用于任务小组、交叉职能型的团队。对于那些习惯于传统方式的管理者来说，这种从上司到后盾的角色变换，即从发号施令到为团队服务实在是一种困难的转变。当前很多管理者已开始发现这种新型的权力共享方式的好处，或通过领导培训逐渐意识到它的益处，但仍然有些脑筋死板、习惯于专制方式的管理者无法接受这种新概念，这些人应当尽快转换自己的老观念，否则就将被取而代之。

8. 内外部支持

支持要成为高效团队的最后一个必需条件。从内部条件来看，团队应拥有一个合理的基础结构。这包括：适当的培训，一套易于理解的用以评估员工总体绩效的测量系统，以及一个起支持作用的人力资源系统。恰当的基础结构应能支持并强化成员行为以取得高绩效水平。从外部条件来看，管理层应给团队提供完成工作所必需的各种资源。

二、幼儿园团队

人力资源管理理论告诉我们，幼儿园管理必须以一种全新的，以“团队”为核心的扁平式、过程化管理为组织模式。幼儿园的各项目标，必须由具有共同目标的成员所组成的联合体——团队来实现。

幼儿园队伍有三支队伍需要建设。第一是干部队伍，即管理者队伍，要求具有教育管理能力及幼教知识和技能；第二是教师队伍，要求专业化水平高，具有高尚的师德；第三是后勤队伍，这是一支不可或缺的队伍，他们的工作影响到各个岗位，是全园工作正常运转的重要保障。在幼儿园内，不管是干部还是教师，或者是后勤人员，每一个人的言行在一定意义上都代表着幼儿园，影响着幼儿园的形象，因此每一个岗位的人都是幼儿园有机组成的一个分子，无贵贱轻重之分。这三个团队组成一个共同目标型团队，所有成员为建设一个优秀的幼儿园而工作，而奉献。

三、幼儿园团队组建的基本要求

幼儿园团队的组建，不是一种人力的简单凑合或叠加，也不是一种单纯劳动的组合，而是一种以工作关系为背景的人际关系的组合体现，且经常处于一种变动的状态。因此，幼儿园三支团队的组建都应把握如下的基本要求。

1. 年龄结构

团队应是由老、中、青三代结合而成，使每个年龄段都有骨干力量和不同的优势，以便相互取长补短，并把幼儿园的先进经验和优良传统不间断地传递下去，发扬光大，防止出现“断层”现象。

2. 学历结构

学历结构要求园长、教师应是各类高、中等幼儿师范学校或者是职业院校学前教育专业的毕业生，经济发达、开放地区的实验幼儿园或示范性幼儿园的园长、部分骨干教师应达到大专程度。医务人员应是卫生学校毕业的医士，200 人以上的寄宿制幼儿园还应有医学院毕业的医师。其他保健员、保育员、会计等应经过系统的专业训练，并取得相关行政部门的资格认可。

3. 素质结构

除文化素质外，还应在思想意识、政治观点、道德修养、业务水平、个性品格、心理状态及社会行为等方面达到一定要求。

4. 智能结构

智能结构是一个由知识、技能、能力所组成的多要素、多序列、多层次的动态综合体。它包括具有从事幼儿教育必备的科学文化知识和幼教专业理论知识，较熟练的专业基本技能，较强的表达能力、操作能力、组织能力、综合实践能力，还应有一定的对知识信息的摄取、协调、驾驭能力，对社会、环境的适应能力等。

5. 能级结构

能级结构指人才的类型与层次构成。人才因为具有多样性、层次性等属性，在发挥作用的能量上有差别，所以存在能级差异。例如，人才有“一般人才”“创新型人才”“特殊人才”之分；在专业职称上又有“高级”“中级”“初级”之别。具有不同类型、不同层次的人才群体，可以产生协调、互补的功能。欲创一流的幼儿园，尤其需要创新型的人才。

6. 性别结构

性别结构即男女教职工的合理搭配。女性具有性格温柔、心理细腻、感情丰富、思考周全、对人亲切、待人体贴、工作细心、处世耐心、能歌善舞、形象思维活跃等优点，适合担任幼儿教师，但幼儿园师资过于女性化对于幼儿品性的形成也有不利的影响，要有意识弥补。社会是由男女各半组成的，男性虽缺乏女性的上述优点，但男性的刚强、豪爽、处世果断、勇敢机智、吃苦耐劳、有毅力、有魄力等优点，更为现代社会所需要，对幼儿身心发展，尤其对幼儿个性和对社会适应能力的培养具有积极促进作用。因此，幼儿园要有措施吸引男性担任幼儿园教师，在配备医务、财会、保管、膳管、司机、传达、门卫等工作人员中加大男性比例，谋求一个性别配置合理的团队。

第二节　领导团队建设

领导团队是由在幼儿园组织中承担一定决策职责的员工管理者所组成的团队，是决定组织发展和影响组织绩效的核心群体。在幼儿园中，办园规模和体制不同，其组成人员也不同。一般情况下，它通常由正副园长、助理、财务主管、年级组长、保育组长、教科室主任等组成。这是幼儿园发展到一定阶段，为了适应复杂多变的办园环境，出现的核心决策群体组织。他们属于幼儿园的战略决策制定与执行层，负责对整个幼儿园工作的组织与协调，拥有很大的决策权和控制权，他们的决策影响幼儿园的战略方向和发展步伐。

一、领导人员任用的基本原则

1. 量才任用，用其所长

量才任用就是根据每个人的能力大小安排合适的岗位。人的差异是客观存在的，一个人只有处在最能发挥其才能的岗位上，才能干得最好。

俗话说：“尺有所短，寸有所长。”用人时不能够求全责备，管理者应注重发挥人的长处。在现实中，人的知识、能力、个性发展是不平衡的，组织中的工作任务要求又具有多样性，因此，完全意义上的“通才”“全才”是不存在的，即使存在，组织也不一定非要选择用“通才”，而应该选择适合空缺岗位要求的最佳候选人。

2. 因材起用，因事用人

因材起用，是根据人的能力和素质的不同，安排要求不同的工作。从组织中人的角度来考虑，只有根据人的特点来安排工作，才能使人的潜能得到最充分的发挥，使人的工作热情得到最大限度的激发。如果学非所用、大材小用或小材大用，会严重影响组织效率。设立什么样的领导岗位，一定也要根据幼儿园管理的实际需要，切忌因人设岗。

3. 充分信任，委以权责

信任领导团队的每一位成员就是对其工作最大的支持和鼓励。幼儿园管理的主要责任人要相信自己团队的成员，相信他们对待工作有高度的热情、端正的工作态度，相信他们有方法、有能力完成本职工作，肯定、认可他们的工作成绩。在进行工作合理分工的基础上，每个岗位应注重责、权、利的统一，缺一不可。

4. 公平竞争，择优用人

所谓竞争择优，就是指在公开平等的条件下，让求职者依靠自身的素质和条件进行竞争，择优录用。用公开竞争的方法选人，比传统“伯乐相马”的方法有更多的优点，它拓宽了选人的视野，开辟了赛场选“马”的天地。公平竞争有利于幼儿园各岗位人才的健康成长，更有利于全体员工对领导者产生敬重心理，心甘情愿服从其管理，提高幼儿园的工作效率。

二、领导的基本品格

要树立领导班子的威信，增强凝聚力、号召力、战斗力和执行力，领导团队的人员必须身先垂范。

1. 品德高尚

高尚的品德是领导班子应有的主体素质。领导班子成员需要加强品德修养，树立正确的世界观、人生观、荣辱观和价值观。要有爱心、细心、耐心、贴心，成为其他教职工的榜样，取得教职工的信任、尊重与认同。领导心里始终要装着员工，支持员工的工作，关心员工的生活，用管理者的行动和真情去感染身边的每位员工。平时与员工多沟通，捕捉员工身上的闪光点，激发员工工作的积极性和创造性。

2. 真才实学

领导班子成员要多谋善断、科学决策，能采用科学合理的工作方法，切实提高工作效率，使得幼儿园各方面工作取得新成绩。同时，要勤于学习、善于研究，不断提高自己的专业水平和领导水平。领导班子成员应营造学习情境，将学习作为自己的一种生活方式，提高综合素质，成为员工的榜样。

3. 公正合理

领导班子成员要作风民主、平等待人、处事公正、言而有信、以身作则，这样才能使教职工在宽松温馨的环境中工作，有努力奋斗、积极上进的工作态度。

4. 团结友爱

幼儿园领导班子中的每个成员都要有优化班子结构的共同愿望，互相之间能开诚布公，及时消除隔阂。工作中互相支持，分工不分家，有福同享，有苦共担，有全局观念，对领导班子有强烈的认同感和归属感。同时，能正确认识自我，正确认识干群关系，牢固树立管理即服务的理念，发扬民主作风，尊重和热爱教职工，营造团结友爱的组织文化。

5. 善于反思

反思是一种有效的思维方式，幼儿园领导班子是一个领导团队，团队反思可以提高领导工作的质量和水平。幼儿园领导班子要做好反思工作，园内组织的每项活动，管理者都要记录成功的做法及经验，找出组织中的问题及改进策略。管理者每月每周都要做好工作总结及反思，开展成长与创新的汇报、研讨活动，在参与互动中不断提高反思能力。

6. 进修提高

学前教育改革日新月异，要求也在不断提高，每个领导成员都应该有一种忧患意识，要重视自己专业水平的提高和观念的更新。要保持对新生事物的敏感性，业余时间要多读书，也可以参与脱产进修，学习学前教育改革的新思想和新理念，不断提高自己的业务水平和管理水平，努力构建学习型团队。

第三节　师资团队建设

幼儿园教师的专业水平决定着幼儿园教育的质量。一所具有自己品牌的幼儿园，不仅需要有与之匹配的硬件设施，更需要一支高素质的教师队伍。蔡元培先生曾说过“有特色的教师是学校的宝贵财富”。可以说，没有具备特长的教师，就没有幼儿园的特色品牌，也就难以形成品牌幼儿园，所以说，管理者要十分重视师资团队的建设。

一、幼儿教师的选聘

2013 年教育部颁发的《幼儿园教职工配备标准（暂行）》中规定，幼儿园教职工包括专任教师、保育员、卫生保健人员、行政人员、教辅人员、工勤人员。严格幼儿园专任教师选聘和任用，对幼儿园的发展具有重要作用。

1. 幼儿园教师的任职条件

1989 年国家教育委员会颁布的《幼儿园管理条例》规定：幼儿园教师应当具有幼儿师范学校（包括职业学校幼儿教育专业）毕业程度，或者取得卫生行政部门的资格认可。1993 年国家颁布的《中华人民共和国教师法》以法律的形式确定了幼儿园教师资格的基本条件，即“取得幼儿园教师资格，应当具备幼儿师范学校毕业及其以上学历”。1996 年国家教育委员会颁布的《幼儿园工作规程》第三十七条规定：“幼儿园教师必须具有《教师资格条例》规定的幼儿园教师资格，并符合本规程第三十五条规定。”即“幼儿园工作人员应拥护党的基本路线，热爱幼儿教育事业，爱护幼儿，努力学习专业知识和技能，提高文化和专业水平，品德良好、为人师表，忠于职责，身体健康”。这是对《中华人民共和国教师法》中的幼儿园教师任职条件的具体化，提出了幼儿园教师在教师职业道德、专业知识和技能，以及身体健康等方面应具备的具体条件。

2. 幼儿园教师的岗位能力

幼儿园教师的专业理念与专业能力符合 2012 年国家颁布的《幼儿园教师专业标准（试行）》，具体要求见《幼儿园教师专业标准（试行）》。

幼儿园教师专业标准（试行）

为促进幼儿园教师专业发展，建设高素质幼儿园教师队伍，根据《中华人民共和国教师法》，特制定《幼儿园教师专业标准（试行）》（以下简称《专业标准》）。

幼儿园教师是履行幼儿园教育教学工作职责的专业人员，需要经过严格的培养与培训，具有良好的职业道德，掌握系统的专业知识和专业技能。《专业标准》是国家对合格幼儿园教师专业素质的基本要求，是幼儿园教师实施保教行为的基本规范，是引领幼儿园教师专业发展的基本准则，是幼儿园教师培养、准入、培训、考核等工作的重要依据。

一、基本理念

（一）师德为先

热爱学前教育事业，具有职业理想，践行社会主义核心价值体系，履行教师职业道德规范，依法执教。关爱幼儿，尊重幼儿人格，富有爱心、责任心、耐心和细心；为人师表，教书育人，自尊自律，做幼儿健康成长的启蒙者和引路人。

（二）幼儿为本

尊重幼儿权益，以幼儿为主体，充分调动和发挥幼儿的主动性；遵循幼儿身心发展特点和保教活动规律，提供适合的教育，保障幼儿快乐健康成长。

（三）能力为重

把学前教育理论与保教实践相结合，突出保教实践能力；研究幼儿，遵循幼儿成长规律，提升保教工作专业化水平；坚持实践、反思、再实践、再反思，不断提高专业能力。

（四）终身学习

学习先进学前教育理论，了解国内外学前教育改革与发展的经验和做法；优化知识结构，提高文化素养；具有终身学习与持续发展的意识和能力，做终身学习的典范。

二、基本内容

维度	领域	基本要求
专业理念与师德	（一）职业理解与认识	1. 贯彻党和国家教育方针政策，遵守教育法律法规。 2. 理解幼儿保教工作的意义，热爱学前教育事业，具有职业理想和敬业精神。 3. 认同幼儿园教师的专业性和独特性，注重自身专业发展。 4. 具有良好职业道德修养，为人师表。 5. 具有团队合作精神，积极开展协作与交流。
	（二）对幼儿的态度与行为	6. 关爱幼儿，重视幼儿身心健康，将保护幼儿生命安全放在首位。 7. 尊重幼儿人格，维护幼儿合法权益，平等对待每一位幼儿。不讽刺、挖苦、歧视幼儿，不体罚或变相体罚幼儿。 8. 信任幼儿，尊重个体差异，主动了解和满足有益于幼儿身心发展的不同需求。 9. 重视生活对幼儿健康成长的重要价值，积极创造条件，让幼儿拥有快乐的幼儿园生活。

续表

专业理念与师德	（三）幼儿保育和教育的态度与行为	10. 注重保教结合，培育幼儿良好的意志品质，帮助幼儿养成良好的行为习惯。 11. 注重保护幼儿的好奇心，培养幼儿的想象力，发掘幼儿的兴趣爱好。 12. 重视环境和游戏对幼儿发展的独特作用，创设富有教育意义的环境氛围，将游戏作为幼儿的主要活动。 13. 重视丰富幼儿多方面的直接经验，将探索、交往等实践活动作为幼儿最重要的学习方式。 14. 重视自身日常态度言行对幼儿发展的重要影响与作用。 15. 重视幼儿园、家庭和社区的合作，综合利用各种资源。
	（四）个人修养与行为	16. 富有爱心、责任心、耐心和细心。 17. 乐观向上、热情开朗，有亲和力。 18. 善于自我调节情绪，保持平和心态。 19. 勤于学习，不断进取。 20. 衣着整洁得体，语言规范健康，举止文明礼貌。
专业知识	（五）幼儿发展知识	21. 了解关于幼儿生存、发展和保护的有关法律法规及政策规定。 22. 掌握不同年龄幼儿身心发展特点、规律和促进幼儿全面发展的策略与方法。 23. 了解幼儿在发展水平、速度与优势领域等方面的个体差异，掌握对应的策略与方法。 24. 了解幼儿发展中容易出现的问题与适宜的对策。 25. 了解有特殊需要幼儿的身心发展特点及教育策略与方法。
	（六）幼儿保育和教育知识	26. 熟悉幼儿园教育的目标、任务、内容、要求和基本原则。 27. 掌握幼儿园各领域教育的学科特点与基本知识。 28. 掌握幼儿园环境创设、一日生活安排、游戏与教育活动、保育和班级管理的知识与方法。 29. 熟知幼儿园的安全应急预案，掌握意外事故和危险情况下幼儿安全防护与救助的基本方法。 30. 掌握观察、谈话、记录等了解幼儿的基本方法和教育心理学的基本原理和方法。 31. 了解 0～3 岁婴幼儿保教和幼小衔接的有关知识与基本方法。
	（七）通识性知识	32. 具有一定的自然科学和人文社会科学知识。 33. 了解中国教育基本情况。 34. 具有相应的艺术欣赏与表现知识。 35. 具有一定的现代信息技术知识。
专业能力	（八）环境的创设与利用	36. 建立良好的师幼关系，帮助幼儿建立良好的同伴关系，让幼儿感到温暖和愉悦。 37. 建立班级秩序与规则，营造良好的班级氛围，让幼儿感受到安全、舒适。 38. 创设有助于促进幼儿成长、学习、游戏的教育环境。 39. 合理利用资源，为幼儿提供和制作适合的玩教具和学习材料，引发和支持幼儿的主动活动。

续表

专业能力	（九）一日生活的组织与保育	40. 合理安排和组织一日生活的各个环节，将教育灵活地渗透到一日生活中。 41. 科学照料幼儿日常生活，指导和协助保育员做好班级常规保育和卫生工作。 42. 充分利用各种教育契机，对幼儿进行随机教育。 43. 有效保护幼儿，及时处理幼儿的常见事故，危险情况优先救护幼儿。
	（十）游戏活动的支持与引导	44. 提供符合幼儿兴趣需要、年龄特点和发展目标的游戏条件。 45. 充分利用与合理设计游戏活动空间，提供丰富、适宜的游戏材料，支持、引发和促进幼儿的游戏。 46. 鼓励幼儿自主选择游戏内容、伙伴和材料，支持幼儿主动地、创造性地开展游戏，充分体验游戏的快乐和满足。 47. 引导幼儿在游戏活动中获得身体、认知、语言和社会性等多方面的发展。
	（十一）教育活动的计划与实施	48. 制定阶段性的教育活动计划和具体活动方案。 49. 在教育活动中观察幼儿，根据幼儿的表现和需要，调整活动，给予适宜的指导。 50. 在教育活动的设计和实施中体现趣味性、综合性和生活化，灵活运用各种组织形式和适宜的教育方式。 51. 提供更多的操作探索、交流合作、表达表现的机会，支持和促进幼儿主动学习。
	（十二）激励与评价	52. 关注幼儿日常表现，及时发现和赏识每个幼儿的点滴进步，注重激发和保护幼儿的积极性、自信心。 53. 有效运用观察、谈话、家园联系、作品分析等多种方法，客观地、全面地了解和评价幼儿。 54. 有效运用评价结果，指导下一步教育活动的开展。
	（十三）沟通与合作	55. 使用符合幼儿年龄特点的语言进行保教工作。 56. 善于倾听，和蔼可亲，与幼儿进行有效沟通。 57. 与同事合作交流，分享经验和资源，共同发展。 58. 与家长进行有效沟通合作，共同促进幼儿发展。 59. 协助幼儿园与社区建立合作互助的良好关系。
	（十四）反思与发展	60. 主动收集分析相关信息，不断进行反思，改进保教工作。 61. 针对保教工作中的现实需要与问题，进行探索和研究。 62. 制定专业发展规划，积极参加专业培训，不断提高自身专业素质。

三、实施建议

（一）各级教育行政部门要将《专业标准》作为幼儿园教师队伍建设的基本依据。根据学前教育改革发展的需要，充分发挥《专业标准》引领和导向作用，深化教师教育改革，建立教师教育质量保障体系，不断提高幼儿园教师培养培训质量。制定幼儿园教师准入标准，严把幼儿园教师入口关；制定幼儿园教师聘任（聘用）、考核、退出等管理制度，保障教师合法权益，形成科学有效的幼儿园教师队伍管理和督导机制。

（二）开展幼儿园教师教育的院校要将《专业标准》作为幼儿园教师培养培训的主要依据。重视幼儿园教师职业特点，加强学前教育学科和专业建设。完善幼儿园教师培养培训方案，科学设置教师教育课程，改革教育教学方式；重视幼儿园教师职业道德教育，重视社会实践和教育实习；加强从事幼儿园教师教育的师资队伍建设，建立科学的质量评价制度。

（三）幼儿园要将《专业标准》作为教师管理的重要依据。制定幼儿园教师专业发展规划，注重教师职业理想与职业道德教育，增强教师育人的责任感与使命感；开展园本研修，促进教师专业发展；完善教师岗位职责和考核评价制度，健全幼儿园绩效管理机制。

（四）幼儿园教师要将《专业标准》作为自身专业发展的基本依据。制定自我专业发展规划，爱岗敬业，增强专业发展自觉性；大胆开展保教实践，不断创新；积极进行自我评价，主动参加教师培训和自主研修，逐步提升专业发展水平。

二、幼儿教师的成长

幼儿园教师专业成长是指幼儿园教师通过接受专业训练和自身持续不断的主动学习与反思，逐步成为一名专家型教师的过程。幼儿园教师的专业发展伴随着整个职业生涯，是一个持续的过程。影响幼儿园教师专业成长的因素有很多，既需要幼儿园加强培养，也需要幼儿园教师自身的努力。

（一）幼儿园的培养

1. 重视团队文化建设

幼儿园教师合作文化是教师成员利益、意志、情感和价值观的集中表现和内在体现。深厚的教师文化能够明显地提升教师团队的凝聚力，提升教师对于幼儿园的忠诚度、责任感和使命感，进而激发每个教师工作的积极性，形成团队合力，更快更好地达成团队发展目标。

首先要重视师德师风建设，树立良好的教师形象。师德的水准是一所学校重要的精神标杆，师德建设是教师队伍建设的永恒主题。在这方面，园所应坚持政治学习和业务学习并重的原则，将师德教育贯穿于日常学习之中，督促教师不断提升自身知识和道德水准。同时，可以通过学习全国优秀教师的先进事迹、评选园所“师德先进个人”等活动，激发教职员工对幼教事业、幼儿的热爱之情，最终形成“师幼相长、家园协同”的幼儿园文化风尚。

其次应重视学习文化建设，多举措激发教师的学习热情。幼儿园根本上是一个教育部门，教育性是其根本规定性。为了做好幼儿园的教育工作，必须激发幼儿园教师的学习热情，进而提高幼儿园教师团队的教育教学能力。具体来说，要建好“软”“硬”两个环境。就软环境而言，幼儿园要用高尚的精神感染教师、用先进的思想引领教师，通过建立和完善相关激励制度等手段，如设立培训学习制度、业务带头人制度、奖励制度等，在教师中营造一起比、学、赶、帮的工作气氛，从而引导教职员工向身边的人学习，从自身工作中找差距，增强他们的自我提升意识，进而在教师团体中形成一种自然而然的工作动能。在硬件建设上，幼儿园要为教师购买书籍、学习资料，鼓励教师通过自学来提升自我素质。

最后应让幼儿园每一个教师亲自参与到幼儿园建设之中，引导教师以园为家，亲自参与到幼儿园的环境布置、制度建设等日常工作之中，树立教师的主人翁意识。这样一方面可以提高幼儿园教师的动手操作能力，建立起教师对幼儿园的认同感，进而形成凝聚力；另一方面，也为幼儿园建设增加了各种可能性，提供了更多的契机，教师主动参与也更容易形成本园的环境特色、制度特色和教育教学特色，进而形成良好的团队效应。

2. 重视园本研修活动

（1）园本研修的内涵。

园本研修活动是以幼儿园为基础，以幼儿园教育实践中所面临的实际问题为研究对象，以教师为学习和研究的主体，以幼儿园、教师和幼儿的发展为目标的实践性、研究性的进修活动。开展园本研修活动是促进幼儿园教师专业成长的有效策略。

（2）园本研修的内容。

园本研修是针对教师专业成长所需，围绕一定主题开展的实践性研究。园本研修的主题可以来源于个人的反思，来源于与同伴的互助，来源于与专家的互动，来源于和理论的对话等。

确立园本研修主题要注意以下几点：一是主题要有针对性；二是主题要解决实际问题；三是主题要有连续性与渐进性。

园本研修常开展的活动有：

第一，组织教师进行业务学习。学习国家的教育方针政策和学前教育的法律法规，提高教师的政策水平和能力。认真学习学前教育前沿理论及发展动态，及时了解学前教育发展的难点和热点问题。

第二，组织交流活动。为了解决学前教育实际问题，提高幼儿园教师的业务水平，经常组织教师开展交流活动，相互学习、相互促进。可采取多种形式，如观摩课、交流学习体会、沙龙活动、专题讨论、专业技能竞赛等。

第三，集体备课。大家在一起共同探讨可以加深对教学内容的理解。老教师可带动年轻教师，起到“传、帮、带”的作用。

第四，创编课程资料，设计教学活动。各地区、各园有很大的差别，任何一套教材都难以完全符合本园或本班幼儿的特点，因此有必要组织教师自己编写一些课程补充材料。这样既提高了教师的教研能力，又丰富了保教内容。

第五，研究教育实践中遇到的热点与难点问题。园长或保教主任要多留心幼教发展的动态，及时掌握热点问题，组织教师针对热点问题展开讨论。幼儿园教研活动还应特别注意本园保教等工作面临的问题或薄弱环节，通过研究，加以解决。

（3）园本研修的形式。

园本研修的形式主要有以下三种：一是个人反思。教师常常以教育随笔、教养日记、教学反思等形式呈现。二是同伴互助。常以相互交流、协作攻关、以老带新等形式呈现。三是专业引领。常以专题讲座、现场研讨、合作研究等形式呈现。

3. 开展教育科研，促进教师层层攀高

教育界有识之士认为，开展教育科研不仅是提高教育质量的良策，而且是培养学者型教师的明智之举。教研立足于从教师身边找主题、从教育实践出发找问题，做到“研前”寻找理论支点，“研中”积极互动探索，“研后”达成共识提升。例如，大班年级组发起“今天，我们怎样做孩子学习活动的合作者、支持者和引导者”，小班年级组发起“在区角活动中的……”主题教研活动。由于主题来自身边，问题来自实践，老师们参与的积极性很高。

4. 评比竞赛是教师成长的重要平台

教育是实实在在的事业，以教育教学基本活动为主要内容的各类评比竞赛活动是教师成长的重要平台。一方面，要有组织、有计划地开展园内的教育教学评比和竞赛，如教师优质活动评比、教师活动设计评比、讲故事评比等，夯基础、练内功、强素质、促成长，激发教师自我规划、自我提高、自主发展的内在动力，让教师张扬个性，获得自豪感和荣誉感。另一方面，要积极为教师搭建舞台，推荐教师参加各级竞赛活动。积极支持和鼓励教师，大胆彰显自我、展示自我、实现自我，并在评比和竞赛中体验成长与成功的愉悦，这对教师的职业生涯来说有着关键性的意义。

5. 加强外出培训，激励团队专业成长

幼儿园可以有计划地送教师外出培训，包括参加各种类型的学术会议以及国家级“幼师国培”计划，也可以分批带领教师到姊妹园参观学习，还可以选派教师赴江苏、上海等学前教育水平较为领先的地区参观学习。这种做法有助于提高教师对先进教育理念的敏感性，开阔视野，在专业上得到成长。此外，还可以要求教师外出培训回园后进行学习汇报和分享，以此带动全园教师的专业成长，达到“少数人培训，多数人获益”的效果。

6. 教育专家的专业引领促进团队的专业提升

幼儿园应按照提前研讨、制定的教师培训计划，聘请学前教育领域专家来园对教师进行专业引领，对教师在理论学习和教育教学实践过程中遇到的困惑进行解答和引领，以此实现教师更好的发展。

7. 加强新教师培养工程

新教师培养工作是幼儿园的工作重点。如何让新教师尽快适应教师岗位，尽快成长起来成为关系到幼儿园可持续发展必须解决的问题。主要方法有：一是让园内比较有经验的教师与新教师搭班，以老带新，在日常活动中通过“传、帮、带”，让新教师逐渐积累教学经验。二是通过各种形式的活动，如组织新教师演讲比赛，提高新教师的各项专业素养，激发她们热爱集体，甘愿奉献的情感；组织新教师讲故事、绘画，做教学课件等的评比，提高新教师的综合素养等。

（二）教师自我发展

在教师的专业发展中，教师本人的主观能动性在自身专业发展的过程中起到了不可替代的作用。因此，必须重视教师自我教育的意识和能力的构建。

1. 做好个人专业发展规划

幼儿园教师的专业发展是一个持续的、长期的积累过程，是一个都要经历的从量变到质变的过程，存在着发展的阶段性。幼儿园教师专业发展的自我规划就是幼儿园教师本人为自己的专业发展设计一个蓝图，为引导、监督和反思自身专业发展提供一个参照框架。教师的专业发展规划，一是需要员工用理想的幼儿园教师专业化标准衡量自己，认识自身专业发展现状，找出与理想专业水平要求之间的差距。二是要对自己专业发展的优势、劣势、机遇与挑战进行分析。三是提出符合现实条件的专业发展的总目标和具体目标。四是确定目标实现的具体方法、形式与步骤安排。五是要明确规划实施的保障措施等。通过个人专业发展规划的制定和实施可以激发幼儿园教师内在的发展动力，促进其自主发展。

2. 学会自主学习

为了能适应快速发展变革的教育现状，幼儿园教师要建立终身专业学习的理念。大多数幼儿园教师接受的职前教育在一定程度上与当前的学前教育实践脱节，而现代学前教育改革又需要一线教师不断接触新的教育理念、教育模式和教育手段。因此，教师应唤起自身学习的主动性、积极性和创造性，增进学习动机。

3. 学会自我反思

美国的著名学者波斯纳有一个教师成长公式：经验+反思=成长。自我反思有助于提升教师的教学经验，促进教师的专业发展。学会反思是普通教师迈向专家型教师的重要一步，教师可以通过教学日志、教育随笔、教育叙事、活动小结等方式记录和反思自己在教育教学实践中的问题。反思是教师自我发现和自我评价的过程。通过反思，教师能够意识到自己的教学经验及其局限性，形成符合新课程要求的先进保教观念。幼儿园教师只有通过不断研究新情况、新环境、新问题，积极地反思自己的保教行为，打开思路，寻找解决问题的对策与方法，才能不断适应变化着的保教工作的需要，促进教育工作的有效开展。

三、幼儿教师的考核与评价

（一）考核模式

根据不同的目的，学前教师考核主要分为两种模式，分别是奖惩性考核和发展性考核。

1. 奖惩性考核

教师考核产生于 19 世纪末 20 世纪初。当时，各国纷纷进行教师考核，其主要目的是想通过对教师的表现进行一种自上而下的判断，做出相应的加薪、减薪、晋级、降级以及解聘等奖惩决定，从而取得更好的教育管理效果。这一评价模式的理论假设有三条：① 学校教育质量的保证主要靠摒弃不称职的教师；② 在可预见的时间内，这些不称职的教师很难把自己提高到预期水平；③ 教师的动力来自外部压力。

奖惩性考核通常采用以下三种策略。

（1）定级。定级即根据不同的等级要求，通过评价将教师分为不同等级。等级的评定可以由行政管理者完成，也可以由教师自身、教师群体或学生群体来完成。其优点在于简便易行。

（2）系统观察。系统观察即根据预先设计的观察方案和指标，对教师大课堂教学行为进行观察与判断。系统观察要求观察指标真正反映课堂教学活动本质，有益于教学质量的提升，这是观察有效的前提。

（3）学生的测验成绩。可根据学生的测验成绩来对教师的教学进行评价。这种评价策略的优点是能在一定程度上很快判明教学的得失，但过多使用则会导致教学误入应试教育的歧途。

随着教育评价理论的不断发展，人们开始对教师考核进行深入思考：教师考核主要是为了绩效管理还是专业发展？教师考核的功能主要是甄别选拔还是共同进步？教师考核的内容是注重结果还是注重过程？随着对这些问题的反思，教师考核开始进入转型期，不少国家开始探索更加合理的教师考核模式。

2. 发展性考核

到了 20 世纪 80 年代，英国教育界率先推出了发展性考核模式，以弥补奖惩性考核的不足。发展性考核指的是通过制定明确、合理的评价内容和标准，对教师的现状与发展做出判断与诊断，从而有效地促进教师发展的评价活动。

发展性考核有九个特征：① 学校管理者注重教师未来发展；② 强调教师考核的真实性和准确性；③ 注重教师的个人价值、伦理价值和专业价值；④ 实施同事之间的评价；⑤ 由考核者和考核对象配对，促进考核对象的未来发展；⑥ 发挥全体教师的积极性；⑦ 提高全体教师的参与意识；⑧ 扩大交流渠道；⑨ 制定考核者和考核对象认可的评价计划，由考核双方共同承担实施发展目标的职责。

为实现考核的目标，发展性考核对考核过程的环节及要求有以下规定。

（1）考核者的确定。发展性教师考核倾向于由同事或同行管理人员担任考核者。一般而言，上级人员比同级人员更适宜担任考核者。

（2）考核标准的设计。设计考核标准时，应参照幼儿园的规章制度，更为重要的是应尽可能地让考核对象参与其中，让教师共同讨论并理解。

（3）考核信息的收集。考核信息包括口头信息和书面信息。考核信息可以通过口头征求意见、面对面交谈、课堂观摩、参观调查、重要事件记录、查阅资料和文献等方法进行收集。

（4）进行考核面谈。面谈是教师考核的核心部分，具体内容有总结考核对象的教学工作；探讨考核对象在制定学校管理政策方面所发挥的作用，探寻考核对象进一步发展的方向、可能性或支持系统。

面谈的目的是指出存在的问题和不足，探讨解决问题和克服不足的方法。

（5）跟踪面谈。跟踪面谈即对考核对象进行周期性的跟踪了解，其周期可以是半年也可以是一年。跟踪面谈的目的是回顾考核过程，探讨之前确定的发展目标是否妥当，进一步落实实现发展目标的措施。如果发展目标有调整或修改，考核者与考核对象应说明其理由。

可见，发展性考核关注教师的自主发展，这是对奖惩性考核弊端的克服。随着这种评价模式的推进，教师评价两个方面的重要性日益凸显，国内外相关人士越来越多地倾向于将两种模式合二为一，以期更好地促进教育的发展。

（二）工作绩效考核

俗话说：管人要管心，管心要知心，知心要关心，关心要真心。因此，要对教师实施多元评价。对教师的工作绩效进行考核，主要有教师自评、同行互评、园领导评价及家长评价等方式。为了使评价的结果更加全面、系统、客观、准确，通常将多种评价方式结合起来进行，有时甚至要考虑幼儿反馈的信息。

1. 教师自评

学前教师工作绩效自评可以依据表5-1所构建的评价指标体系开展。

表5-1　教师工作绩效自评表

姓　名		所教班级	
评价项目	要　素	分　值	得　分
管理能力（40%）	1. 尊重孩子的人格、兴趣和权利		
	2. 倾听孩子说话，随机给予孩子奖励		
	3. 鼓励孩子表达自己的情绪		
	4. 遵守既定的一切规则		
	5. 通过观察来了解每个孩子的特质		
	6. 帮助孩子建立良好的自我概念		
	7. 详述你希望孩子更正的行为		
	8. 给孩子提供自我约束的机会，鼓励孩子发展独立性		
计划与教学实施能力（60%）	1. 以既定教学目标为基础评价每位孩子		
	2. 依据既定目标设计适当的教育活动		
	3. 安排适当的活动空间和适度的活动时间		
	4. 教学活动设计有弹性，可临时更换		
	5. 为孩子提供根据兴趣选择活动的机会		
	6. 运用、尝试各种教学技巧		
	7. 对于孩子所提的问题有适当的反应		
	8. 依据目前的教育目标布置活动环境		
	9. 通过自我评价来改进教学水平		
	10. 为孩子提供各种探索、认识周围环境中有趣事物的机会，鼓励家长参与幼儿活动		
	11. 为孩子提供表达自我经验的机会		
	12. 经常注意到孩子的安全问题		
合　计			

注：各幼儿园可以根据自身的需要设置各项分值的具体得分。

2. 同行与园领导评价

在学前教育活动中，每位教师的工作都离不开同事间的相互配合与协作，又由于教师间工作的相似性、共鸣性和理解性等特点，可以通过同事间的互评来了解学前教师实际工作的能力和效果。同时，幼儿园园长作为工作上的直接领导，需要考核教师的工作能力与效果，也可以通过直接评价对学前教师实际工作的能力和效果进行深入了解。为此，可构建同行与园领导评价表（详见表5-2）。

表 5-2　同行与园领导评价表

姓　名		所教班级	
评价项目	要　素	分　值	得　分
思想品德 工作态度 （15%）	1. 事业心与责任感		
	2. 工作积极性		
	3. 对幼儿的态度		
	4. 教育思想		
	5. 品德修养		
知识能力 （30%）	1. 一般文化知识		
	2. 学前专业理论、知识与技能		
	3. 语言表达能力		
	4. 组织活动与观察了解幼儿的能力		
	5. 教玩具的制作与使用		
	6. 自学创新能力		
工作负荷 （10%）	1. 出勤情况		
	2. 工作量		
工作成效 （45%）	1. 工作计划的制定与执行		
	2. 作息制度的执行		
	3. 活动环境的创设与利用		
	4. 教育活动的组织与开展		
	5. 教育效果、经验总结及研究成果		

注：各幼儿园可以根据自身的需要设置各项分值的具体得分。

3. 家长评价

对学前教师工作绩效的评价，也可以从幼儿家长的角度进行。尽管文化、认知水平等的不同可能会导致评价结果有所偏差，但家长评价的相关信息仍可作为衡量教师工作绩效的有益参考。家长评价学前教师的依据主要来源于三个方面：① 观察孩子的智力、心理与行为表现；② 通过接送孩子时与教师的交流；③ 到幼儿园考查与观摩教育活动。为便于家长们进行教师工作绩效评价，可尝试构建家长评价表（详见表 5-3）。

表 5-3　家长评价表

姓　名		所教班级	
评价项目	要　素	分　值	得　分
孩子的发展 （40%）	1. 身体发育		
	2. 心理发展		
	3. 智力发展		
	4. 个性成长		
	5. 良好行为习惯的养成		

续表

姓　名		所教班级	
评价项目	要　素	分　值	得　分
教师待人接物（30%）	1. 对孩子的关爱		
	2. 对工作的热爱程度		
	3. 与家长的沟通		
	4. 对家长的尊重情况		
	5. 做事是否客观公正		
教师教育活动（30%）	1. 教师的仪表、仪容及表达能力		
	2. 教育活动的组织与掌控		
	3. 师幼互动情况		
	4. 教师的专业理论知识		
	5. 教师的护理技能		

注：各幼儿园可以根据自身的需要设置各项分值的具体得分。

美国教育评价专家斯塔费尔比姆说过："评价最重要的意图不是为了证明，而是为了改进。"评价是所有成功教育、教学的基础。通过评价考核教师的工作质量是幼儿园必要的管理手段，也是教师职业发展保持活力的需要。

总之，幼儿园教师团队建设是幼儿园顺利进行教育教学的重要保障，坚定的团队精神和高水平的业务素质就是一个幼儿园的"核心竞争力"。幼儿园的整体发展在很大程度上就是团队的发展，而团队的发展靠的是人，这就要求幼儿园管理者必须一切围绕"人"做工作、一切围绕"人心"做工作，只有这样才能带出一支能战斗、能发展、能创新的教师队伍。为此，管理者必须充分重视教师团队建设与教师个人成长的协调进行，努力开创幼儿园教育发展的新局面，满足幼儿健康全面发展的需要。

第四节　行政后勤团队建设

在幼儿园管理中，无论是国家的法规政策规定，还是保教并重的性质特点，都决定了与幼儿的身心发展和健康相关的各项工作都是非常重要的。保育员、财务人员、保健医生、事务人员、档案人员、厨房人员乃至门卫等，都是幼儿园的重要工种，是幼儿园一切工作正常运转的重要保障。行政后勤队伍是幼儿园中不可忽视的一个群体，其个人素质和专业技能将会影响一所幼儿园保教质量的提升。

一、明确岗位职责和规范，掌握科学的工作流程

幼儿园的后勤队伍尤其是保育员队伍，多是非专业人员，其任职条件不高。《幼儿园管理条例》规定，保育员应当具有初中毕业程度，并受过幼儿保育职业培训。《幼儿园工作规程》也指出，幼儿园保育员除符合本规程第三十五条规定外，还应具备初中毕业以上学历，并受

过幼儿保育职业培训。因此，要建立和明确各岗位职责与基本规范，使他们明白应该怎么做，怎么做才算是合格，并将这些行为规范逐渐内化为自身的观念和行为。为科学掌握工作流程，各工作岗位可拟定“工作手册”，人手一份，组织学习和操练，让后勤人员明确自己的工作细则，帮助工作人员及时按照规范进行操作，养成工作习惯，提高工作效率。

二、树立正确的保教观念，加强岗位技能培训

（1）观念是行动的先导。《幼儿园教育指导纲要（试行）》中明确指出：幼儿园教育应保教并重，关注个别差异，促进每个幼儿富有个性的发展。简而言之，在幼儿园教育中，保育工作和教育工作是放在同等重要的位置。对于保育员来说，同样“处处是教育，时时是教育”，因此，需要做到：

“三位一体”——班级中两位教师和一位保育员是一个整体。

“三个明确”——明确班级教育目标，明确班级各项常规要求，明确幼儿各项行为的规范标准。

对幼儿有“三声”——见面有问候声，问话有应答声，进步有赞扬声。

行政后勤人员首先要树立正确的保教观念，抓住一日生活中的保育契机，真正做到“以保促教”和“保教结合”。

（2）加强行政后勤岗位技能培训。

定期组织业务学习。可通过相互交流、集体操作练习、现场观摩等多种方式，提高岗位技能。多鼓励后勤人员充分发挥主体作用，分享自己的经验。

“以老带新”的指导学习。幼儿园可以请经验丰富的后勤工作人员带新人，帮助他们熟悉各项工作的程序，边看边做，直到能够独立操作。这样的培训可减少新进人员的工作焦虑，给他们一个循序渐进的适应过程。

三、注重物质和精神激励，保持队伍数量相对稳定

行政后勤人员岗位多样，工作繁杂，人员编制身份种类多样，管理者应切实关心其生活，及时兑现合同约定的合理收入及福利待遇。同时，重视、理解他们的需要和想法，在管理上避免亲疏有别，平时和他们个别谈心，保证信息畅通，及时化解矛盾，使后勤队伍稳定团结。消除他们工作的被动心态，让他们获得安全感和归属感，更好地调动其工作的积极性和主动性。可举办后勤人员技能比赛，推选“后勤服务明星”“优秀保育员”等，大力宣传和表彰，激发后勤人员的工作热情。

保持行政后勤队伍数量稳定的关键在于幼儿园要高度重视后勤工作，规范班级人员配备及切实提高他们的福利待遇。

四、建立健全评价考核机制，规范管理工作

目前，不少幼儿园缺少对后勤人员工作的评价考核机制，他们仅凭借自身的生活习惯和

经验完成工作，严重影响了幼儿园行政后勤工作的质量。

在制定保育员工作要求及具体操作细则时，可以逐步细化。按照“保育工作目标”“日常保育工作要求与对策”“一日保育工作程序”“生活环节操作细则”“专项操作细则”进行细化，在此基础上，建立健全保育员工作评估指标体系，为保育员的等级评定以及工作质量监控提供有效依据（详见表 5-4）。

表 5-4　保育员工作评价表

保育员职责	评价要点	分　值	得　分
生活管理	妥善保管班上幼儿衣物及本班设备、用品		
	负责领取和保管本班所需物品		
	每天幼儿起床后整理清洁好睡房，周末整理好幼儿离园的衣服和背包		
	午睡和夜间睡眠时多加巡视，注意纠正幼儿的不良睡姿，及时接尿、抹汗和盖被		
医疗保健	经常观察幼儿的情绪、食欲、睡眠及大小便情况并做好记录，发现病情应及时报告医务人员		
	发现有传染病时要及时对玩具、被褥、用具进行消毒，对体弱幼儿要做特殊照顾		
	做好日常消毒工作		
	能处理几种幼儿常见的意外损伤及简单护理，能鉴别幼儿常见病（传染病）		
卫生保洁	做好卫生包干区的卫生工作和保洁工作，每天下班前必须清倒垃圾		
	定期换洗被褥、枕套、桌布、窗帘等物品		
	保持班内环境和设备的清洁、整齐，做好餐前、餐后的准备和收拾，负责指导幼儿值日生工作		
	指导幼儿洗脸、刷牙，帮助幼儿洗头、洗澡、剪指甲，负责幼儿的个人卫生		
安全管理	每天及时统计幼儿人数		
	下班前要关好门窗，切断电源，保证水电等处于安全状态		
	定期检测园内设施，定期维护		
	有一定的防火救急知识及相应的应对措施		
教学活动	关心幼儿，耐心、细心、热心地对待幼儿，配合正副班主任教师，全面、细致地照顾幼儿每日的生活，做好保健、教育工作		
	熟悉本班教育计划，做好活动前的准备和收拾工作		
	根据教育要求自制玩具并协助教师搞好环境布置		
	协助教师组织各项活动和游戏		
	教师因公外出时负责本班的代办工作		

注：各幼儿园可以根据自身的需要设置各项分值的具体得分。

后勤队伍是联系幼儿园与外界和家长的重要岗位。因此，要重视提高后勤队伍的素质，实现后勤管理科学化，加强后勤员工的素质培训，彻底消除“后勤事务无技术”的陈旧观念，增强后勤队伍的团队意识。

【练习题】

一、简答题

1. 幼儿园团队组建的基本要求是什么？
2. 园本研修常开展的活动有哪些？
3. 结合实习实际，填写《教师工作绩效自评表》，说说幼儿教师应具备哪些工作能力。
4. 保育员的工作职责有哪些？

二、学习和研讨幼儿园团队建设优秀案例

学习型教师团队的成才之路（节选）

首先，幼儿园建立起教师的共同发展目标。该幼儿园结合实际，制定了幼儿园的中长期发展规划，并要求每一位教师结合自己的实际情况，制定出个人的长期发展规划和短期发展目标，使教师的个人发展能够与幼儿园的长远发展有机结合起来。

其次，幼儿园设立了各种教研组和专题组。教研组和专题组可以成为教师学习理论与技能的课堂，帮助教师将所学知识运用与实践。例如，针对一些教师对“主体”“生成”“整合”等教育术语存在模糊认识的情况，教研组引导教师在实践中不断学习、思考和体验，然后帮助教师转变观念，不断创新活动设计与教学方法。

再次，幼儿园采用“以研促教”的方式推进教师团队的建设。该幼儿园启动了以“六个一”为主要目标的教科研工程，即“一种共识、一支队伍、一个方面、一批课题、一套管理方法、一系列措施”，并结合本园实际，加大力度开展不同形式、不同层次的教科研活动，鼓励教师大胆进行教学改革尝试。

最后，幼儿园积极开展园本课程建设。该幼儿园针对本园实际，出台了《园本教育课程审议制度》，撰写了《园本课程开发指南》等，并在组织与实施园本课程的基础上，对园本课程进行了卓有成效的实践研究，从而使得幼儿园教师专业化发展成为现实。

材料来源：官颖柔. 学习型教师队伍建设探析[J]. 教育导刊，2004（10）.

第六章　幼儿园文化建设

【学习目标】

1. 了解幼儿园文化建设的意义和作用。
2. 理解幼儿园精神文化、制度文化、物质文化的内涵。
3. 掌握幼儿园文化建设的方法。
4. 懂得如何进行物质环境的创设与利用。

【导　　语】

幼儿园文化是一所幼儿园行为规范的总和与共同的价值观念。幼儿园文化是一种“过去时”“现在时”和“将来时”的统一，过去以特有的方式存在于现在，并影响和制约着现在；而现在又必将影响着未来，传承与创新相辅相成。优秀的幼儿园因文化在历史的沉淀形成品牌，在社会的发展中获得生机。

第一节　幼儿园文化建设概述

一、文化

关于文化的研究，从古罗马思想家西塞罗开始，历经几百年，中外很多思想 家、哲学家，比如伏尔泰、康德、泰勒、克鲁伯、克拉克洪、克利福德·格尔茨、梁启超、梁溯溟、胡适、陈独秀等，都对文化的概念提出了各自的见解，都试图从各自学科的角度来界定文化的概念。然而，迄今为止，仍没有获得一个公认的、令人满意的定义。据统计，有关“文化”的各种不同的定义至少有二百多种。比较有代表性的观点有：“文化氛围说、意识形态说、精神总和说、文化要素复合说、文化指令说、启蒙说、精英说、活动说”等。英国人类学家的鼻祖 E. B.泰勒是现代第一个界定文化的学者。他于 1871 年出版了《原始文化》一书，他指出：“文化或文明是一个复杂的整体，它包括知识、信仰、艺术、伦理道德、法律、风俗和作为一个社会成员的人通过学习而获得的任何其他能力和习惯”。这个概念的界定具有很大的开放性和包容性，因此，也被广泛地使用。随着人类对人性的了解加深，人们逐渐意识到文化是人的属性的本质特征，人不仅是一种生物的存在，更是一种文化的存在。

二、幼儿园文化

幼儿园文化是社会文化的一种亚文化，是校园文化的纵向有机组成部分。它一方面从属于社会文化，受社会文化的约束；另一方面又影响着社会文化的发展，有一定的独特性和独立性。它既表现幼儿园发展的文化进步程度和现代化管理水平，也反映着幼儿园文化在社会主导文化系统中的地位和作用，对内集中体现为某种园所氛围，对外则向社会树起幼儿园的形象，并发挥着对社会文化的促进作用。

综合众多对幼儿园文化的解释，笔者认为，幼儿园文化是在社会文化的大背景取向下，幼儿园领导、教师、职工及幼儿在长期教育实践中所创造和享受的各种文化形态的总和。它是幼儿园所特有的，并为多数成员共同遵循的价值标准、基本信念和行为规范。可以说，幼儿园文化蕴含着幼儿园的办园宗旨、理念、社会责任、管理模式、园风园貌、行为习惯等，蕴涵着独特的凝聚力，是幼儿园可持续发展的巨大内驱力。

三、幼儿园文化的作用

幼儿园文化具有导向功能、约束功能、凝聚功能、激励功能、辐射功能等。

1. 导向功能

幼儿园文化的导向功能体现在其对幼儿园整体和幼儿园成员的价值取向及行为取向所起的引导作用，使之符合幼儿园所确定的目标。幼儿园文化的导向功能具体表现在两个方面，一是对幼儿园成员个体的思想行为起导向作用；二是对幼儿园整体的价值取向和行为起导向作用。幼儿园文化所建立起的自身系统的价值和规范标准引导员工的行为心理，使幼儿园的教师、保育员及其他员工在潜移默化中接受共同的价值观念，自觉自愿地把幼儿园目标作为自己追求的目标。通过管理构建起来的幼儿园文化，会体现出幼儿园核心的价值观，对幼儿园树立正确的办园宗旨、确定正确的办园目标具有指引作用，对教职工的各项工作具有导向作用。

2. 约束功能

幼儿园文化的约束功能是指幼儿园文化对每个组织成员的思想、心理和行为具有约束和规范的作用。这种约束来自幼儿园的文化氛围、团队行为准则和道德规范。团队意识、社会舆论、共同的习俗和风尚等精神文化内容，会造成强大的使个体行为从众化的团队心理压力和动力，使幼儿园成员产生共鸣，从而产生自我控制。当幼儿园文化上升到一定高度的时候，就会生成无形的约束力，使得员工自觉明白自己该做什么，不该做什么。

3. 凝聚功能

当一种价值观被幼儿园成员共同认可后，幼儿园文化成为幼儿园成员的黏合剂，从各个方面把不同岗位的成员团结在一起，从而产生巨大的向心力和凝聚力，产生深刻的认同感，使各岗位的成员乐于参与组织的事务，发挥各自的潜能，为组织目标做出贡献。如幼儿园文化中的道德规范、办园宗旨等是一种精神，一旦被认可就会形成凝聚力和整合力。

4. 激励功能

幼儿园文化具有使各岗位的成员从内心产生一种高昂情绪和奋发进取精神的效应。以人为中心的幼儿园文化可以满足各岗位成员对尊重等高层需求的追求，从而激发各岗位成员从内心深处自觉产生为实现幼儿园目标拼搏的精神。同时，幼儿园文化通过软约束调整自身成员的不合理需要，形成积极向上的整体力量，使员工自我激励，产生持久的驱动力，形成集体荣誉感，自觉、主动为幼儿园的发展而奋斗。

5. 辐射功能

良好的园所文化不仅对内部成员产生影响，而且通过幼儿、家长、幼教管理者等各种渠道向社会辐射和传播。一方面，可以树立幼儿园在公众中的良好形象，打造幼儿园的品牌，促进幼儿园的良性发展；另一方面，优秀的幼儿园文化也可以在一定程度上推动社会文化的良性发展，起到以点带面的辐射作用，提升品牌价值。

四、幼儿园文化建设的原则

幼儿园的文化建设应该遵循长远规划，分步实施，重点突破，全面提升的原则，要有计划、有步骤、有重点地去进行建设，要体现出教育性、审美性、实用性和时代性。以精神文化建设为核心，以物质文化建设为基础，以制度文化建设为保证，以行为文化建设为载体，使精神文化提升，物质文化精细，制度文化有特色，行为文化出成果，全面优化育人环境，促进幼儿园、教师和幼儿的和谐发展。

1. 导向性原则

幼儿园的文化建设必须坚持正确的导向性，要能够体现出社会主义国家对于幼儿教育的基本要求，体现出社会时代发展对于幼儿教育的基本要求，弘扬中国优秀的传统文化，因地因时制宜，用积极健康的文化氛围引领全体教职员工和幼儿的和谐发展。

2. 系统性原则

幼儿园的文化建设切忌单打一，只关注局部文化建设，忽视整体文化建设。要用系统性思维来指导幼儿园的文化建设，充分发挥物质文化建设、制度文化建设、行为文化建设和精神文化建设的功能，善于整合，形成文化建设合力，推动幼儿园的良性发展。

3. 独特性原则

幼儿园的文化建设要有“特色”和“精品”意识，不要千园一面，不要相互照搬，要具有自己独特的特色，能够彰显出与众不同的文化特质，因为文化建设是在各自相对独立的发展背景下进行的，要因地制宜，因时制宜，坚持自己的独特性。

4. 长期性原则

幼儿园的文化建设不是一朝一夕就能完成的，它有一个长期的、渐进的过程，是随着社会文化、经济文化的发展而不断发展和丰富的，因此具有长期性，是一项潜移默化、持之以恒的工作，需要长时间坚持不懈的努力传承、完善和革新。

5. 创新性原则

创新是幼儿园文化得以永续发展的内在要求和不竭动力。虽然幼儿园文化具有一定的稳定性，但同时也应有与时俱进的发展性。在保持幼儿园文化的本质与精髓相对稳定的情况下，还要随着科技的发展不断创新它的表现形式，吸纳新的文化要素和内涵，以巩固和发展幼儿园的文化，保障幼儿园文化保有新的生命力。

五、幼儿园文化建设的方法

1. 建立共同愿景

共同愿景是指被所有组织成员认可或接受的愿望，即共同的目标、共同的行为准则、共同的价值观，是组织中个人愿景的交集。彼得·圣吉在《第五项修炼》中指出："在组织中能鼓舞人心的领导理念，就是能够凝聚组织、激发组织成员创造力的共同愿景，一个缺少共有的目标、价值观与使命感的组织，很难成大器。"可见共同愿景对一个组织发展的重要作用。幼儿园共同愿景的设计虽然是由处于幼儿园核心地位的园长牵头倡导和执行，但共同愿景绝不是园长的个人愿景，而应是全体教职工共同认可的，通过大家群策群力能够实现和达到的愿景。比如拟定"幼儿园办园方向""幼儿园发展规划"等，要充分发扬民主作风，与教职工共同研究制定，同时要向教职工进行宣传和解读，让教职工知道如何更好地在具体行动中实施。并且，要确立衡量的标准，使"共同愿景"物化或行为化，让教职工明确内容和要求，落实到工作中。

2. 建立 CI 形象识别系统

利用幼儿园 CI 形象识别系统，进一步创建单位的文化统一形象。CI，是品牌的标志。品牌，不只是商标或者名称，它更是一种信念、一项承诺，也是幼儿园令人满意的品质带给人的综合体验，更是连接家园之间的情感纽带。

3. 精心设计幼儿园环境

幼儿园环境文化能为人们的感官所直接触及，这些直观的环境文化包含了设计者、建设者和使用者的价值观、审美观。良好的、丰富的园所环境，一方面可起到美化环境、装饰园所的作用，另一方面又能以其独特的物质文化形态影响幼儿，起到陶冶情操、净化心灵的作用。走进一家幼儿园，丰富多彩的园所环境会使未入园的幼儿充满期待，会使初入园的幼儿流连忘返，也会使在园的幼儿获得教育。幼儿园环境创设的主要方法是装饰，将空间环境与幼儿组成非语言的信息交流，对幼儿的心理产生潜移默化的影响。幼儿园装饰既以明显而富有变化的特点构成幼儿生活和活动氛围，同时又是幼儿认识、操作的对象，对幼儿的身心都会产生直接或间接的影响。它的表现有：壁画、装饰品、平面的、立体的、有贴在墙上的、有吊在空中的，充满"童心""童真""童趣"。

总之，环境建设是幼儿园文化建设的重要元素，"以幼儿为本"的幼儿园环境建设是幼儿园文化建设落地的重要形式，是幼儿园真正成为幼儿成长的精神摇篮，其建设要遵循儿童身心发展规律，注重儿童的年龄特点，注重营造"童趣、艺术、自然、丰富、安全"的幼儿园文化的特点和氛围。

4. 讲好本园的故事

坚持以人为本的幼儿园文化建设理念。文化建设的核心在于以人为本，在于推动人更好地发展，要注重幼儿园故事的传承和积淀，通过挖掘、发现和积累幼儿园内一些优秀的人物和事迹，典型引路，来凸显和宣扬幼儿园所特有的观念文化和办园理念。在充分民主和面向全体的前提下，让文化建设推动人积极、健康、和谐地发展，推动园所积极、健康、和谐地发展。

5. 开展教职工文化活动

幼儿园可以根据实际情况，组织丰富多彩的文化活动，这些活动对幼儿园文化的宣传、体验、传递、形成有着很重要的作用。

（1）举办丰富多彩的团队活动，促进教职工间的相互了解和互动交流。比如，为放松身心、缓解压力，幼儿园可定期组织外出旅游活动；为提高团队合作能力，幼儿园可开展“趣味教职工运动会”“辩论赛”等；为提升教师教育思想、更新观念，幼儿园可开展“读书沙龙”活动等。

（2）搭建教职工展示自我的舞台，有效调动教职工的特长潜能。开辟如“教职工书画之窗”“教师讲堂”“幼儿园园刊”等专栏，举办各种技能竞赛等等，满足教职工自我实现的需要，找到情感支持，从而满怀希望地投入到工作中去。

（3）关注教职工心理健康，定期开展各类讲座、培训与咨询。如幼儿园教师多为女性，女性要时刻面对工作、生活、婚恋、家庭等各种压力及情绪的困扰，幼儿园可举行各种形式的讲座和培训，开展心理健康咨询活动，关注教职工的心理健康，加强其职业幸福感。

（4）畅通沟通渠道。幼儿园可创设一个舒适、温馨、宜人的环境。鼓励教职工以 QQ 群、微信、邮件、书信等形式倾诉、宣泄情绪，开展“园长接待日”等活动创造更多机会去沟通交流。

6. 构建激励机制

在幼儿园文化建设中，有效的激励机制具有持续而稳定的文化导向作用。因此，幼儿园应建立科学的评价和激励机制，对有突出贡献的教职工给予奖励，满足教职工的成就感和荣誉感。尤其要注重精神奖励，形成凝聚人心的组织精神。

第二节　幼儿园精神文化建设

幼儿园精神文化建设是幼儿园文化建设的核心，是幼儿园文化的最高层次，是幼儿园的灵魂。它是幼儿园师生精神面貌、工作态度、价值观、人生观的集中表现；是幼儿园师生团队精神、创新精神、合作意识和核心价值观的集中表现；是师生共同的价值取向、完成工作学习目标、日常行为方式的集中表现。因此，建设具有时代特征的幼儿园精神文化非常重要。

一、建设良好的园训、园风

园训、园风是一所幼儿园的办园理念、团队精神、办园特色，它具有一定的规范性、导向性和号召力，是一所幼儿园精神的具体体现。

园训、园风像一只无形的手，引领着每一个成员前进。幼儿园应认真总结本园优良传统，紧密结合时代精神，提炼园训、园风等一系列办园主体精神，用先进的文化感染人，用明晰的观念引导人，形成幼儿园独特的精神文化。

如广西示范园贵港市普罗旺斯幼儿园在创建省级示范类幼儿园时首先就是从园训、园风着手，确立了“诚信、友善、睿智、感恩”的园训；确立了“团结、奉献、求真、务实”的园风；确立了以“平等、支持、耐心、善思”的教风；确立了“乐学 、探究、分享、创新”的学风。为了把园训、园风的精神传递给师生，在幼儿园醒目的地方写成固定标语，在每个教室里也悬挂了写有园训、园风的牌匾，时刻提醒师生阅读、记忆和理解，并把园训、园风写进了幼儿园的办园章程。通过这样的做法，化“无形”为“有形”，让幼儿园精神逐渐渗透到师生的内心。良好的园训、园风，具有很强的凝聚力和感染力，具有春雨润物细无声的作用，这种作用会让师生在不自觉中，心灵得到净化，情操得到陶冶，行为得到改进，习惯得到优化。园训、园风蕴含的良好精神文化，通过师生的认同来促进团结，建立起理解、尊重、信任、和谐的群体关系，形成强烈的集体凝聚力和荣誉感，从而打造出一个和谐进步、团结协作的团队。

二、重视核心内容师德的建设

幼儿园文化建设要重视师德建设。师德是精神文化中的核心要素，教师队伍崇高的道德修养能提升幼儿园的整体文化品位。教师队伍是幼儿园文化建设成效的体现者，它直接表现在教师在履职过程中以什么样的思想、感情、态度和作风去待人接物，处理问题、做好工作。教师道德素质不仅决定了教师业务素质的发挥与发展，还决定了幼儿园文化建设的品质。所以教师职业道德建设是幼儿园文化建设的基础，也是幼儿园文化建设中最重要和最核心的内容。幼儿园领导要重视将师德教育落实在日常的每一项工作之中，每个岗位之中，每个人的心中，不断探索适应新时期师德建设的新内容、新方式、新手段，不断向教师传递积极的思想和向上的精神，让教师主动融入幼儿园的文化建设之中，实现自觉的道德升华。

如何让师德落地生根？如何铸就教师“勤奋、奉献、敬业、团结、创新”的精神文化？要依靠幼儿园领导长期不断的教育引导来形成。如在幼儿园开展社会公德、职业道德、家庭美德、诚实守信、感恩社会的教育活动；开展教学一线争先锋、班级管理争能手、帮教学生争典型、为人师表争模范、依法执教争一流，促使幼儿园管理上档次、保教质量上台阶、德育工作上水平、法治教育上层次，办人民满意的教育的“五争四上一满意”教育活动；开展“比学习、比纪律、比作风、比师德、比廉洁、比教学”，师德师风优、纪律作风优、廉洁育人优、教学质量优，办人民满意的幼儿园的“六比四优一满意”教育活动；开展立师德、铸师魂、强师能、正师风，政治素质好、教学技能好、师德修养好、做人民满意的教师的“四师三好一满意”的教育活动。通过以上丰富多彩的主题教育活动，努力创设敬岗爱园、乐教善学、德艺双馨的人文氛围，进而引导和帮助教师进行自我教育、自我发展和自我激励，提升教师工作的精神动力，提升幼儿园的精神文化品质。

三、重视中华优秀文化的传承

2017 年初，中共中央办公厅、国务院办公厅印发了《关于实施中华优秀传统文化传承发展工程的意见》(以下简称《意见》),这是第一次以中央文件形式专题阐述中华优秀传统文化传承发展工作。其中,“将优秀传统文化教育贯穿于国民教育始终”被作为工程的一项重要任务提出。幼儿园精神文化的建设应该落实《意见》的精神,在文化建设中融入中华优秀文化的教育,培育幼儿的价值观。因为幼儿的价值取向代表着国家的未来。从小打下深厚的中华文化根底,关系到文化自觉和文化自信的形成,关系到国家文化现代化建设目标的实现和中华文化对世界文明的贡献。

如在幼儿园精神文化建设中融入国学经典的内容。中华民族五千年的文明史,给我们留下了博大精深的中华文化,这些优秀的中华文化记载着中华民族的历史和文化传统,蕴含着中华民族的精神和品质,是引导师生如何做人的典范。如何把经典中有关中华民族自强不息的伟大精神,中华民族仁爱、诚信、朴实、勤俭、互助互爱等优良品行传承发扬,是幼儿园文化建设不可或缺的主要内容。幼儿园可以根据幼儿的身心特点开展中华优秀传统文化的教育。如把国学经典的诵读配上音乐,并编上动作形成国学韵律操,每天课间做国学韵律操;再如每天早晨小朋友到园晨检完后,跟着电视屏幕的动画诵读《三字经》《弟子规》。特别是播放《弟子规》的释义动画,使他们感受到中华民族是礼仪之邦。通过这些活动使小朋友在耳濡目染中学会如何对待父母和长辈、如何对待兄弟姐妹、如何和小朋友相处。通过这些经典诵读活动使小朋友受到经典文化的熏陶,让幼儿与经典为伴,和圣贤同行,可以教给他们做事的方法、做人的道理。

四、培育和践行社会主义核心价值观

党的十八大提出,倡导富强、民主、文明、和谐,倡导自由、平等、公正、法治,倡导爱国、敬业、诚信、友善,积极培育和践行社会主义核心价值观。这 24 个字是社会主义核心价值观,是社会主义核心价值体系的内核,是社会主义核心价值体系的高度凝练和集中表达。从提升民族和人民的精神境界看,核心价值观是精神支柱,是行动向导,对丰富人们的精神世界和建设民族精神家园,具有决定性作用。

《关于培育和践行社会主义核心价值观的意见》中明确要求“培育和践行社会主义核心价值观要从小抓起、从学校抓起”“推动社会主义核心价值观进教材、进课堂、进学生头脑”。鉴于此,幼儿园精神文化建设必须以社会主义核心价值观为核心,利用橱窗、板报、广播、网络的文化设施,营造核心价值观的教育氛围,以专题讲座、专题报告会、演讲等形式深刻领会其含义,并在工作中实践和行动。

幼儿园精神文化看起来是无形的,但在校园里它无处不在,无时不在。它活跃在课堂的教学中,洋溢在校园活动中,它表现在师生的言谈举止中,建设好精神文化将对幼儿园的发展起到不可替代的作用。

五、宣扬优秀的民俗文化

我国地大物博,民族众多,地方特色浓厚,形成了很多独具特色的优秀的民俗文化。民俗文化往往深深扎根在肥沃的生活土壤里,焕发着浓郁的乡土气息和强烈的创造精神,其新颖、独特、缤纷多彩的表现形式特别容易引起幼儿的好奇、兴趣和心灵的共鸣,所以能够很好地促进幼儿健康和谐、富有个性的发展，同时培养幼儿强烈的民族精神。所以处在不同地域的幼儿园，可以利用本地优秀的民俗文化补充幼儿园文化建设的内容，以地方民俗文化为载体，进行“文化之根”的教育，着力培养既根植于本民族文化又具有国际视野的现代文化新人。

第三节 幼儿园制度文化建设

幼儿园制度文化是幼儿园文化的重要组成部分。通过规章制度，为幼儿园的全体人员提供幼儿园文化理念和具体的行为准则，指导着员工在幼儿园文化的框架内有序地工作、学习、生活。制度是国家法律、法令、政策的具体化，也是幼儿园文化精神和核心价值观的载体和具体化，包括幼儿园特有的规章制度、管理条例以及各种社团和组织机构及其职责范围等，可以使所有人员的工作有章可循、有据可依、各负其责、各司其职，是文化建设中执行力的体现，对保障幼儿园工作科学有序地开展具有重要的意义。

一、规章制度

规章制度是指社会组织以条文的形式确定的，用于规范组织的各项工作及组织成员行为的各种规则、章程和制度的总称。制度是组织的基本活动准则，是任何一个组织正常运转的保证。

人是一个自然的实体，具有自然属性；同时又是一个社会实体，具有社会属性。在社会中，任何个人、组织、社团、政府无不在制度体系中存在着，没有规矩不成方圆，这是不以人的意志为转移的客观规律。

幼儿园虽然不大，但麻雀虽小，五脏俱全，工作繁杂，如果没有制度规章的约束，各自为政，各行其是，将会混乱无序。规章制度是幼儿园的“法”，是将对各项工作和各类人员的要求系统化、条理化，并规定为必须遵守的具体条文。

二、幼儿园规章制度的内容

幼儿园规章制度从层次上分，一般包括两个层次，一是由国家立法机关和各级教育行政部门统一规定的规章制度，如《中华人民共和国教育法》《幼儿园教育指导纲要（试行）》《幼儿园工作规程》《幼儿园管理条例》等，这是国家和各级政府宏观管理各级各类学前教育机构的法令、法规，是学前教育机构必须贯彻执行的。二是幼儿园依据国家法律和教育行政机关规定的法规自行制订的规章制度。幼儿园规章制度的类型主要有：岗位责任制、全园性的规章制度和部门性的规章制度及考核与奖励制度。

1. 岗位责任制

岗位责任制是明确规定各种工作岗位的职能及其责任并予以严格执行的管理制度。它要求明确各种岗位的工作内容、数量和质量、应承担的责任等，以保证各项业务活动能有秩序地进行，能使全体组织成员在其位、行其事、尽其责。

岗位责任制是幼儿园各项规章制度的核心，是其他制度贯彻执行的保证，是实行科学管理的重要措施，制定岗位责任制，使人人有专责、事事有人管、办事有标准，形成人人尽责的良好风气。

制定幼儿园岗位责任制要按照国家和教育行政部门所规定的统一要求，要根据幼儿园的性质、规模以及人员编制等具体情况和实际需要来制定。

以下为广西贵港市普罗旺斯幼儿园部分人员岗位职责的实例，可供借鉴参考。

业务副园长岗位职责

1. 在园长领导下，协助园长做好全园工作。

2. 根据国家规定的幼儿园教育纲要，制定教育工作计划并组织实施。

3. 对教师进行指导、检查、评估、考核并调配安排他们的工作。

4. 定期深入各班，开展活动，看教学计划，有计划地指导、培养教师提高业务水平，抓好全园的业务管理、业务资料积累并归档等行政事务工作。

5. 组织全园教师业务学习，全面负责教科研工作，不断提高教科研质量和教师的理论水平和实践能力。

6. 指导教师认真开展家庭与社区工作，有计划地开展“家长开放日”活动，提高家长的育儿水平和合作意识。

7. 审查指导教师制定学期教育工作计划、月计划、周日计划、教育笔记及个案纪录，并进行批注和评价。

8. 指导各班做好保育、教育和安全工作，促进幼儿身心和谐发展。深入班级跟踪教师半日活动，了解教师的教态、教法、教育内容及教育水平、能力，并及时给予评价。

9. 认真组织各项对外开放活动，组织本园教师及幼儿参加市区的各种比赛，为幼儿园争得荣誉。

10. 努力学习业务知识，及时了解吸收幼教信息、经验，推动促进幼儿园各项工作的开展。

11. 定期检查大型玩具及电器，保证安全。

12. 协助园长完成其他应急性工作。

分管后勤副园长岗位职责

1. 在园长领导下，协助园长做好全园工作，和分管教学副园长做到既分工又合作。

2. 负责全园的后勤日常管理工作，制定并落实后勤工作计划并进行总结。负责研究后勤人员的工作质量考核的标准、内容及考核办法并检查执行。负责全体员工及幼儿的出勤统计、劳动纪律检查。

3. 及时为各项工作的开展提供物质保证，检查仓库保管员的工作，使其物品进出有登记，账目清楚、账物相符，督促其定期整理仓库。

4. 负责检查监督幼儿伙食工作，负责召开伙委会，定期研究幼儿食谱，做到精打细算，营养搭配合理，盈亏达到规定标准。

5. 定期检查与指导保健员的工作，保证各项卫生保健制度的落实。

6. 勤俭办园，及时发现园舍需要维修的地方，联系物业进行维修，确保卫生安全。

7. 负责全园的安全保卫工作，定期检查大型玩具及电器等，定期检查门卫的工作情况，组织好防火、防水、防暑降温、防寒保暖及除害工作，指导勤杂人员的各项工作。

8. 负责后勤人员的业务学习，做好后勤人员的思想工作，牢固树立后勤为保教工作服务的思想，关心职工生活，搞好职工福利。

9. 定期检查大型玩具及电器，保证安全。

10. 协助园长完成其他应急性工作。

班主任岗位职责

1. 负责本班的全面工作，以身作则，严格遵守各项规章制度，能够团结全班同志，落实幼儿园保教工作目标。

2. 结合园所工作目标，根据本班工作实际，制定班级学期工作计划和总结，确定幼儿一日常规的要求，并组织班级人员共同配合完成计划。

3. 及时向园长汇报本班的工作情况，及时传达和贯彻幼儿园的决定，研究改进本班工作。

4. 组织好班级教科研工作和幼儿一日活动，及时对孩子进行各项发展评估，不断提高教学质量，促进幼儿全面发展。

5. 组织布置教室环境，制作教学玩具，开展节日庆祝活动等。

6. 负责通过各种途径和方式开展本班家长工作，善于向家长进行宣传。

7. 管理好班级各种物品，及时进行安全检查和教育，为幼儿提供安全舒适的生活环境，防止意外事故的发生。

8. 协助园长做本班人员的思想工作，关心帮助同志，团结协作、和睦相处。

2. 全园性的规章制度

根据总体目标，幼儿园要制定出指导全园教职员工集体活动的规章制度，使全园有统一的指挥、统一的规范。比如：全园教职员工的出勤考核制度、定期的政治理论业务学习制度、交接班制度、值班制度、家园联系制度、儿童入园制度等。

3. 部门性规章制度

为了明确各部门工作任务和职责，加强对幼儿园的科学管理，要建立健全各部门的规章制度。比如：行政管理制度（园务会、班长会、组长会、家长委员会、伙委会、班务会、教代会、全园会等制度）、健康保健管理制度（生活作息、健康检查、体格锻炼、卫生防疫、食堂卫生等制度）、保教工作制度（备课、计划、总结、教研活动等制度）、总务管理制度（财务管理、财产管理、档案资料管理等）等。

4. 考核与奖励制度

为了更好地保证各项规章制度的贯彻执行，使各项规章制度不流于形式，幼儿园要对各类人员执行规章制度的情况给予及时检查，适当奖惩。惩罚不是目的，而是通过惩罚达到激励的作用，调动全体人员的积极性。幼儿园管理者要根据实际情况，制定切实可行的考核和奖惩制度，将工作情况与奖惩结合起来，保证各项规章制度的贯彻执行，促进幼儿园工作质量的不断提高。

三、制定幼儿园规章制度的原则

规章制度的制定是一项十分严谨又严肃的工作，所以在制定的过程中要遵循以下几个方面的原则。

1. 政策性和科学性原则

幼儿园的规章制度首先要符合国家、地方政府的相关法律法规，不能与国家的法律法规相矛盾。所以，制定和实施幼儿园规章制度是一项政策性很强的工作，要体现党和国家的教育方针和政策，要增强法制意识，实行依法治园。同时，幼儿园规章制度还要体现科学性。各项规章制度既要合乎教师的劳动特点，符合幼儿身心发展规律，还应符合教育与管理的客观规律。要形成一个科学完整的制度体系，各项规章制度应相互照应、目标一致，相互补充、相得益彰，不出现互相矛盾的现象。

2. 民主性和教育性原则

民主性原则要求幼儿园规章制度的制定程序和具体内容要体现民主性。制度的制定要走群众路线，让教职工参与民主讨论，在集中正确意见、统一认识的基础上形成幼儿园的规章制度。这样，一方面可以使制度更切合实际，符合广大教职工的共同意愿；另一方面通过制定过程，激发群众的积极性和参与热情，明确制度制定的目的，了解制度规定的内容，从而提高制度执行的自觉性。另外，制定的规章制度要体现出教育性，要有利于教职工基本素质和专业水平的提高，有利于幼儿健康快乐地成长。

3. 适应性和稳定性原则

制定幼儿园的各项规章制度一定要注意适应性，要符合幼儿园的办园性质、办学规模、人员配置、目标要求、设施环境、办园特色等具体要求。对其他幼儿园使用的规章制度可以借鉴并加以利用，但不能照搬照抄，而应该考虑到园所的特殊性和具体情况，酌情进行修订。规章制度只有具备了适应性才有可能切实落实，才能发挥规范的作用。规章制度需要不断地完善，但必须保持相对的稳定。只有通过长期的贯彻落实，才能从最初的被动遵守逐步内化为自觉自愿的服从，形成自觉的行为习惯。幼儿园规章制度如果经常朝令夕改，必然使教职工无所适从，失去制度的严肃性和约束性。如果规章制度确实已经不契合当前的工作要求，有必要改革，园长要及时组织讨论修订和宣传教育，加强制度的适应性和有效性。

4. 简明性和可操作性原则

各项规章制度条文要简明具体，避免过于烦琐，缺少实质性的内容，避免模棱两可的内容。要有明确的业务规范要求、工作程序和基本方法，对各岗位工作人员具有指导价值，便于实际操作。

四、执行幼儿园规章制度的基本要求

要充分发挥规章制度作为管理手段的作用，关键在于制度的贯彻执行。领导者和管理者应当做好以下几个方面的工作。

1. 宣传教育，反复训练

规章制度的贯彻执行，不能仅仅依靠行政命令，必须在提高认识的基础上，强调自觉精神，因此，必须注重宣传教育。通过宣读、讲解、讨论等多种形式，反复学习各项制度，理解和把握制度的目的和意义、基本内容和基本要求，使得每位教职工都能够了解、认同，进而达成共识。对于操作性、技能性强的制度还要进行反复训练，培养教职工执行制度的能力。规章制度的宣传教育要持之以恒，经常进行，这样才能增强教职工的是非观念，提高自我调控能力，养成遵纪守法、照章办事的习惯。

2. 提高规章制度的执行力

领导者和管理者的制度执行力直接影响幼儿园各项规章制度作用的发挥。

提高规章制度的执行力需要从以下几方面入手：

第一，熟练掌握幼儿园规章制度。领导者和管理者要率先深刻理解和把握幼儿园规章制度的目的、意义、内容条款和具体要求，了解制度间的相互关系，整体把握幼儿园的规章制度体系。

第二，带头遵守幼儿园规章制度。幼儿园领导者必须以身作则，带头严格执行。

第三，严格执行幼儿园规章制度。坚持制度面前人人平等的原则，维护和保障制度的严肃性。

第四，坚持民主性和群众性原则。规章制度执行过程中应当充分重视和尊重教职工的主动性和积极性，提高执行规章制度的自觉性。

第五，把握好规章制度的灵活性。明确各项规章制度的意义和作用，在坚持基本原则的基础上，处理好规章制度的严肃性和灵活性之间的关系，避免过分机械地执行规章制度。

3. 建立健全监督指导和评价奖惩机制

幼儿园规章制度的执行需要建立健全监督指导、评价奖惩机制。现实中不是所有的人都可以有效地进行自主管理，这就需要监督和指导。必要的监督和指导对教职工遵守幼儿园规章制度会起到帮助的作用，尤其是在幼儿园遵章守纪的良好风气没有形成之前，各项规章制度只有在严格和坚决的监督下，才能切实发挥管理手段的作用，在全园建立起良好的工作秩序，保证各项工作顺利进行。同时，要建立科学合理的评价奖惩机制，通过评价及时发现问题，将评价结果与奖惩适当挂钩，奖罚分明。

4. 创建遵规守纪文化

遵规守纪文化的形成是幼儿园制度建设的最高境界。所谓遵规守纪文化即自觉遵守组织纪律和规章制度的精神风尚。幼儿园管理中，应注意表彰那些长期自觉遵守规章制度的教职工，树立先进典型，对违纪人员要照章及时处理，并提出改进要求。以此在幼儿园形成一定的集体舆论，有助于提高教职工的认识水平和维护制度规范的责任感，相互督促、共同遵守，使遵规守纪的观念逐步深入人心。在规章制度的贯彻执行过程中，应有意识地引导教职工，将外部的规范内化为行为主体共同的觉悟意识，从而强化责任感，培养良好的工作作风，并在全园形成遵规守纪的良好园风。

第四节　幼儿园物质文化建设

物质文化是幼儿园文化建设的重要内容。幼儿园将自己的文化理念通过环境装饰、房屋建设、设备配置、师生服装、园徽园标、信纸信封等物化的形式表现出来，是幼儿园文化的有形部分。它们凝聚着幼儿园文化的观念、需求和能力，让人们能够从视觉、听觉等感官，直接感受到幼儿园的文化品位和内涵。所以从某种角度说，物质文化建设是幼儿园文化的形象工程。

一、物质文化建设的基本原则

1. 物质文化呈现要一体化

物质文化是幼儿园的全部可见事物所传递的视觉信息的一体化。它主要包括基本要素和应用要素两大部分。基本要素包括幼儿园的名称、品牌标示、品牌标准字体、幼儿园标准色、象征图案、宣传口号、专用歌曲等。应用要素则是基本要素的具体应用，包括产品包装、办公用品（如名片、信封、信纸等）、室内环境、陈列展示、建筑物、交通工具、员工制服、报刊、旗帜等，以统一的视觉传达符号出现在幼儿园的各种传播媒体上，保持幼儿园形象的统一性。不论是在大街上、公园里，还是在电视、报刊上，它们总是以统一的形象出现，使人一看到那熟悉的色彩、字体和图案，就联想起这所幼儿园的优秀品质、良好形象，有利于提高一所幼儿园的知名度和美誉度，从而达到整体传播的效果，增强信息传播的频率和强度。如：园徽不仅应用在幼儿园大门上，还要运用在信封、宣传册、幼儿园 PPT 的底版、幼儿园一切可用的文本和物体上，甚至于幼儿园厕所提示语的底版上都应该将幼儿园的园徽嵌入。

2. 物质文化设计要个性化

物质文化不仅要能够鲜明地反映出本园观念、文化、课程等精神层面的内涵和特点，还要让大众能够很快地识别和记住。要根据本园的理念和文化，确定自己的可视化形象，要突出本园的个性化特点。首先要在幼儿园内部充分讨论，提出符合本园理念的形象雏形，再请专业团队来帮助设计。这样，可以挖掘出本园文化理念的实质，并赋予准确、鲜明、独特的设计形象，做到内容与形式的完美统一。幼儿园文化的形象载体主要有园徽、园歌和园训等。

（1）园徽。园徽是一所幼儿园的重要标志。园徽的设计非常重要，主要包括三个方面：

第一，字体标志。字体标志是指以特定的、明确的字体造型，或字体所衍生出来的图案来标志幼儿园的精神理念或象征幼儿园的文化内容。

第二，图形标志。简洁的图形、抽象化的图案，已成为幼儿园园徽设计的趋势之一。

第三，代表色。幼儿园把某一特定的色彩或一组色彩系列作为本园的代表色，统一运用在所有传达信息的媒介上，通过色彩的知觉刺激心理反应，来表现幼儿园的精神理念。

（2）园歌。幼儿园将自己的理念谱写成园歌，让员工在每天的固定时间以及幼儿园举行重要活动时演唱，用艺术的形式将幼儿园的文化理念、良好形象、办园品质，向员工和社会传播。

（3）园训。有些幼儿园将自己的理念高度概括和提炼成一句训词予以公布。园训应简洁、精确、富有哲理。可将园训及其解读印制成册发给每位员工，并张贴在教师办公室、园长办公室及会议室等场所。

3. 物质文化系统要稳定化

幼儿园的物质文化系统一旦确定就要在一段时间内保持稳定。园徽、园歌和园训等要一代代传承。要让新员工认识并理解它们的寓意。它们应成为幼儿园节庆活动、纪念活动、典礼仪式和其他活动中重要的、常态性的标志物，要让全体幼儿、全体员工、家长及社会人员看到、听到、理解、赞同它们。

唱园歌应当成为幼儿园所有重要仪式、活动中一个必不可少的内容。每位新员工一进园就要学会唱园歌，要将园歌列入幼儿园的课程让幼儿学习演唱。其他活动，如家长会、“六一”庆祝活动、大班毕业会、升旗活动等都要演唱园歌，让幼儿牢记核心理念。

二、物质文化环境的创设与利用

幼儿园的环境是物质文化建设的重要载体，是育人的“土壤”。苏霍姆林斯基说过：“我们的教育应当使每一堵墙都说话。”幼儿园应充分开发园本资源，在净化、美化、绿化和儿童化的基础上，努力营造整体化、生活化、人性化、开放化、多样化、现代化的幼儿园文化氛围。充满童趣的幼儿园环境就像一部立体的、多彩的、富有吸引力的教科书，它有利于陶冶幼儿的情操、美化幼儿的心灵、激发幼儿的灵感、启迪幼儿的智慧、提高的幼儿素质。因此，幼儿园物质环境的创设应是来源于幼儿发展的需要，服务于幼儿发展的过程，其成效应反映在促进幼儿发展的结果上。

1. 幼儿园室内物质环境的创设与利用

（1）室内活动空间的合理规划。有条件的幼儿园可以把空间进行小型分隔。可根据各种活动的不同性质和功能进行区城划分，活动室需要有便于幼儿移动、建造、分类、创造、摊放物品、制作、实验、装扮、与其他幼儿一起活动、存放物品、展现作品以及便于个别幼儿、小组和集体活动的空间。无条件的幼儿园可以创设条件——改造睡眠室为区域活动室，原活动室与可移动的睡眠室合二为一；利用走廊开设种植区域、动物养殖区域；将区域活动集中设置或分散设置，资源共享。

（2）室内其他空间的创设与利用。墙面：应创造富有童趣，鲜艳明快的色彩墙面，最好有可操作空间，给幼儿以亲切、喜悦、参与的感觉。所有的东西是根据幼儿的身高来设计的，这样便于幼儿观察和选择。一米以下，以幼儿装饰为主；一米以上，师幼共同完成。尽可能使用可变性强的软墙，可以随时对布置在软墙上的材料进行拆除、移动、更换等。楼梯：要充分合理利用楼梯的墙面和地面，如贴上靠右行走的规则脚印和用于幼儿作品展览等，同时要保证楼梯的安全扶手及防滑的表面便于清洁。天花板：可设置便于悬挂玩具的移动装置。

走廊：走廊的光线充足，可适当种植植物和摆放盆盆罐罐，并安放在便于被观察的位置。

2. 幼儿园室外物质环境的创设和利用

幼儿园室外物质环境的创设主要体现在要合理安排空闲角落与场地，充分利用园内自然物。场地设置要富有变化，有平地、缓坡、土坑、阶梯、木屋、帐篷、迷宫、树丛等，幼儿在这样的场地上游戏，将获得自然而均衡的发展。另外，还可以提供轮胎、木桩、板条、水管等各种废旧材料和自然物，供幼儿创造组合，以引发幼儿丰富的想象和多元化经验，满足他们身心健康、认知建构、交往合作等方面的需要。

（1）地质地貌多样化。幼儿喜欢运用沙、水泥制品、鹅卵石和原木来建造雕塑、土丘、隧道、斜坡等，因此，户外的地质要包括沙地、水泥池、石地、塑料池和草地五类。地面要富于变化：有高有低，有凸有凹，有平面平地，有斜面，有阶梯。

（2）场地划分区域化。基本分为器械区、游戏区、沙水石区、休闲区、动物区、植物区、生活学习区和科学观察区。

（3）设备器械多功能化。如在玩沙区接入水管，玩沙玩水相结合；在沙坑区，两根绳挂起一块板就是浪船，沙坑又是安全软地面。

（4）场地设置游戏化。场地上可以置放各种建筑材料以及废旧的设备和材料，最好有一间简易小屋储存各种工具。在这种场地上，可由教育者带幼儿开展各种自然活动，如建造小屋子、垒城堡、砌墙、种植、爬树、挖洞、挖水沟、饲养小动物等。

3. 幼儿园物质环境的材料投放

材料的量和质对物质环境的教育成效将产生重要影响。材料的互动性、多重特性、生命性与非生命性、强结构性与弱结构性、消耗性与非消耗性、资源性与工具性都要纳入考虑因素中，同时在为幼儿选择物质环境材料时，还要关注到以下方面：

（1）关注物质材料的自然性和地域性。材料一定要是幼儿感兴趣的、来源于生活的、符合地域特点的、随处可见易于搜集的。只有当环境适应幼儿的特点和需要时，幼儿才会积极主动地去适应环境，在与环境的交互作用中获得发展。

（2）关注物质材料的自主性和可操作性。幼儿可以按自己的兴趣、需要选择材料，自己决定操作的时间、进度、次数。幼儿能否主动与环境和材料相互作用，在很大程度上取决于他们是否有自主选择和使用的权利与条件。孩子自己选择材料，决定用材料做什么，能极大地激发幼儿通过与材料相互作用来学习的积极性。因此，墙饰布置和材料的摆放要让幼儿恰好可看见、可触及并可方便取放，便于幼儿不断与之相互作用。

（3）关注物质材料的探索性和互动性。环境和材料具有广泛的探索、想象、创造和求异空间，能激发幼儿不断地与其相互作用，积极地动手动脑。幼儿喜欢松散部件，因为他们可以对此进行控制，能摆弄这些东西，能进行创造想象。幼儿能通过改变环境来满足自己的需要，而不是仅仅去适应环境与设施。所提供的物质材料要同时便于教师与幼儿、幼儿与幼儿之间互动。

（4）关注物质材料的多样性和实用性。提供的物质材料数量应充裕、摆放有序、种类多样、形象有吸引力和适应各种发展水平的幼儿；要尽可能在保证安全卫生的前提下，废旧利用，本着节约的原则充分挖掘取之不尽的实用性强的各种资源。

（5）关注物质材料的目的性和教育性。教育价值隐含在幼儿与材料的交互作用中，教师的知识、启发和引导是实现环境教育价值不可忽略的因素。

（6）关注物质材料的针对性和层进性。幼儿之间存在着差别，他们发展的速度是不一样的，游戏发展的水平在同一年龄段的幼儿身上也是有差异的。因此，创设游戏环境时既要考虑发展快的幼儿，也要考虑发展慢的幼儿，还要兼顾有特殊需要的幼儿，使每个幼儿都能在适宜的环境中获得发展。所提供的物质材料要能满足幼儿当前的活动需要，适合各年龄段幼儿活动的特点。

（7）关注物质材料的可变性和可开发性。让幼儿作用于物质环境、改变物质环境的同时，自身也发生一定改变。物质材料的结构、类型和功能是多样的、可变的，能满足幼儿发现、探究和创造的需要，使幼儿能够在活动中对材料进行组合、加工和创新。

总之，幼儿园文化是一个立体化、开放性、综合性的系统。一流的幼儿园文化建设，会使每个人一走进幼儿园，就可以感受到幼儿园文化的沉淀，文化的穿透力，时刻给教职员工、幼儿、家长、社会人士一种向上的力量。幼儿园全体教职工要肩负起文化建设的共同责任，通过文化的融入和渗透，春风细雨，潜移默化，使之转化为幼儿园教育的生产力和竞争力。

【练习题】

一、简答题

1. 幼儿园文化建设的方法有哪些？请举例说明。
2. 幼儿教师的职责是什么？
3. 如何提高规章制度的执行力？
4. 如何进行幼儿园室内物质环境的创设与利用？

二、学习和研讨幼儿园文化建设优秀案例

1. 广西贵港市普罗旺斯幼儿园园徽的设计。

LOGO 仿佛一枚湛蓝的圆形徽章，代表幼儿园沉甸甸的责任与成绩，也寓意这里的每个孩子都将成为父母的骄傲和祖国的栋梁；

金色的奖杯，象征着荣誉和成功，代表着幼儿园对孩子明确、健康的培养方向；奖杯又像一枝盛放的百合，象征着孩子是祖国的花蕾，将在幼儿园和社区双手的托捧下备受呵护，让孩子健康、茁壮地成长；

左右两边翠绿的橄榄枝，形成一个未完全闭合的圆环，代表了幼儿园优越的自然环境和生活气氛，是孩子健康成长的绿色空间；

整个 LOGO 色彩沉稳大气，蕴含贵族风范，风格独具匠心，寓意深刻高远，给人以高贵大方之感。

2. 广西贵港市普罗旺斯幼儿园文化建设实施方案概要。

（1）办园目标：面向未来、追求卓越、全面育人、服务社会。

（2）办园思路：规范管理提效率、提升质量求生存、彰显特色促发展、优质服务创品牌。

（3）办园理念：和谐发展、张扬个性、启迪心智、为孩子的一生奠定坚实的基础。

（4）办园宗旨：让每一位幼儿得到全面和谐的发展。

（5）环境目标：

小环境——创设与幼儿发展相适应的空间，激发幼儿的主动学习。

大环境——创设与自然相接近、具有园林景观特色、便于操作观察的种植园、丰富的观赏植物和多样的幼儿游戏器械的户外学习环境。

（6）教师专业发展理念：幼儿为本、师德为先、能力为重、终身学习。

（7）教育理念：让幼儿幸福地生活、快乐地学习、健康地成长。给教师一个发展的空间。

（8）幼儿培养目标：健体健心，乐学会思，聪慧自信，善于交往，敢于创新，全面发展。

（9）课程理念：以为幼儿后继学习和终身发展奠定良好素质基础为目标，以促进幼儿在体、智、德、美各方面的全面协调发展为核心，注重为孩子提供不断思考和探索的机会，让幼儿在快乐的游戏中体验一次又一次的成功，不断有创意涌现的时刻，从而培养创意思维和动手能力。

（10）园风：团结、奉献、求真、务实。

（11）园训：诚信、友善、睿智、感恩。

（12）教风：平等、支持、耐心、善思。

（13）学风：乐学、探究、分享、创新。

（14）教育主张：游戏成就孩子快乐童年！

（15）工作原则：一切以幼儿利益优先！

（16）团队精神：精诚协作、脚踏实地、刻苦钻研、超越自我。

3. 园歌：请学生用手机搜索自己喜欢的幼儿园园歌并下载倾听交流。

第七章　幼儿园卫生保健管理

【学习目标】

1. 了解幼儿园卫生保健管理的意义。
2. 熟悉幼儿园卫生保健管理的内容和要求。
3. 掌握幼儿园卫生保健管理的制度和档案管理。

【导　　语】

2018 年 1 月 22 日 13 时许，河北省石家庄市灵寿县某一民办幼儿园发生食物中毒事件，中午在食堂就餐的幼儿为 90 余名，部分幼儿出现呕吐症状。经调查，事件是由于 1 月 20 日该幼儿园负责人白某某用自行购买的 2 两亚硝酸盐（当地村民过年传统方法烹烧猪肉常用的材料，民间俗称火硝），在幼儿园食堂加工春节自用肉食后，将剩余的不足 1 两亚硝酸盐留在幼儿园食堂厨房。因亚硝酸盐与食盐相似，22 日中午，该园炊事员徐某某在烹制大锅菜的过程中，误将亚硝酸盐当作食盐放入炖菜中，导致食源性疾病事件发生。

由于幼儿正处于生理、心理迅速发展的时期，有其特殊的身心发展特点，因此关注幼儿身心健康以及日常生活的养护就变得尤为重要。《幼儿园教育指导纲要（试行）》也明确指出："幼儿园必须把保护幼儿的生命和促进幼儿的健康放在教育工作的首要位置。树立正确的健康观念，在重视幼儿身体健康的同时，要高度重视幼儿的心理健康。"科学地进行幼儿园卫生保健工作，是幼儿园管理的重要环节，也是每一位幼教工作者应具备的知识与责任。

第一节　卫生保健管理概述

幼儿园的卫生保健管理，是以保护幼儿的生命和促进幼儿身心健康发展为目标，有计划有目的地运用科学化、多样化的手段和措施，帮助幼儿逐渐形成保护自我的安全意识，培养健康的生活行为习惯以及提高自我保护能力，防止和消除不利于幼儿生长发育的各种因素，为幼儿的健康成长保驾护航。幼儿卫生保健既是保证幼儿园各项工作顺利进行的前提，也是幼儿身心健康发展的重要基础。

一、幼儿园卫生保健工作的意义

幼儿园是学前儿童生活、学习的重要场所，一直备受社会、家长的关注。而"健康"又是家长尤为重视的方面，因此，加强幼儿园卫生保健工作的管理则具有不可忽视的重要性。

（一）保证幼儿健康和谐发展

幼儿园的教育对象主要是 3 ~ 6 周岁的幼儿。在生理方面，这一阶段的幼儿正处身体各个组织、器官生长发育的快速时期，但各项发育都处于不完善阶段，对环境的适应能力和抵抗能力相对而言比较弱，容易受到外界条件的影响；在心理方面，好奇、好动是这一年龄段的标志性特点，拥有强烈渴望探索外界一切事物的好奇心，但局限于自我的行为能力和控制能力，容易发生意外伤害事件。因此，在幼儿园实行的卫生保健工作就显得尤为重要，其根据幼儿身心发育发展特点，采取科学规范的保健措施，为幼儿营造健康良好的生活、学习环境提供强有力的保障。

（二）保证幼儿园保教工作的顺利开展

为确保幼儿园的保教工作能够顺利有效地开展，杜绝伤害幼儿身心健康的事件发生，幼儿园的管理者、教职工应把保护幼儿的人身安全、身心健康放在工作的首位。国家于 2010 年和 2012 年连续出台《托儿所幼儿园卫生保健工作管理办法》及《托儿所幼儿园卫生保健工作规范》等一系列文件，从国家层面高度明确强调幼儿园卫生保健工作的重要性以及在幼儿园管理工作中的重要地位。同时《幼儿园工作规程》也指出，幼儿园教育应当坚持保教与教育相结合的原则，即保教结合。幼儿园教育常常是从保育开始的，教师总是先教幼儿最基本的生活常识，如吃饭、穿衣、大小便。通过学习基本的生活常识，幼儿学会了生活技能，也掌握了相应的健康知识，才能为幼儿往后参与多领域的教育活动的展开奠定身体基础。

二、幼儿园卫生保健管理的内容

幼儿园卫生保健管理工作覆盖卫生保健相关资质的申请、卫生保健人员工作职责、卫生保健制度的建立与落实、卫生保健工作计划的制定与落实、卫生保健资料分析与档案保存五个方面的内容。其中，卫生保健制度的建立与落实、卫生保健工作计划的制定与落实、卫生保健资料分析与档案保存三个方面的内容将在本章第二、三节具体阐述。

根据《托儿所幼儿园卫生保健管理办法》第八条规定："新设立的托幼机构，招生前应当取得县级以上地方人民政府卫生行政部门指定的医疗卫生机构出具的符合《托儿所幼儿园卫生保健工作规范》的卫生评价报告。各级教育行政部门应当将卫生保健工作质量纳入托幼机构的分级定类管理。"

新设立的幼儿园为了取得上述资质，应遵循《托儿所幼儿园卫生保健工作规范》中第三部分关于新设立托幼机构招生前卫生评价等相关标准。

【知识拓展】

《托儿所幼儿园卫生保健工作规范》（以下简称《规范》）（节选）

第三部分　新设立托幼机构招生前卫生评价

一、卫生评价流程

（一）新设立的托幼机构，应当按照本《规范》卫生评价的标准进行设计和建设，招生前须向县级以上地方人民政府卫生行政部门指定的医疗卫生机构提交“托幼机构卫生评价申请书”。

（二）由县级以上地方人民政府卫生行政部门指定的医疗卫生机构负责组织专业人员，根据“新设立托幼机构招生前卫生评价表”的要求，在20个工作日内对提交申请的托幼机构进行卫生评价。根据检查结果出具“托幼机构卫生评价报告”。

（三）凡卫生评价为“合格”的托幼机构，即可向教育部门申请注册；凡卫生评价为“不合格”的托幼机构，整改后方可重新申请评价。

二、卫生评价标准

（一）环境卫生。

1. 园（所）内建筑物、户外场地、绿化用地及杂物堆放场地等总体布局合理，有明确功能分区。

2. 室外活动场地地面应平整、防滑，无障碍，无尖锐突出物。

3. 活动器材安全性符合国家相关规定。园（所）内严禁种植有毒、带刺的植物。

4. 室内环境的甲醛、苯及苯系物等检测结果符合国家要求。

5. 室内空气清新、光线明亮，安装防蚊蝇等有害昆虫的设施。

6. 每班有独立的厕所、盥洗室。每班厕所内设有污水池，盥洗室内有洗涤池。

7.盥洗室内有流动水洗手装置，水龙头数量和间距设置合理。

（二）个人卫生。

1. 保证儿童每人每日1巾1杯专用，并有相应消毒设施。寄宿制儿童每人有专用洗漱用品。

2. 每班应当有专用的儿童水杯架、饮水设施及毛巾架，标识清楚，毛巾间距合理。

3. 儿童有安全、卫生、独自使用的床位和被褥。

（三）食堂卫生。

1. 食堂按照《餐饮服务许可审查规范》建设，必须获得《餐饮服务许可证》。

2. 园（所）内应设置区域性餐饮具集中清洗消毒间，消毒后有保洁存放设施。应当配有食物留样专用冰箱，并有专人管理。

3. 炊事人员与儿童配备比例：提供每日三餐一点的托幼机构应当达到1:50，提供每日一餐二点或二餐一点的1:80。

（四）保健室或卫生室设置。

1. 根据《托儿所幼儿园卫生保健管理办法》要求，设立保健室或卫生室。卫生室需有《医疗机构执业许可证》。

2. 保健室面积不少于12平方米，设有儿童观察床、桌椅、药品柜、资料柜、流动水或代用流动水等设施。

3. 保健室应配备儿童杠杆式体重秤、身高计（供2岁以上儿童使用）、量床（供2岁及以下儿童使用）、国际标准视力表或标准对数视力表灯箱、体围测量软尺等设备，以及消毒压舌板、体温计、手电筒等晨检用品。

4. 保健室应配备消毒剂、紫外线消毒灯或其他空气消毒装置。

（五）卫生保健人员配备。

1. 托幼机构的法定代表人或者负责人是本机构卫生保健工作的第一责任人。

2. 根据预招收儿童的数量配备符合国家规定的卫生保健人员。按照收托 150 名儿童至少设 1 名专职卫生保健人员的比例配备卫生保健人员，收托 150 名以下儿童的可配备兼职卫生保健人员。

3. 卫生保健人员上岗前应当接受当地妇幼保健机构组织的卫生保健专业知识培训并考核合格。

（六）工作人员健康检查。

1. 托幼机构工作人员上岗前应当经县级以上卫生行政部门指定的医疗卫生机构进行健康检查，并取得《托幼机构工作人员健康合格证》。

2. 炊事人员上岗前须取得《食品从业人员健康证》。

（七）卫生保健制度。

托幼机构应根据实际情况建立健全卫生保健制度，并具有可操作性。卫生保健制度包括一日生活安排、膳食管理、体格锻炼、卫生与消毒、入园（所）及定期健康检查、传染病预防与控制、常见疾病预防与管理、伤害预防、健康教育、卫生保健信息收集的制度。

三、卫生保健人员工作职责

幼儿园的卫生保健工作人员主要包括园长、保健教师、保育员（保育教师）、炊事人员等。各类人员的工作职责各不相同，各尽其责，相互配合。

（一）园长卫生保健工作的职责

园长作为幼儿园管理的首要负责人，其专业能力与统筹管理能力直接影响幼儿园各项工作的推进。作为园长应承担以下职责：

第一，园长应熟悉国家、省份、地方颁发的关于卫生保健工作的各项文件，并认真执行相关的标准和工作规范，明确卫生保健工作的目标与发展方向，负责主持制定符合本园情况的卫生保健工作制度、评价标准、人员配备及人事考核机制等，并监督管理各项卫生保健工作的落实情况。

第二，负责制定全园的年度、学期等卫生保健工作计划和总结，落实日常监督检查机制，定期主持或参与园内相关卫生保健工作的会议，组织卫生保健工作人员参加相关的业务学习，及时了解国内外关于卫生保健工作的最新动态，增强自身管理的专业能力。

第三，因地制宜，善于统筹各种办园资源，有效协调园所的人力、物力、财力，科学管理园所的各项经费，勤俭办园。

第四，对园所的卫生保健工作实施科学化、规范化管理。园内的疾病预防（尤其是季节性传染病）、膳食管理应视为重点监管环节，负责日常的卫生保健、保育护理等，抽查各班日常卫生保健工作的落实情况，做到“问题早发现早处理”，杜绝意外事件的发生。

第五，争取社会和家庭方面的资源与配合，积极向家长宣传科学的育儿知识和卫生保健知识，协调幼儿园、社会、家庭三者之间的关系，促成良好的“家园共育”大教育环境。

（二）保健教师卫生保健工作的职责

保健教师上岗前应当接受当地妇幼保健机构组织的卫生保健专业知识培训并考核合格，应具备的职责有：

第一，熟悉掌握托幼园所卫生保健管理的各项要求，配合园长，根据本园情况制定园所卫生保健工作规章制度、计划等，并监督管理卫生保健各项工作的落实情况。

第二，运用卫生保健的专业知识，组织、指导园所的卫生保健工作，如园内消毒工作、幼儿体检工作、管理幼儿膳食营养、疾病控制等，负责检查相关工作的落实、运作情况，发现隐患及时处理。

第三，负责与当地卫生保健部门的密切联系，配合相关部门做好疾病的防控和计划免疫等工作，并积极参加相关部门组织的卫生保健业务学习，提高自身的业务能力。

第四，负责组织幼儿园每年全部教职工的体检工作以及新员工体检工作，发现存在某些不适合工作岗位的身体情况，及时做好人员调动或调离工作。同时，定期向园内教职工宣传卫生保健的专业知识，并组织各类教师、工作人员进行有针对性的卫生保健业务学习。

第五，负责幼儿园卫生保健工作资料、健康档案等材料的收集，并做好各种统计分析，整理保存；并组织、整理向家长宣传的卫生保健知识，适时为家长提供专业性的解答。

（三）保育员（保育教师）卫生保健工作的职责

保育员（保育教师）主要是指幼儿园或托儿所里负责照管儿童生活的人员。保育员在幼儿的发展中扮演着照顾者、教育者等多种角色，对幼儿的身心健康、行为习惯以及个性、情感等各方面均产生着深刻的影响。相比保健教师，保育员的工作主要是针对于具体班级的卫生保健工作，即，在园长和保健教师的指导下，严格参照幼儿园的卫生保健相关制度，结合本班幼儿的身心发展特点，进行各项保育工作，具体工作职责如下：

第一，早上在幼儿入园前，对本班的教室、活动区域的环境做好清洁与设施维护，保证每天以整洁、干净、安全的学习、生活环境迎接幼儿的到来。在保健教师的组织和指导下，参照幼儿园制定的各项卫生保健、安全制度，定期排查、园舍、各类教学设施、玩具等存在的安全隐患，早发现早报告早处理；根据不同物品，有针对性地定期进行消毒工作，熟悉操作消毒水的配比、消毒过程以及消毒后的清理工作。

第二，针对本班幼儿的情况，严格遵守幼儿园的生活作息制度，合理安排幼儿的一日生活。管理幼儿日常生活，如饮食、穿衣、睡眠、大小便以及户外活动安全等，注意特别关注体弱幼儿和患病幼儿的日常情况。

第三，注意自身对幼儿的影响，如衣着打扮、言行举止、个人卫生等，对待幼儿应该态度和蔼、动作轻柔，不能出现伤害幼儿身心健康的行为或言语。

第四，科学、客观地做好每日幼儿一日生活情况记录，并统一整理、收集。

（四）炊事人员卫生保健工作的职责

食品安全一直都是社会、家长高度关注的方面，作为幼儿园食品的制作者——炊事人员必须具备高度的责任感和严谨细心的工作态度，具体工作职责如下：

第一，设置专人根据幼儿园制定的菜谱采购食品，要求认真选择食品的种类和数量，保证食品的新鲜、卫生，不能随意更改原来制定的菜谱，如有变化，应及时报告园长和保健教师，做到每日按质按量供应食品。另有专人负责验收采购的食品，统一管理入库，并统计每日采购和消耗的食品的数量，记录在册。

第二，结合幼儿不同年龄的生理特点，在保证食物营养的基础上，选择适宜的烹饪方法，做到色、香、味、形符合幼儿的兴趣和需要。

第三，保证食品供给的时间适宜，保证食品的新鲜度和温度，并按照每班幼儿人数分量，及时供给。

第四，做好厨房环境以及厨具、餐具的清洗、消毒工作，减少油污积存；管理好生、熟食物的储存和使用，并配有专门的器具盛装。

第五，注意个人卫生，进入食堂、厨房前应穿戴好工作帽、口罩、工作服，进行食品操作前洗手。

第六，适当进入班级观察幼儿进餐情况，及时向班级的保教人员、幼儿了解食品的情况，以便及时调整。

四、参与幼儿园卫生保健工作的其他组织机构

幼儿园的卫生保健工作不仅仅要依靠幼儿园自身的力量，还需要其他组织机构的监管与协助。

（1）妇幼保健机构。各级妇幼保健机构是由政府举办，不以营利为目的，是具有公共卫生性质的公益性事业单位，是为妇女儿童提供公共卫生和基本医疗服务的专业机构。其工作职责主要分为三大部分：一是妇幼保健机构遵照各级政府和卫生行政部门下达的要求和标准，根据辖区内托幼机构的具体情况，制定一系列的卫生保健规划、评估工作实施细则、质量评价体系等，即针对辖区的托幼机构“提要求”；二是受卫生行政部门的指派、委托，妇幼保健机构对新设立的托幼机构进行招生前的卫生评估、对已取得办园资格的托幼机构定期进行卫生保健综合评估，即“查落实”；三是“做指导”，指导的内容包括托幼机构卫生保健工作（如一日生活安排、健康检查、卫生消毒、疾病预防等）、承担托幼机构儿童和工作人员健康检查的医疗人员或机构，并提供托幼机构之间卫生保健工作学习、交流、信息反馈的平台。

【知识拓展】

《托儿所幼儿园卫生保健工作规范》中关于妇幼保健机构的工作职责

（一）配合卫生行政部门，制订辖区内托幼机构卫生保健工作规划、年度计划并组织实施，制订辖区内托幼机构卫生保健工作评估实施细则，建立完善的质量控制体系和评估制度。

（二）依据《管理办法》，由卫生行政部门指定的妇幼保健机构对新设立的托幼机构进行招生前的卫生评价工作，并出具卫生评价报告。

（三）受卫生行政部门委托，妇幼保健机构对取得办园（所）资格的托幼机构每3年进行1次卫生保健工作综合评估，并将结果上报卫生行政部门。

（四）地市级以上妇幼保健机构负责对当地托幼机构卫生保健人员进行岗前培训

及考核，合格者颁发培训合格证。县级以上妇幼保健机构每年至少组织 1 次相关知识的业务培训或现场观摩活动。

（五）妇幼保健机构定期对辖区内的托幼机构卫生保健工作进行业务指导。内容包括一日生活安排、儿童膳食、体格锻炼、健康检查、卫生消毒、疾病预防、伤害预防、心理行为保健、健康教育、卫生保健资料管理等工作。

（六）协助辖区内食品药品监督管理、卫生监督和疾病预防控制等部门，开展食品安全、传染病预防与控制宣传教育等工作。

（七）对辖区内承担托幼机构儿童和工作人员健康检查服务的医疗卫生机构进行相关专业技术的指导和培训。

（八）负责定期组织召开辖区内托幼机构卫生保健工作例会，交流经验、学习卫生保健知识和技能。收集信息，掌握辖区内托幼机构卫生保健情况，为卫生行政部门决策提供相关依据。

（2）疾病预防控制机构。主要从事疾病预防控制与公共卫生技术管理和服务的公益事业单位。定期为托幼机构提供疾病预防控制的宣传、咨询服务和指导。

（3）卫生监督执法机构。主要是对托幼机构的饮用水卫生情况以及传染病预防和控制等进行监督检查。

（4）食品药品监督管理机构。主要负责对托幼机构食品安全的指导与监督检查。

（5）乡镇卫生院、村卫生室和社区卫生服务中心（站）。通过多种途径掌握辖区范围内的适龄儿童数量，加强与托幼机构的联系，相互配合，共同做好学前儿童的卫生健康管理工作。

第二节　卫生保健工作制度

幼儿园卫生保健工作制度的建立是为了使幼儿园中关于卫生保健的各项具体细致的工作行之有效，同时也是幼儿园卫生保健工作正常开展的保证。幼儿园应依据《托儿所幼儿园卫生保健管理办法》《托儿所幼儿园卫生保健工作规范》以及园所所在地方的相关文件和要求，从本园实际情况出发，制定合乎实际工作需要且科学、具有操作性的卫生保健制度。

《托儿所幼儿园卫生保健工作规范》中提到“托幼机构应根据实际情况建立健全卫生保健制度，并具有可操作性。卫生保健制度包括一日生活安排、膳食管理、体格锻炼、卫生与消毒、入园（所）及定期健康检查、传染病预防与控制、常见疾病预防与管理、伤害预防、健康教育、卫生保健信息收集的制度”。

一、一日生活制度

（一）制定的意义与原则

《幼儿园工作规程》指出：幼儿园一日活动的组织应动静交替，注重幼儿的直接感知、实际操作和亲身体验，保证幼儿愉快的、有益的自由活动。幼儿园的一日活动中主要分为四大板块，即生活活动、运动、学习活动、游戏活动。科学合理的生活安排，既有利于幼儿生理各项机能的发育，又有利于幼儿在生活情境中逐渐习得基本的生活技能，养成良好的行为习惯。因此，在制定幼儿一日生活制度时应遵循以下原则：

1. 综合地方教育行政部门的规定以及本园情况进行考虑

在制定幼儿一日生活制度时应综合考虑地方教育行政部门制定的生活制度和园所的实际情况，同时兼顾季节变化、地域气候特点、家长的需求等条件，科学、合理地安排幼儿一日生活。

2. 充分考虑幼儿不同年龄段的身心发展特点

幼儿的年龄不同，神经系统的兴奋与平静的时间、呼吸频率、新陈代谢的速度和所需要的物质、维持注意的时间等都有所不同。年龄越小，幼儿的活动量、活动的负荷则越小，而需要的休息和睡眠的时间越长。

3. 考虑不同类型活动之间的衔接和配合

不同类型、环节的活动之间应注意动静结合、不同环境活动的相互转换、集体活动和自由活动的相互配合，活动呈现的顺序、次数与持续时间等。

4. 注重良好行为的练习、巩固

每日所进行的各项活动频繁而琐碎，应注重新行为的练习，以及已习得行为的强化和巩固，从而引导幼儿形成良好的生活技能和行为习惯。

（二）幼儿园一日生活制度

下面以普罗旺斯幼儿园一日生活制度为例进行说明。

幼儿园一日生活制度

为了科学合理地安排幼儿一日生活，使幼儿身心健康和谐发展，培养幼儿良好的生活、学习习惯，使幼儿在体、智、德、美全方面提高，特制定幼儿一日生活制度。

一、晨检

认真做好幼儿园的接待工作，检查幼儿有无发病，带药情况，有无外伤，有无携带危险物品等。

二、教育活动

1. 教师要认真备课、刻苦钻研教材，做好课前准备工作。

2. 在活动中了解和发现幼儿的兴趣与要求，正确地启发和引导，做到因材施教，做好随机教育。

3. 配课教师要按时配课。

三、喝水

1. 教师要根据季节变化供应冷暖适度的开水，夏季凉，冬季要保温。

2. 按时组织幼儿集体喝水，除此以外要求幼儿用自己的杯子随渴随喝。

3. 不能阻止幼儿饮水，不催促幼儿快喝，对不爱喝水的幼儿要多加关照，经常提醒他们喝水。

四、课间操

1. 按时做操，做操前教师要仔细检查每位幼儿的衣服、鞋帽，做好防寒、防暑及安全检查工作。

2. 教师示范动作要准确，要求幼儿动作要到位。

3. 严禁大声训斥或粗暴对待幼儿。

五、户外活动

1. 保证幼儿每天户外活动时间在 2 小时以上，其中有 1 小时的体育活动。

2. 注意幼儿安全，在活动中幼儿不能离开老师的视线。

3. 教师要为幼儿创设活动条件（如场地、器材等），游戏的内容要丰富多彩。

4. 在游戏过程中教师要积极引导、认真观察，严防意外事故的发生。

六、活动区活动

1. 保证幼儿活动区活动时间。

2. 为幼儿创设良好的活动空间和丰富的活动区域，准备充足的活动材料。

3. 在游戏活动中，教师要巡回指导，提供帮助，保证幼儿安全。

七、离园

1. 做好离园前的准备工作（如整理衣物、洗手、洗脸等），教师做到对每名幼儿心中有数。

2. 亲自把每位幼儿送到家长手中，如果不是本人家长接孩子，教师必须电话求证，否则不能让其带走幼儿。

二、膳食管理的制度

（一）膳食管理制度制定的意义和要求

近年来，幼儿园食品中毒事件时有发生，事件调查得到的结论往往是幼儿园并未设置科学完善、可执行的膳食管理、监督制度，导致部分缺乏责任心的工作人员在处理食物过程中随心所欲，从而诱发相关中毒事件。为幼儿提供健康安全的食品，营造干净舒适的进餐环境，对膳食过程中的各个环节就必须有相关的操作流程、必要的卫生标准以及严格的监管措施。

《托儿所幼儿园卫生保健工作规范》对幼儿园设置食堂做了明确的要求："托幼机构食堂应当按照《食品安全法》《食品安全法实施条例》以及《餐饮服务许可管理办法》《餐饮服务食品安全监督管理办法》《学校食堂与学生集体用餐卫生管理规定》等有关法律法规和规章的要求，取得《餐饮服务许可证》，建立健全各项食品安全管理制度……为儿童提供符合国家《生活饮用水卫生标准》的生活饮用水……儿童食品应当在具有《食品生产许可证》或《食品流通许可证》的单位采购。"

因此，幼儿园在制定膳食管理制度时，首先应满足上述一系列法律、法规和制度的要求；其次，结合本园实际情况，主要从食品采购卫生、食品（原料）验收、食品仓库卫生管理、膳食营养、配餐管理等方面设置具有针对性的制度进行有效管理。

（二）幼儿园膳食管理制度范例

下面以普罗旺斯幼儿园膳食管理制度为例进行说明。

食堂卫生制度

一、食堂工作人员必须严格执行《中华人民共和国食品卫生法》的各项规定及中华人民共和国卫生部有关饮食卫生“五四制度”。

二、食堂从业人员应有良好的个人卫生习惯。必须做到：

（一）工作前、处理食品原料后、便后用肥皂及流动清水洗手；接触直接入口食品之前应洗手消毒；

（二）穿戴清洁的工作衣、帽，并把头发置于帽内；

（三）不得留长指甲、涂指甲油、戴戒指加工食品；

（四）不得在食品加工和销售场所内吸烟。

三、原料进出库要有验收登记制度，层层把关，有毒有害、虫蛀、霉变及过期食品不得食用。

四、用具、盛器应洗净、消毒，严格执行一洗、二过、三消毒、四保洁制度，生熟必须严格分开使用，并有明显标志，防止交叉污染。菜萝、锅盖、盛器要设架放置。

五、严防发生食物中毒，一旦发生食物中毒事故，应及时上报，并做好事故分析调查研究工作，做到：原因不清不放过，措施不落实不放过。

六、食堂工作人员不得将私人食品存放冷藏。

七、发现炊管人员有传染病，应及时做好调离工作。

八、全体炊管人员每年应定期进行体检，合格者才能上岗。

九、新进食堂人员必须经过体格检查，合格后才能上岗。

十、工作完毕后做好卫生工作一手清，达到“窗明、地洁、设备见本色”。

十一、库房整洁，按类分架，隔墙离地，有防鼠、蝇、蟑设施。

“五四”制制度

食堂工作人员要认真贯彻执行食品卫生法。“五四制”坚持把住病从口入关，严防食品中毒，保证全体就餐人员身体健康。“五四”制包括：

1. 从原料到成品实行“四不”，即采购员不购腐烂变质的食品原料；保管人员不收腐烂变质的食品原料；加工人员不加工腐烂变质的食品原料；炊事员不出售变质的食品。

2. 成品（食物）存放，销售实行“四隔离分开”，即生与熟的成品隔离；成品与半成品隔离；食品与杂物药物隔离；销售与货物分开。

3. 用（食）具实行“四过关”，即一洗，二刷，三冲，四消毒。

4. 食堂环境卫生采取“四定”办法，即定人，定物，定时间，定质量。采取分工协作，管理食堂的环境卫生。

5. 食堂工作人员个人卫生做到“四勤”，即勤洗手，勤剪指甲，勤洗澡，勤换工作服。销售时不用手拿食品；工作时不吸烟；不随地吐痰；不对食品和就餐打喷嚏；不随地倒垃圾和脏水；不穿工作服上厕所。

环境卫生制度

1. 搞好食堂环境卫生要坚持群众性、经常性、科学性、自觉性相结合的原则和办法，使食堂的环境卫生真正地、经常地保持一种良好姿态。

2. 食堂工作人员必须经常打扫食堂，做好环境卫生工作，消除食堂环境内的泔水、垃圾。消灭蝇、蚊、老鼠、蟑螂等害虫以及其赖以生存的温床，减少、切断疾病传播的渠道。

3. 食堂卫生工作要做到“四无、五不”，即无垃圾，无残土，无污物，无痰迹。不随地吐痰；不随地乱倒垃圾；不随地乱扔瓜皮和污物；不随地便溺；不随地乱泼污水。

4. 严格单位食堂环境内的水源管理。

5. 严格管理食堂操作间各种烟气和有害物质的排放。

6. 各种器具必须按规范操作，确保安全。

7. 定期进行环境卫生督查。

灶房卫生制度

要求“六洁”“四防”。“六洁”即灶台洁、洗手设备洁等，另外排气要好。灶房炊事用具方面，灶台，锅，勺，容器等要即时擦洗，消毒，蒸笼饭筐，各种机械，菜刀菜墩等随用随擦洗，随消毒。

食品采购制度

严格把好食品的采购关。食堂采购员必须到持有卫生许可证的经营单位采购食品，并按照国家有关规定进行索证；应相对固定食品采购的场所，以保证其质量。

禁止采购以下食品：

一、腐败变质、油脂酸败、霉变、生虫、污秽不洁、混有异物或者其他感官性状异常，含有毒有害物质或者被有毒、有害物质污染，可能对人体健康有害的食品。

二、未经兽医卫生检验或者检验不合格的肉类及其制品。

三、超过保质期限或不符合食品标签规定的定型包装食品。

四、其他不符合食品卫生标准和要求的食品。

粗加工管理制度

一、必须采用新鲜洁净的原料制作食品，不得加工或使用腐败变质和感官性状异常的食品及其原料。

二、原料在使用前必须洗净，蔬菜与肉类、水产品类分池清洗。

三、用于原料、半成品、成品的刀、墩、板、桶、盆、筐、抹布以及其他工具、容器必须标志明显，做到分开使用，定位存放，用后洗净，保持清洁。

烹饪加工的卫生要求

一、加工食品必须做到熟透，需要熟制加工的大块食品，其中心温度不低于70度。

二、加工后的熟制品应当与食品原料或半成品分开存放，半成品应当与食品原料分开存放，防止交叉污染。食品不得接触有毒物、不洁物。

三、食品在烹饪后至出售前一般不超过2小时，若超过2小时存放的，应当在高于60度或低于10度的条件下存放。

四、食堂剩余食品必须冷藏，冷藏时间不得超过24小时，在确认没有变质的情况下，必须经高温彻底加热后，方可食用。

餐饮具的卫生要求

一、餐饮具使用前必须洗净、消毒，符合国家有关卫生标准。未经消毒的餐饮具不得使用。禁止重复使用一次性使用的餐饮具。

二、洗刷餐饮具必须用专用水池，不得与清洗蔬菜、肉类等其他水池混用。采用化学消毒的，必须具备2个以上的水池。

三、消毒后的餐饮具必须贮存在餐饮具专用保洁柜内备用。已消毒和未消毒的餐饮具应分开存放，并在餐饮具贮存柜上有明显标记。

四、餐饮具所使用的洗涤、消毒剂必须符合卫生标准或要求。洗涤、消毒剂必须有固定的存放场所（橱柜），并有明显的标记。

五、定期清洗餐具保洁柜、保持洁净。

库房的卫生要求

一、食品应当分类、分架、隔墙、离地存放，定期检查、及时处理变质或超过保质期限的食品。

二、对入库的原料和成品要进行验收登记，做到先进先出。

三、仓库要保持清洁，无霉斑、鼠迹、苍蝇等；通风良好。

四、食品贮存场所禁止存放有毒、有害物品及个人生活物品。

五、用于保存食品的冷藏设备，必须贴有标志，生食品、半成品和熟食品应分柜存放。

幼儿园食品留样制度

食品留样是预防师生食品中毒的有效措施，是检验是否是食物中毒的重要依据。为确保师生食品卫生安全，特制定以下食品留样制度。

一、幼儿园厨房每样食品都必须有专人负责留样。

二、每餐、每样食品必须按要求留足200克，分别盛放在已消毒的餐具中。

三、留样食品取样后，必须立即放入完好的食品罩内，以免被污染。

四、留样食品冷却后，必须立即密封好，并在外面标明留样时期、品名、餐次、留样人；贴好标签后，立即存入专用留样冰箱内。

五、每餐必须做好留样记录，注明留样时期、食品名称，便于检查。

六、留样食品必须保留48小时，时间到后方可倒掉。

七、留样冰箱为专用设备，留样冰箱内严禁存放与留样食品无关的其他食品。

八、幼儿园分管领导不定期进行抽查并按食堂当天菜谱记载情况，逐一对照检查，若发现食堂没有坚持饭菜留样，应按幼儿园安全责任目标管理和食堂卫生责任追究制度，追究相关人员责任。

三、体格锻炼制度

针对我国3～6岁儿童的学前教育目标，《幼儿园工作规程》（1996年）做了具体的表述："对学前儿童实施体、智、德、美诸方面全面发展的教育，促进其身心和谐发展。"在培养幼儿进行身心发展素质的诸方面，学前教育目标把"体"放在首位，意味着保护学前儿童身心健康发展，增强其体质，成为学前教育的首要任务。

幼儿园应全面掌握本园幼儿的身体素质情况，并根据幼儿年龄及生理发育发展特点，结合本园室内外场所的场地、活动设施、运动器械等物质条件，发挥本园教师的专业特长，制定符合本园幼儿发展需要的体格锻炼制度。在制度中应体现几个关键要素：

（1）应针对不同季节、不同气候条件，设置、明确锻炼活动的形式与持续的时间，以及活动场地设施的选择等。

（2）应科学合理地利用自然环境和条件，如阳光、空气、水，即"三浴锻炼"，并配合适宜的活动设施。

（3）应对锻炼活动前、中、后的准备工作、注意事项以及整理清洁工作做具体的安排。

（4）应对幼儿的身体状况，特别是特殊幼儿，如肥胖、患病、体弱等情况进行强调注意。

体格锻炼制度

一、有组织地经常开展适合幼儿特点的游戏及体育活动，幼儿每天做一至两次体操或活动性游戏。

二、在正常天气下，有充足的户外活动时间，每天坚持两个小时以上户外活动，加强冬季锻炼。

三、创造条件充分利用阳光、空气、水等自然因素有计划地锻炼儿童体格。

四、经常锻炼且循序渐进，针对不同年龄段的幼儿设置不同的运动项目和运动量，对体弱的幼儿给予特殊的照顾。

（资料来源：由合作幼儿园普罗旺斯幼儿园提供）

四、卫生与消毒制度

（一）卫生与消毒制度制定的意义和要求

幼儿园是幼儿学习、生活的主要场所，但幼儿抵抗外界病毒的能力较弱，因此对幼儿园内的环境、物品、设施的清洁与消毒成为必须做到位的常规化的卫生保健工作。

日常的清洁与消毒主要包括三个方面：环境卫生、个人卫生和预防性消毒。其中，环境卫生包括室内和室外的地面、空气、使用器具（洁具、卫具、床上用品、教玩具等）的清洁工作；个人卫生包括幼儿的个人卫生和教职工的个人卫生；预防性消毒包括消毒剂（液）的配置和使用、不同环境和器具的消毒流程和用法。因此，幼儿园卫生与消毒制度的设置，应参照相关的国家标准，综合园所情况，并配套相应的检查制度，做好既有流程操作，又有落实情况的记录和反馈。

（二）卫生与消毒制度示例

卫生与消毒制度

一、环境卫生

1. 开展爱国卫生运动，建立经常保持室内外清洁和定期清扫的制度。每天 1 小扫，每周 1 大扫。分片包干、定人、定点、定期检查。要消灭苍蝇、蚊子、老鼠、臭虫、蟑螂等害虫。室外无杂草、碎砖、污物和污水，下水道要通畅，无蚊、蝇孳生地。

2. 玩具柜及玩具要每月 1 次清洗消毒，保持整洁。

3. 要经常保持室内空气流通、阳光充足，冬天也要定时开窗通风换气。冬季室温 3 岁以上幼儿保持在 15 °C ~ 18 °C。（3 岁以下 20 °C ~ 22 °C）。

4. 厕所要整洁通风，定时打扫并消毒。保证无污迹及臭味。

5. 幼儿桌、椅、床每周擦 1 次。

6. 幼儿被子、床单、枕套等要定期洗换，保持清洁，叠放整齐。

7. 固定地点设垃圾箱，定期消毒清扫。

8. 及时做好传染病幼儿大小便等物处理。

9. 有计划搞好室内外环境，做到“五化”（美化、绿化、净化、安全化、儿童化）。

二、个人卫生

1. 合理安排婴幼儿一日生活，让他们饮食、睡眠和活动都有一定规律，生活得活泼愉快。

2. 婴幼儿每人一碗一巾，日常生活用品要专人专用，做好消毒工作。

3. 养成早晚洗手洗脸，饭前、便后洗手，脏了随时洗手的好习惯。要让婴幼儿用流动水洗手脸。

4. 饭后漱口，中、大班幼儿每日早晚要刷牙。

5. 每周洗头 1 次，夏季每日至少洗澡 1 次，随时保持个人的清洁卫生。

6. 每天洗脚、洗屁股，洗屁股巾要每天消毒。

7. 手指甲要每周剪 1 次，脚指甲每两周剪 1 次。

8. 手绢要专人专用，每日换洗，洗净后用开水烫或日光曝晒。

9. 保持幼儿服装整洁，衣服、被褥、床单要勤洗勤晒。

10. 培养幼儿文明卫生习惯，如：不随地擤鼻涕，不随地大小便，不把手放在嘴里，不用手擦眼睛、挖鼻孔等以及正确进餐、睡眠、穿脱衣服等。

11. 保护幼儿视力。教室要注意采光，有良好的照明设备。看电视次数不宜过多，每次时间小班不超过 10～15 分钟，大班不超过 20～30 分钟。电视机应放在距离地面 1～1.2 米桌上，并按着调试表获得最好的图像。第一排距离屏幕不少于 2 米，最后一排不超过 5 米。

三、预防性消毒

1. 洗脸巾、洗脚巾专用，每日消毒，饭碗、盘、勺、筷每餐消毒，消毒后注意不污染。

2. 餐桌使用前要用肥皂水进行擦洗，用餐后消毒，擦桌布要专用，用后消毒。

3. 水果洗后削皮或剥皮食用。

4. 餐具应用专门的洗涤液洗后再用清水冲洗最后再消毒。

5. 发生传染病，检疫期要求进行严格的消毒工作。

6. 注射器严格消毒达到灭菌效果，做到一人一针一筒。

（资料来源：由合作幼儿园普罗旺斯幼儿园提供）

五、入园（所）及定期健康检查制度

为了给幼儿营造健康的学习、生活环境，就必须对进入幼儿园的幼儿、教职工进行定期、常规的健康检查，及时发现问题，及时处理治疗。

健康检查的对象主要是幼儿和幼儿园的教职工。在制定入园（所）及定期健康检查制度时，应分清楚健康检查的对象以及所属的情况，这样才能行之有效地进行工作制度及监管制度。

（一）幼儿健康检查

1. 入园（所）健康检查

幼儿入园前应到当地卫生计生行政部门指定的医疗保健机构进行健康体检，体检项目按照国家《托儿所幼儿园卫生保健管理办法》规定的项目进行，并规范填写《托儿所幼儿园卫生保健管理办法》附件 1 中的“儿童入园（所）健康检查表”，保证幼儿入园体检达 100%。如在体检过程中，发现疑似患有传染病的幼儿，应“暂缓入园（所）”，及时到正规医疗机构确诊治疗。

幼儿入园（所）时，幼儿园应查验幼儿上述体检结果，即“儿童入园（所）健康检查表”，以及“0—6 岁儿童保健手册”“预防接种证”。如发现上述证明存在不合格以及未按国家规定接受预防受种的幼儿，应督促其监护人完善相关证明，体检合格后方可入园。

2. 定期健康检查

对幼儿进行定期的健康检查，有助于在单位时间内有效监测其生长发育的情况，及时发现幼儿生理各个系统、器官发育异常的问题。由取得相应资格的医疗卫生机构及人员对幼儿进行定期健康检查，检查的项目有：身高、体重、咽部、口腔、皮肤、心肺、肝脾、脊柱、四肢、视力（4 岁以上）、听力、血红蛋白或血常规等。3 岁以上的幼儿每年健康检查 1 次，并将相应的体检结果记录在案，以便进行健康评价和分析，及时向家长反馈健康检查结果，对健康检查中发现的疾病提出医学指导意见，督促及时治疗。

特殊情况：（1）对原在园的幼儿离园三个月后，重新返回园所的情况，应重新按照入园（所）健康检查的项目进行检查，合格后方可入园。（2）转园的幼儿，可持原来所在园提供的“儿童转园（所）健康证明”（有效期为3个月）、“0—6岁儿童保健手册”直接转园。

3. 日常健康管理

日常健康管理包括幼儿晨、午检查以及全日健康观察两大方面。

晨、午检查是日托幼儿园采取的主要方式，主要是在幼儿早晨入园时、午觉后进行，并根据本园的具体情况，由驻园的保健医生、班级教师检查或两者配合检查。检查的内容包括询问幼儿在家有无异常情况，观察精神情况，有无发热或皮肤异常情况，检查有无携带不安全物品等，即“一问，二看，三摸，四查”。

全日健康观察的内容包括幼儿在园内的饮食、睡眠、大小便、精神状况、情绪、行为等，如发现有突然患病、疑似传染病的幼儿应当尽快采取隔离措施并通知家长，及时送医，并追访诊治结果。对于患病幼儿，家长委托喂药的，应做好药物服用登记，并请家长签字确认。

（二）幼儿园教职工健康检查

幼儿园教职工健康检查的管理工作主要分为三个部分：上岗前的健康检查、定期健康检查、检出疾病后的管理。

1. 上岗前的健康检查

幼儿园全体教职工上岗前必须按照《托儿所幼儿园卫生保健管理办法》的规定，在县级以上人民政府卫生行政部门指定的医疗卫生机构进行健康检查，取得《托幼机构工作人员健康合格证》后方可上岗。

炊事人员上岗前还须取得《食品从业人员健康证》。

精神病患者或有精神病史的人员不得在幼儿园等托幼机构工作。

2. 定期健康检查

幼儿园在岗人员必须按照《托儿所幼儿园卫生保健管理办法》规定的检查项目，每年进行一次健康检查。

3. 检出疾病后的管理

对于幼儿园在岗人员在健康检查过程中检查出患有《托儿所幼儿园卫生保健管理办法》中列出的疾病，需离岗治疗，治愈后凭诊治的正规医疗机构开具的痊愈证明，方可返回工作岗位。如检查出现患有精神病的人员，要求立即离岗，并做好相关记录。

（三）入园（所）及定期健康检查的制度示例

健康制度

一、入园检查：幼儿在入园前必须进行全身体格检查，对有传染病接触史的幼儿必须做胸部X光透视、肝功能、粪便常规检查以及阴道霉菌滴虫检查，健康检查合格并且无严重生理缺陷者方可就职。

二、定期体格检查制度：三岁以上幼儿每年体检一次，每季度测身高体重一次，测量准确并做好记录，进行健康分析，评价疾病统计及矫正缺点，每个入园幼儿建立健康卡片。工作人员每年全面体检一次，发现肝炎或其他传染病立即离职治疗，待痊愈后、有医院健康证明方可恢复工作，患慢性痢疾、乙型肝炎表面抗原阳性、滴虫阴道炎、化脓性皮肤病、麻风病、结核病、精神病等保教人员应调离工作。

三、坚持晨检及全日健康观察制度，认真做好一摸：有否发烧；二看：咽部、皮肤和精神；三问：饮食、睡眠、大小便情况；四查：有无携带不安全物品，发现问题及时处理。

（资料来源：由合作幼儿园普罗旺斯幼儿园提供）

六、传染病预防及控制制度

传染病是由各种病原体引起的，能在人与人、人与动物、动物与动物之间相互传播的一类疾病。由于幼儿的免疫系统尚未发育完善，抵抗病毒的能力较弱，再加上幼儿园内的幼儿人数较多，同伴之间的相互接触密切，容易导致传染病大面积传播的情况，所以，积极预防和控制传染病是幼儿园卫生保健管理工作的重要环节。

传染病预防及控制制度应包括传染病预防、传染病控制、传染病隔离、报告等环节。传染病预防及控制制度应遵循下列要求：

第一，应参照《中华人民共和国传染病防治法》，对甲、乙、丙类三类传染疾病有一定的了解，并结合幼儿园所在的地域、季节变化，配合本园的其他卫生保健制度（如卫生消毒制度、入园及定期健康检查制度等）以及常规幼儿预防接种工作，科学制定传染病预防的工作流程或制度，做到“早预防，早杜绝”。

第二，应与幼儿园所在地的疾病预防控制机构积极联系，针对传染病发生时，如何采取控制措施、隔离设置、报告流程等细节工作进行专业性交流，保证制定的制度符合专业流程。

七、常见疾病预防与管理制度

针对幼儿常见的疾病，幼儿园应做到“预防为主”，增强幼儿体质，提高幼儿免疫力，降低疾病发生率。常见疾病预防与管理制度应包含对常见疾病的一般性预防和措施，重点对某些疾病加以观测和指导，如视力低常、听力异常、龋齿、营养性疾病（贫血、营养不良、肥胖等）、先天性心脏病、哮喘、癫痫、食物或药物过敏等，做好相应的记录，并加强针对性的日常护理工作。

疾病预防与管理

一、贯彻“预防为主”方针，按年龄及季节完成防疫部门布置的预防接种工作，预防接种率达百分之百。

二、新入园幼儿应在健康检查卡上填好预防接种史，由保健老师登记备案。

三、及时了解疫情，发现传染病及时报告，做到早预防、早发现、早报告、早诊断、早治疗、早隔离。

四、在传染病流行期间不带幼儿到公共场所。

五、加强体格锻炼，增强幼儿体质，提高对疾病的抵抗力。

（资料来源：由合作幼儿园普罗旺斯幼儿园提供）

八、伤害预防制度

幼儿园各项活动的开展，都必须以安全作为前提条件。幼儿园容易发生的意外事件主要是拥挤、踩踏、压伤、割伤等。做好相关安全管理制度以及对应的应急预案、预防和监控的落实检查机制，就显得尤为重要。因此，幼儿园在设置伤害预防制度时，应包含以下方面：

（1）应有符合国家相关安全标准和规定的物质环境，如幼儿园房屋结构、场地环境、区域设置、家具摆设、教学玩具等。

（2）应有对突发事件（自然灾害、踩踏、火灾等）的紧急预案。

（3）应定期对幼儿园在岗工作人员进行安全教育、安全技能演练、急救技能培训等，提高安全意识和自救能力。

九、健康教育制度

幼儿的健康教育工作主要是针对不同对象（幼儿、家长、教职工）开展的意识教育。健康教育制度是健康教育工作在幼儿园中的具体呈现，主要包含健康教育的内容（如膳食营养、心理卫生、性别教育、疾病预防、儿童安全以及良好行为习惯的培养）、教育的形式（健康知识宣传栏、专题健康知识讲座、健康小贴士资料发放、家长开放日、网络平台宣传等）、健康教育工作的持续性（如每学期教育工作的次数等）以及开展健康教育工作的效果评估。

健康教育制度

一、每学期对保教人员、家长、幼儿进行 1～2 次健康教育。

二、每月幼儿保健人员对保教人员讲课一次，内容涉及保健知识及幼儿常见病的预防、意外伤害的处理等。

三、每学期举办专家卫生讲座一次。

四、定期由教师向幼儿讲授卫生知识。

五、园内定期以黑板报，卫生橱窗等形式宣传相关知识。

六、园所内备有充足的健康教育图书、杂志。每个班级要有适合幼儿看的两种以上的健康教育图书或画刊。

（资料来源：由合作幼儿园普罗旺斯幼儿园提供）

十、卫生保健信息管理制度

幼儿园的卫生保健工作细致而烦琐，每一项工作又有不同的标准、表格，这就需要对不同类型的工作资料信息进行分门别类的整理和分析。卫生保健信息管理制度的建立，则保障了信息的准确性和有效性。

第三节 卫生保健档案管理

一、卫生保健档案管理的目的

卫生保健档案管理是有计划、有目的、有组织地对幼儿园卫生保健各项工作的信息进行收集、管理，旨在了解、掌握幼儿园卫生保健各项工作的实施落实情况以及幼儿的健康状况，以便能够及时地发现问题、查找原因，并有针对性地采取有效应对措施，从而更好地保障幼儿园卫生保健工作的顺利展开和幼儿的身心健康发展。

二、卫生保健档案管理的内容及要求

卫生保健档案管理的内容主要包括建立健康档案和对日常卫生保健工作的记录信息。根据《托儿所幼儿园卫生保健工作规范》的要求，卫生保健档案包括：托幼机构工作人员健康合格证、儿童入园（所）健康检查表、儿童健康检查表或手册、儿童转园（所）健康证明；日常卫生保健工作记录的信息包括：幼儿每日出勤、晨午检及全日健康观察、膳食管理、卫生消毒、营养性疾病、常见病、传染病、伤害和健康教育等记录。

相关工作记录和健康档案都要真实、完整、字迹清晰并按不同的要求填写准确，填写完毕后，应及时归类存档，全部信息资料至少保存三年。同时定期对日常卫生保健工作记录的信息进行统计分析，总结归纳幼儿的健康及营养状况。

【思考与练习】

一、简答题

1. 幼儿园卫生保健管理的意义是什么？
2. 幼儿园卫生保健管理的内容和要求是什么？
3. 幼儿园主要有哪些卫生保健管理的制度？

二、典型案例分析

发现一个烂橘子之后

离孩子们起床还有十分钟的时间，整个幼儿园里静悄悄的。我信步走到食堂，看到炊事员已把三个班的水果分别放在了配餐间。我不觉近距离查看，竟然在一片橘黄中看到了一个烂了一小块的小橘子。于是，我叫来了当班的炊事员：“里面有一个坏的，把它拿出来，还有好的可以放进去马?”“没有了，中午的时候我很认真地挑了个遍，实在是挑不出来了。”

我叫来了食堂管理员：“验货的时候没有仔细查看吗?这样的橘子我们是不能收

的!”我反映给分管食堂的后勤主任:“幼儿园伙食刚刚起步，要严把进货关，千万不能让孩子把坏掉的水果吃进肚子里!”

回到办公室，我再次集合食堂管理员和后勤主任:“橘子在当前的季节已经不新鲜了，从下周起取消橘子，改吃别的水果，必须保证水果的质量!”

园长定期检查，发现问题，调查分析，马上解决问题，这是一个管理者所必须具备的基本素养，也是幼儿园管理必须执行的食品卫生检查制度。

（文章有删改，原文来源：http://www.jy135.com/jiaoyu/214422.html）

案例中园长的定期食品卫生检查制度有什么优点？对于食品卫生管理你还想给这个幼儿园提什么建议？

第八章　幼儿园课程管理

【学习目标】

1. 了解幼儿园课程和幼儿园课程管理的含义。
2. 熟悉幼儿园课程管理的主要内容。
3. 掌握幼儿园课程各个要素的管理。
4. 熟悉幼儿园园本课程开发的含义及主要管理策略，能对幼儿园课程的开发问题进行分析，并提出解决问题的方法。

【导　　语】

幼儿园课程管理是幼儿园管理的重要内容，幼儿园课程管理水平和质量是衡量一所幼儿园发展水平的重要指标。了解幼儿园课程及其管理的含义，熟悉不同角度幼儿园课程管理的主要内容及其管理策略，懂得幼儿园课程开发及其开发管理，是幼儿园园长课程领导力的具体体现。

第一节　幼儿园课程管理概述

一、幼儿园课程的含义

（一）课程

关于课程的定义，中外课程专家和学者给出了 100 多种解释。但主要可以归纳为以下四种不同的解释：

（1）课程即学科或教材，指的是把某个方面有价值的知识系统化，形成一定的科目或学科，然后把知识系统传授给学生。

（2）课程即经验，也就是指教育者有目的、有计划地为学生提供经验让学生去亲身经历而获得经验的过程。

（3）课程即计划，指的是学习者在学校指导下所获得的全部经验的计划和方案。

（4）课程即活动，指的是为达到预定的目标而进行的一系列具体活动。

无论对课程的解释如何，我们可以发现对课程的理解有两个基本点：其一，把课程作为一个系统看待，它是多个要素、多层次关系相互作用的整体；其二，视课程为动态发展过程，需在变化的过程中不断地加以改进和完善。但在实践中，我们可以明确的是课程在教育活动中始终处于核心地位，是教育运行的中介或桥梁。

（二）幼儿园课程

我国幼教先驱们对课程的理解如下。

（1）张雪门在《幼儿园的课程》一书中指出：课程是经验，是将人类经验用最经济的手段，按有组织的调制，利用各种方法以引起孩子反应和活动。

（2）张宗麟在自己的文章中谈到：幼儿园课程，广义地说，乃幼稚生在幼稚园的一切活动。

（3）陈鹤琴强调：幼儿园应该给儿童一种充分的经验，这种经验的来源有二：一是与实物的接触，二是与人的接触。应该把儿童能够学而且应该学的东西有选择地组织成系统，应该以儿童的两个环境：自然环境和社会环境为中心组织幼儿园课程。

教育部“九五”教育科学规划重点课题“中国幼儿园课程政策研究”课题组所认定的课程概念是：幼儿园课程是实现幼儿园教育目的的手段，是帮助幼儿获得有益的学习经验、促进其身心全面和谐发展的各种活动的总和。

鉴于以上课程专家的解释，笔者将幼儿园课程定义归纳为：幼儿园实现幼儿园教育目的的手段，是保证幼儿获得有益的学习经验，促进幼儿身心和谐发展，动态的、开放的、可开发的、可生成的、可重组的各种活动的总和。

二、幼儿园课程管理的含义

（一）课程管理

在相当长的时间内，我国实施国家集权型的课程管理体制，即中央统一规划、统一决策、统一编制，地方和学校教师只需考虑如何将国家课程计划付诸实施。直到 2001 年 7 月教育部颁布的《基础教育课程改革纲要（试行）》明确提出，改变课程管理过于集中的状况，实行国家、地方、学校三级课程管理，增强课程对地方学校及学生的适应性。

因此，课程管理是指国家、地方、学校三级共同对课程的各个运行环节、课程的要素、课程实施要素等进行统筹规划、指导、协调、决策、监督等。课程管理与教学管理相比较，课程管理更侧重于对教育内容选择和安排的管理，教学管理则更多是对教育的具体形式和过程的管理。

（二）幼儿园课程管理

幼儿园课程管理是指在国家有关教育法规和政策的背景下，各级政府及学前教育机构对幼儿园课程的建设和实践过程进行的规范、引导和帮助，其根本目的是提升课程的成效，更好地促进幼儿发展，同时促进教育者自身的发展。

我国幼儿园课程管理有两个层面：一是政府职能部门对课程的宏观管理；二是幼儿园对课程的微观具体管理。这两个层面的课程管理最后落实到幼儿园对课程的具体管理上。即在政府宏观指引下，幼儿园内部对课程的建设和管理全面负责，并直接与课程的实施水平和成效联系在一起。由于幼儿园所处地区的社会、文化、政治、经济发展各不相同，每所幼儿园的实际情况各异，导致幼儿园教育的价值取向不同，课程也随之不同，管理方式也各不相同。但无论怎样，幼儿园课程管理就是落实幼儿园教育目标、完善幼儿园课程、规范幼儿园教师行为，最终达到提升教学专业水平，促进幼儿更好的发展。

三、幼儿园课程管理的内容

幼儿园课程管理的对象，可以从课程的多个角度进行划分。从课程本身的管理角度是对幼儿园课程管理的要素管理；从管理的执行角度是对幼儿园运行过程中的人与环境进行管理；从管理的层级划分是对幼儿园层级的管理。

（一）课程要素的管理

1. 课程目标的管理

课程目标决定着课程设计的方向与性质，是课程内容选择、编排和具体教育活动组织与实施的依据，也是进行课程评价的准则。课程目标的管理主要涉及以下五个方面。

（1）幼儿园课程总目标的管理。幼儿园总目标是我国教育目的在幼儿园阶段的具体呈现，是宏观的目标，是课程目标体系中最上位的目标。对于总目标的管理要掌握如下原则：必须与幼儿园的教育目的相一致；必须反映我国的社会政治倾向；必须在国家和地方的教育法规以及基础教育课程改革内容之中予以规定，符合国家对未来公民的基本要求，并结合所处区域以及幼儿园的发展实际来确定和管理。

（2）各领域目标的管理。要依据《幼儿园教育指导纲要（试行）》（以下简称《纲要》）中五个领域的教育内容、目标要求与指导要点，明确领域目标与教育目的、培养目标的衔接关系。

（3）幼儿园三个不同年龄阶段的目标管理。要将《3—6 岁儿童学习与发展指南》中确立的三个不同年龄阶段幼儿普遍应该达到的目标，与《纲要》中的领域目标结合起来，并具体地分解和落实幼儿园课程总体目标。

（4）幼儿园月、周教育目标的管理。这一级目标的管理强调在月和周的时间单位内，幼儿园和班级期望幼儿的发展方向或者说所获得的成效。

（5）幼儿园具体教育活动目标的管理。教育活动目标是幼儿园课程目标的微观目标，在管理过程中强调操作性、适宜性和可行性，同时必须结合不同年龄阶段幼儿的身心发展规律、学习特点、兴趣与发展需求，将前四级的目标贯彻到具体的教育活动过程中，这样才能真正落实到幼儿的发展上。

以上五级目标的管理应注意相互间的衔接与转化，从制定的角度看，这五级目标是自上而下的关系，但在具体实践和目标管理过程中，又是自下而上地实现、贯彻和检验着上一级目标。幼儿园根据幼儿的发展需求以及对幼儿的观察与解读来及时调整各级目标，每一级目标的管理都是上一级目标管理的具体化，同时又是下一级目标管理的概括。

2. 课程内容的管理

课程内容的管理主要涉及课程内容的选择。在课程内容的选择上要把握这样几点：一要根据课程目标选择课程内容；二要注重课程内容的适切性；三要强调课程内容的基础性；四要使课程内容贴近社会生活；五要重视课程内容的全面性；六要突出课程内容的发展性。

3. 课程组织与实施的管理

首先，幼儿园课程的组织与实施应以幼儿的全面发展为目标。适宜以主题活动、单元活动、综合教育、方案教学等课程类型组织与实施。其次，应充分考虑幼儿的学习特点和认识规律，各领域的内容要互相融合、有机联系、相互渗透，注重综合性、趣味性、活动性，寓教育于生活、游戏之中。再次，要根据幼儿的兴趣、需要和能力组织实施课程内容。围绕幼儿生活经验整合某领域内的知识或整合各领域间的知识内容，引导幼儿获得有益经验。最后，在课程的组织实施过程中，要强调师幼行为和心理上的有效互动，以此来促进幼儿发展，共同实现课程目标。

4. 课程评价的管理

幼儿园课程评价管理需从这儿方面入手：

（1）确定评价主体。

评价主体应包括教师、园长、园内其他人员、教育行政人员、教科研人员、园内家长、社区工作人员等。这种多元的评价体现了终身教育、全民教育和优质教育的现代化教育发展趋势。但教师必须积极参与课程评价，因为教师是课程的具体实施者。评价的过程，就是教师运用专业知识审视教育实践，发现、分析、研究、解决问题的过程，也是其自我成长的重要途径。

（2）明确评价对象。

① 针对幼儿的评价：主要评价幼儿在幼儿园各项活动中的态度、方法、行为方式等。评价原则为：承认和关注幼儿的个体差异，避免用统一的标准评价不同的幼儿，在幼儿面前不简单地横向比较。以发展的眼光看待幼儿，既要了解其现有水平，更要关注其发展的速度、特点和倾向等。

② 针对教师的评价：主要评价教师在预设和生成活动中的设计、准备、组织实施、教育评价等过程中所持的态度、方法及技巧等。

③ 针对教育活动的评价：主要评价教育活动目标、内容、形式、手段、方法、策略、环境等是否能调动幼儿学习，以及幼儿表达与表现的积极性。

④ 针对环境的评价：主要对幼儿园教育环境中的物质文化环境、精神文化环境和心理环境中的有关因素进行价值判断。

⑤ 针对课程本身的评价：主要关注课程的价值、合理性和效果，以改进和完善课程。

（3）梳理清晰的评价内容。

评价内容涉及幼儿发展状况的评估，要注意全面了解幼儿的发展状况，防止片面性，尤其要避免只重知识和技能，忽略情感、社会性和实际能力的倾向。幼儿园课程评价的主要内容有课程方案；环境的创设和利用；一日生活的安排与组织；幼儿园、家庭、社区的互动；教师的态度与行为等方面。

（4）使用恰当的评价方法。

在幼儿园课程评价过程中，主要采用形成性评价、定性评价与定量评价相结合、自我评价与他人评价相结合的方法。这些评价方法要根据评价对象的不同分别使用或综合使用。如果是针对幼儿的评价，评价应自然地伴随着整个教育过程进行，综合采用观察、谈话、作品分析等多种方法。

（5）培训评价人员。

主要培训内容包括：学习了解评价方案；如何贯彻落实评价方案；评价过程中遵循的评价原则；熟悉并掌握评价程序；如何对评价对象进行价值判断；运用哪些评价方法；如何分

析评价结果等。

（二）人与环境的管理

幼儿园课程管理的内容，从课程执行管理的角度来说是对幼儿园课程运行过程中涉及的人、环境和资源进行管理。人，是指园长、教师和家长；环境包括物质环境和精神环境。

1. 园长、教师和家长

（1）园长。

在课程管理实践中，应明确园长在幼儿园课程管理中的职责。首先，园长要全面了解学前教育课程改革的目标和任务。要整体、全方位地把握本园课程建设与管理的总体目标与发展方向，主持或参与幼儿园课程的建设与管理过程；其次，园长要承担一定的保教指导任务，定期了解和监控幼儿园课程计划的实施情况；最后，园长要指导教师明确各类课程在幼儿发展中的价值，理解和认同本园课程的设置结构、实施策略和评价方法，并在保教实践中自觉落实和执行本园的课程理念。

（2）教师。

教师是决定课程质量最重要的因素。在幼儿园课程管理中，应将《幼儿园教师专业标准（试行）》作为教师管理的重要依据，从专业理念与师德、专业知识、专业能力、专业发展等方面对教师进行管理。此外，还应让教师参与课程内容的选择与设计；在课程实施前、中、后组织教师进行不断的研讨培训；要求教师广泛地与家长交流有关课程设置与实施等方面的问题。

（3）家长。

家庭是幼儿园重要的合作伙伴。针对家长的管理，一是要搭建家长互相学习的交流平台，举办家长学校、家长会、家长便条、半日活动开放、家长沙龙、亲子活动、网络论坛等活动。二是充分开发和利用家长的育儿经验，宣传先进的家庭教育思想，传播科学的育儿观念。三是发挥家长委员会的作用，建立家长人才资源库，利用不同行业家长的专业资源和职业优势，鼓励家长参与幼儿园课程建设与实施，可以采用家长助教活动和家长志愿者活动的形式。

2. 环境管理

（1）幼儿园物质环境管理。

幼儿园物质环境管理的整体原则是安全、健康、舒适、卫生、经济、实用、新颖、可变、体现教育目标、师幼共创、有利操作等。具体的管理内容与要求包括：一要以幼儿为中心构建经济、实用和适宜的环境，避免高档化和形式化。二要根据本园环境构造的特点、幼儿的活动需要以及本园的办园理念和课程要求对室内外公共环境和班级环境进行统筹规划、布局与设置。三是幼儿在园一日生活环境所需的空间范围、设施设备、操作材料等，要能吸引幼儿乐于探索，满足幼儿发展需要，获得成功体验。四要根据季节、主题、宣传等需要及时对环境做出相应的调整和更换，创设有效的室内外教育环境。五是班级微观环境的管理要注重立体化、平衡化、动态化。六要创设多功能的环境，充分发挥环境的综合效用。七要充分挖掘或开发现有环境的新功能。八要根据本地区和幼儿园的经济状况和民俗文化特点，创设具有地域特色的物质环境。九要以低成本创高质量教育环境的原则，因地制宜、就地取材，合理利用自然物、废旧物来创设环境。

（2）幼儿园精神环境管理。

幼儿园精神环境管理的内容与要求包括：一是素质文化环境的管理。如园风、工作作风的建设；良好师幼关系的建立；教师的形象塑造等。二是幼儿园制度文化环境的管理。三是幼儿学习环境的管理。如幼儿学习环境是否体现了教育功能和目标；是否适宜、具有儿童化、人文化。四是重视心理环境的营造。即是否能体现心理安全、关爱、尊重、支持、平等、宽松、和谐的心理氛围。

（三）幼儿园课程资源的管理

幼儿园课程资源是幼儿园课程的内容载体和实现条件，是一切能够为幼儿园课程服务的可利用的资源因素。幼儿园课程资源的管理可分为以下几方面。

1. 统筹规划，规范管理

将幼儿园课程资源建设与管理纳入幼儿园的整体规划和决策中，从园级层面加强课程资源的建设和管理，为教师设计和实施课程提供丰富、充足的资源支持。具体包括：建立课程资源建设与管理制度、设立专项课程资源建设与管理经费、设置课程资源建设与管理中心、配套相关管理人员等。

2. 科学开发，合理利用

根据幼儿的年龄特点、活动需求、课程内容等科学开发、合理利用课程资源，强调资源的丰富性、多功能性、环保与低碳。提倡循环使用，资源共享，减少浪费。降低开发成本和课程成本，提升课程质量。

3. 建立课程资源建设与管理中心

课程资源建设与管理中心是为教师更好地设计和实施课程提供资源支持和信息服务的部门。具体管理内容包括：一是建立并不断完善幼儿园课程资源库，方便课程实施工作有序高效地开展；二是课程资源的收集；三是课程资源的整理；四是课程资源的加工；五是课程资源的存放；六是课程资源的发布。通过幼儿园课程资源的管理可以整合全园课程资源，提高共享率和利用率，增加课程设计的选择性和自由度，帮助教师及时获得课程资源更新情况和学前教育专业发展动态，拓宽专业视野，丰富课程资源，扩大课程效益，促进幼儿发展。

（四）幼儿园课程的层级管理

由于幼儿园管理主体的层级性，幼儿园课程的管理也必然是多层级的。幼儿园课程管理主要有政府职能部门和幼儿园自身两层面的多层级管理。

1. 政府职能部门对课程的管理

从中央到地方各级政府职能部门，都对课程管理负有责任，不同层级的政府部门其职能有一定的差别。

（1）中央政府主要是宏观管理，在了解全国幼儿园课程基本状况和主要问题的基础上，通过制定并督促执行相关的法规和政策来实施管理。

（2）省市教育行政部门主要进行幼儿园课程的中观管理，依据国家有关幼儿园课程的法规和政策，结合本地的实际，制定本地幼儿教育的政策、规划或实施管理等，确保国家相关法规和政策能与本地的实际相结合，并得到贯彻和落实。

（3）县（市）、区教育行政部门主要进行幼儿园课程的微观管理，重在实践中管理，在行动中管理。幼儿园是否贯彻国家有关的法规政策，有没有从实际出发创造性地开展课程建设，幼儿园课程建设的成效如何，幼儿园课程建设的过程中面临的主要问题是什么，各类课程实施人员培训的重点是什么，一系列与幼儿园课程建设紧密相关的问题主要是在这一层级上发现和解决的。

2. 幼儿园自身对课程的管理

幼儿园作为教育机构，自身也有管理课程的职能。幼儿园的课程管理可分为园级课程管理、平行班组管理、班级课程管理、教师自我管理四个层级，每一级管理组织均在课程管理过程中发挥着各自的功能，以确保幼儿园课程的有效运行。

（1）园级课程管理。

幼儿园要从宏观角度对课程的方向与发展问题进行总体管理。这级管理涉及课程的理念、课程的框架、课程实施中人员的配备和经费保障、课程资源的统筹规划与管理、课程实施成效的评价等方面。在这一级管理中，园长的课程管理观念、课程管理水平及所产生的行为直接决定着课程实施的成效。因此园长为实现教育目标和幼儿园愿景，应根据国家和地方的课程政策，在自身课程哲学和课程知识等专业基础上，发挥个人管理的影响力，促进园所成员之间彼此合作，对课程设计、课程实施、课程评价、课程发展等进行沟通、协调和支持，实施专业性管理。

（2）平行班组管理。

按幼儿不同年龄阶段的班组进行管理，如小班平行组、中班平行组、大班平行组。这一级的管理主要涉及课程的审议、课程计划的制订、课程的过程评价及课程实施理念和策略的分享等。

（3）班级课程管理。

班级课程管理是班级教师通过教育活动的计划、组织、实施、调整等环节，把幼儿园的人、财、物、时间、空间、信息等课程资源充分运用，以达到预定课程目标的过程。这一级的课程管理与实施相交融，是在实施过程中进行的管理，它直接指向课程的质量和幼儿的发展，起着至关重要的作用。班级课程管理主要涉及班级课程计划、班级环境的创设、一日活动的组织管理、每个教育活动的设计组织与实施、具体的课程资源的管理、家园联系工作的管理等。

（4）教师自我管理。

教师自我管理是指教师根据班级的工作计划和常规，管理自己的课程实施行为。在自我管理的过程中，教师要具有自觉的课程意识，要自觉学习国内外先进的学前教育理论、经验；自觉研究各教育领域、教育指导策略、保教实践过程；加强个人修养和言行；熟悉幼儿保育和教育知识；自觉提升环境的创设与利用、一日生活的组织与保育、游戏活动的支持与引导、教育活动的计划与实施等方面的专业能力。

幼儿园要想发挥好自身课程管理的职能，必须处理好以上四级的课程管理关系，使其上下合力、协调运行，切实促进每位幼儿的全面发展、教师的专业发展和园所的持续健康发展。

第二节　幼儿园园本课程开发的管理

一、园本课程及其开发

1. 园本课程

园本课程是幼儿园根据国家、地方的课程政策，从幼儿园实际出发，充分利用园内外教育资源，通过对课程的创编选择和整合而形成的、体现本园特色的个性化课程体系。它强调的是幼儿园在拥有了课程决策权后，自主地进行课程开发。一般来讲，园本课程体现了幼儿园特色，符合幼儿需要。

《幼儿园教育指导纲要》对幼儿园课程开发与管理并没有制定统一的标准和教材的文本要求，全国各地的幼儿园可以根据当地的实际情况，自行开发能体现本地、本园特色的课程。因此，幼儿园课程与中小学课程理念的一个很大不同之处是，幼儿园更重视园本课程的自主开发与实践。园本课程的实质是，幼儿园在结合本园的实际情况下所实施的能够体现幼儿园特点的个性化课程。它应该是一个在园长的积极引领下，多方人员参与研发的课程体系。

2. 园本课程的开发

课程开发是指根据办学理念，通过需求分析，确定课程目标，再根据这一目标选择某一个（或多个）学科的教学内容和相关教学活动进行计划、组织、实施、评价和修订，最终达到课程目标的整个工作过程。园本课程开发有广义和狭义之分。广义的幼儿园课程开发是指教师根据幼儿的兴趣与需要，结合幼儿园具体特点和条件而对现有课程的处理及决策，这种行为在日常中比较常见。狭义的园本课程开发是指幼儿园根据自己的办园理念、幼儿的兴趣与需要，结合幼儿园具体特点和条件，编制本园特色的课程方案，对幼儿园的课程目标、课程内容选择、课程的组织实施、课程的评价等通过课程方案进行固化，并就课程的组织实施提供政策保障、组织管理、资金支持等。幼儿园课程开发取狭义的课程含义。《幼儿园教育指导刚要》要求，应把幼儿园课程开发看作一个革新的动态历程、一项自主决策的系统工程。幼儿园课程开发的复杂性要求幼儿教师积极主动地参与到课程开发中来，充分发挥其参与课程开发的主体作用。

二、幼儿园园本课程的管理

（一）幼儿园园本课程管理的含义

园本课程管理界定为在一定的法规和政策的背景下，幼儿园对自身课程的建设和实践过程进行的规范、引导和帮助，其根本目的是提升课程的成效，更好地促进幼儿的发展，同时促进教育者自身的发展。园本课程的管理属于幼儿园一级的管理，一方面要与国家课程、地方课程的管理作为一个整体来全盘考虑，并在具体的课程管理中协调、优化和整合三类课程，另一方面又具有一定的特殊性，应结合幼儿园的实际情况加强对园本课程的严格管理，才能保证园本课程的合理开发和顺利实施。

（二）幼儿园园本课程开发管理策略

1. 理念与目标的明晰

任何课程都要有明确的理念和目标。理念和目标是课程建设的指路明灯，它直接影响课程建设的方向和质量，幼儿园园本课程建设的特色。当前幼儿园园长在园本课程建设中存在两个误区：一是没有理念与目标。有些园长只想着做特色，就抓住某个领域或某个很小的活动内容来做，如篮球、剪纸等，不明白自己该解决什么问题，不研究如何全面发展；二是理念与目标不明确、不清晰。园长有一个模模糊糊的想法，就叫教师们去做，教师们也不明白园长的想法，不知怎么做。有些园长甚至今天这个想法，明天又有另一个想法，教师们便不知所措。所以说建构园本课程必须有明晰的课程理念和目标，管理层和一线的教师都要知道自己朝什么方向做，怎样做，为什么要这样做。

2. 开展园本培训和园本教研，提高教师课程开发意识和能力

在明确幼儿园办园理念和课程目标的基础上，需要让管理层和全体教职工都明白和认同。更重要的是让教师认同和明白，因为教职员工是课程建构的主力军，园长要让教职员工真正明确：我为什么要这样做?这样做比原先的做法好在哪里?我要朝什么方向做?要做到这一点，园长首先要与教职员工一起学习相关理论，带领他们参与相关培训和开展相关的教研。

（1）园本培训。

园本培训是为了满足幼儿园教师个人发展的目标和需求，由幼儿园设计、组织和实施，主要由幼儿园教师参与并在幼儿园内进行的一种以幼儿园发展为本、以教师专业发展为本的一种教师继续教育培训模式。它立足于幼儿园岗位实际需要，把教师培训和幼儿园教育教学、科研实践紧密结合起来，是一种灵活、持久、有效的在职继续教育模式。它能促进园本课程开发，教师在此过程中成为课程的设计者、实施者和开发者，有效地促进了教师专业成长，为提高保教能力和水平奠定了基础。

（2）园本教研。

开展园本教研是实现园本培训目标的重要途径和手段。园本教研通过教师自我反思、同伴互助、专家引领，既可以使教师间互相促进、相辅相成、共同提高，也可以解决教师在教学中所面临的实际问题，提高教师分析问题和解决问题的能力，为教师开展园本课程开发创造了条件。

3. 充分挖掘有效的课程资源

课程资源是幼儿园课程开发的关键，它直接关系到园本课程开发目标的实现。信息技术的普及与发展使学前教育资源开放化，国内外学前教育资源呈现在我们面前，各种课程更是让人目不暇接。面对这样的状况，什么样的资源更有利于幼儿园自身的发展，应从哪些方面去挖掘和选择课程资源，就成为幼儿园园本课程开发的关键。挖掘课程资源应重视以下几方面。

（1）所挖掘的课程资源应当满足幼儿的需要，符合幼儿的兴趣，能引导幼儿从中发现问

题、探究问题，发展他们的个性，促使其愉快地生活和学习。

（2）重视从幼儿园自身出发，充分挖掘体现幼儿所在家庭、园所、社区文化，富有教育意义的资源，既反映幼儿园特色文化，又结合当地风土人情、自然地理，亲近家庭、服务于家庭。

（3）重视多元文化资源的挖掘和利用。我国是一个多民族的国家，挖掘体现多元文化特色的课程资源是一大亮点。将多元文化的理念展现在幼儿园园本课程开发的各个环节，以开放的姿态吸纳不同地域、不同民族的精华精髓，帮助幼儿熟悉、了解、领悟生活中、活动中、游戏中以及班级、园所、社区的“多元文化”，让幼儿通过直接经验、间接经验来感受、体验和创造“多元文化”。

（4）重视对现有课程及课程资源的甄别与利用。

要对社会流行的国内外多种幼儿园课程及学前教育资源进行分析和研究，选择适合自身发展需要的幼儿园课程及幼儿教育资源，并对之进行适宜性建设，通过有效的融合，实现优势互补，促进园本课程的开发。

4. 合理利用优势的课程资源

合理利用优势的课程资源是落实幼儿园园本课程开发的有效途径。园本课程通过对资源的挖掘，使优势资源成为园本课程开发的保障。合理利用好宝贵的课程资源应重视以下几方面。

（1）合理利用课程资源要打破传统的教育模式。

这就需要课程实施者在课程资源利用过程中打破封闭式的教学，提供多元的、动态的教学模式，采用多种教育手段，实现教育目标教学活动等，让幼儿在丰富的环境中主动学习。

（2）借助班级区域化学习活动，为幼儿提供更为开放的自主学习探索空间。

在教育活动中，教师要关注课程的生成性，要根据教学中幼儿的现实需要，将课程内容沿着幼儿的思路和兴趣发展，并及时反思、调整教育内容，选择合适的园本课程资源进行施教，为幼儿提供更为开放的自主学习探索空间。同时也为教师提供把握课程内容的自主空间，使教师的创造力得以发挥。

（3）坚持开放性原则，为幼儿提供丰富的课程资源。

优势的课程资源是幼儿园园本课程开发的结晶，它蕴含着丰富的教育资源和特色资源。因此，在充分利用课程资源的过程中，要着眼于幼儿行为习惯的养成、学习态度与能力的培养，注重幼儿整体学习过程的体验，而不只是对知识的习得。

【案例阅读】

利用木偶开展幼儿园教育活动

泉州市刺桐幼儿园“利用木偶开展幼儿园教育活动，促进幼儿发展的实践探索”荣获2014年基础教育国家级教学成果奖二等奖，这一殊荣反映了该园在幼儿园园本课程的开发、课程资源建设和园本教研方面所取得重大突破和丰硕成果。总结主要内容如下：

一、利用木偶开展幼儿园教育活动的背景

一是幼儿年龄特点。木偶形象夸张，富有动感，表演起来生动灵活。幼儿喜爱木偶，利用木偶开展幼儿园教育活动十分切合幼儿的年龄特点。二是家乡的地域文化优势。泉州是木偶之乡，泉州的木偶艺术享誉世界。汲取家乡丰富的文化精髓，挖掘蕴涵于社区中广厚的教育资源，使得这一教学实践项目具有得天独厚的支持条件。三是国家教育文件的精神。《国务院关于基础教育改革与发展的决定》中指出：实行国家、地方、学校三级课程管理。在保证实施国家课程的基础上，鼓励地方开发适应本地区的地方课程。学校可开发或选用适合本校特点的课程。《基础教育课程改革纲要（试行）》中指出：学校在执行国家课程和地方课程的同时，应视当地社会、经济发展的具体情况，结合本校的传统和优势、学生的兴趣和需要，开发或选用适合本校的课程。

二、利用木偶开展幼儿园教育活动的目的

一是进行"利用木偶开展幼儿园教育活动"的实践研究，激发幼儿的活动兴趣，提高幼儿动口、动手、动脑的能力，促进幼儿身心和谐发展。二是将贯彻《纲要》精神和实施园本课程进行同步的实践探究，开发适合本园的课程模式，建构和发展"利用木偶开展幼儿园教育活动"的园本课程。三是增强教师的课程意识，调动教师参与开发园本课程积极性，提高教师实施课程的能力。

三、利用木偶开展幼儿园教育活动的主要过程与方法

第一阶段主要是探索木偶表演游戏的组织与指导；第二阶段是木偶主题活动和木偶领域活动的开展；第三阶段梳理了八种类型的木偶教育活动——木偶表演游戏、领域木偶活动、主题木偶活动、幼儿木偶活动、社区木偶活动等，各种类型的木偶教育活动都有丰富的教育内容。

采用的主要方法有五种：园本培训——在学习中展开；园本教研——在思考中解惑；开发课程资源——在过程中积累；专题活动——在实践中提高；班本化实施——在特色中凸显。

四、利用木偶开展幼儿园教育活动促进幼儿发展

开端阶段：创设木偶化的环境开展木偶表演游戏，引发幼儿对木偶的喜爱之情。发展阶段：利用木偶开展集中教育活动，激发幼儿对学习的兴趣。提升阶段：开发多种与木偶有关的教育活动类型，促进幼儿全面发展。

五、利用木偶开展幼儿园教育活动的成果

（一）形成和利用木偶开展幼儿园教育活动的目标体系

（略）

（二）开发了利用木偶开展幼儿园教育活动的主要类型

（1）木偶表演游戏：幼儿根据故事或童话中的情节、内容和角色，用背景、道具布置木偶舞台，操作不同角色的木偶进行表演。

（2）领域木偶活动：教师按知识之间的内在联系和幼儿的心理发展规律，有目的、有计划地创设木偶环境，提供木偶材料，组织活动，促进幼儿身心全面发展。

（3）主题木偶活动：根据多元智能理论，在一段时间内围绕一个中心（主题）内容来组织教育教学活动，打破学科之间的界限，贯穿语言、数学、空间、音乐、人际关系等能力的发展目标，具有综合性和系列性的特点。

（4）幼儿木偶剧：从传统木偶戏发展而来，既有戏剧艺术的特征，又综合了游

戏的特点。教师和幼儿共同完成剧本创编，音乐录制，背景、道具和木偶的制作及木偶剧的排演，家长也参与其中。

（5）木偶制作活动：从幼儿教育的需要和特点出发，以生活中的废旧物品作为制作木偶的主要材料，博采各种木偶的优点，并把它们简化，融合玩具的特点。巧妙地制作出丰富的木偶式样，包括玩偶、掌偶、杖偶、提线偶和皮影偶等。

（6）“偶”化的区域活动：教师为幼儿创设丰富的木偶教育环境，将活动室的空间划分为不同区域，提供幼儿感兴趣的“偶”化材料，让幼儿自主选择活动区域，通过与材料、环境的充分互动而获得学习与发展。

（7）亲子木偶活动：由幼儿园创造一定的条件，以教师为主导，教师与家长共同组织的以木偶为主要载体的有益于幼儿成长的活动，一般有亲子木偶制作，亲子木偶表演、亲子木偶欣赏等活动形式。

（8）社区木偶活动：将社区中的木偶文化资源，包括木偶剧团的专业学员等人力资源引进木偶教育活动中。

（三）丰富了利用木偶开展幼儿园教育活动的主要内容

小班、中班、大班有九大主题的活动案例：健康、语言、科学、社会、艺术各领域都有优秀、经典的教育内容；创编了适合不同年龄班幼儿表演的木偶剧本近百个；整理了适合幼儿自制的木偶作品范例四百多件。

（四）梳理了利用木偶开展幼儿园教育活动的四个主要策略

（1）以制度保障利用木偶开展教育活动的有效实施。

（2）牵手家庭深化利用木偶开展教育活动的共同实施。

（3）联手社区促进利用木偶开展教育活动的合作实施。

（4）以评价推进木偶教育活动的质量不断提高。

（五）取得了一定的教育成果

编写出版了利用木偶开展幼儿园教育活动的教育用书（《幼儿木偶教育活动实例》）。

（本章有删改，原文来源：黄阿香，郭向纯. 利用木偶开展幼儿园教育活动，促进幼儿发展的实践探索[J]. 福建教育，2015（11））

【思考与练习】

一、简答题

1. 幼儿园课程和幼儿园课程管理的含义是什么？
2. 从不同的角度简述幼儿园课程管理的内容。
3. 幼儿园课程开发的含义是什么？
4. 简述幼儿园课程开发管理的含义和管理策略。

二、案例讨论

齐齐哈尔市某区教育中心幼儿园是全区办园时间最长、教学设备设施条件最好、幼儿园教师队伍素质最佳的幼儿园。幼儿园的幼儿是由达斡尔族幼儿和汉族幼儿组成，多年的教育教学实践过程中形成了具有地域特色的办园风格，并呈现出民族特色。近年来，在国家“学前教育三年行动计划”的支持下，幼儿园的环境建设、文化建设和幼儿园教区、师资队伍建设都得到进一步的改善和提高，在区域内的影响力也在不断地提升。他们正在探索、发掘适合本园特色的课程资源，进行园本课程的开发与建设工作。

问题：如果你是该园的管理者，你会如何考虑合理利用幼儿园的资源进行园本课程的开发?（提示：从少数民族的文化特色人手，如曲棍球、音乐、舞蹈、摔跤等。）

第九章　幼儿园后勤管理

【学习目标】

1. 了解幼儿园后勤管理的含义和工作要求。
2. 熟悉幼儿园财务管理的内容及其相关制度。
3. 掌握幼儿园资产管理的内容及其相关制度。

【导　　语】

后勤保障工作是幼儿园开展各项工作的基础，也是做好教育教学工作的保障。后勤工作的好坏直接关系到幼儿园各项工作能否顺利开展，保教质量能否提高。后勤工作肩负着十分重要的任务，即建设和创建良好的工作环境，不断充实和改革教学设备；管理好幼儿园的财务和财产；改善教职员工与幼儿的生活福利；保障幼儿园保教任务的完成等。后勤工作千头万绪，需要抓重点，实施科学化的管理。

第一节　幼儿园后勤管理概述

一、幼儿园后勤管理的含义和性质

（一）后勤管理的含义

后勤，原为军事名词，为“后方勤务”的简称，是指军队为保障部队各项任务的完成而提供物资、卫生、技术、运输、生活等方面的条件，以保障军队需要的勤务。这一概念后被其他领域所采用，引申为机关、院校和企事业单位的总务工作。后勤管理是一种形式，是管理的一般本质在后勤管理中的一种表现，也是机构行政管理的重要组成部分。具体来说，后勤管理是指管理者运用一定的原理、方法和手段，通过一系列特定的管理行为和领导活动，使全体成员团结努力工作，以达到后勤工作目标的过程。由于后勤工作部门是专门为单位的职能活动提供物资保障的组织机构，它的任务是为职能活动服务的。因此，后勤管理的任务就在于运用各种管理手段，通过组织、指挥、协调和调动后勤职工的活动，来创造一个远比每个个人活动力量总和要大的后勤保障力量，以便高效率和高质量地完成后勤工作任务，进而保证单位职能工作的顺利开展。幼儿园后勤管理是结合业务管理的一项工作，一起为幼儿园有关的教育和保教工作而工作，采用科学的工作方式和管理手段，将人、财、物等各因素组织起来，调动各方面的积极性，优质高效地实现国家所规定的培养目标和幼儿园工作任务。

（二）后勤管理的性质

1. 服务性

后勤管理是一项服务性的工作，它要为幼儿园的保教工作、教科研和教师、各岗位人员及幼儿的生活提供服务。幼儿园后勤管理要为幼儿园提供物质基础和保障性物资。

2. 先行性

“兵马未动，粮草先行”，这一句名言引用在幼儿园后勤工作非常贴切。后勤工作是幼儿园工作的先导部分或“前计划工作”，所有一切活动的开展必须从后勤开始。可见，后勤管理工作必须依据幼儿园整体工作的计划，并走在幼儿园其他各项工作的前面，如果失去了先行性，就无法很好地服务。

3. 全局性

后勤管理工作几乎涵盖了幼儿园人、事、物、财等各个方面，它涉及面量广，也最为复杂，关系到全园各项工作的顺利进展，关系到组织中每个成员的工作、学习和生活。只有以强大的后勤管理作保障，才能使幼儿园各项工作的有序开展成为可能。

4. 政策性

后勤工作涉及党和国家既定的方针、政策、法令和法规，诸如《中华人民共和国食品安全法》《饮食服务食品安全监督管理办法》《餐饮服务食品安全操作规范》《幼儿园食品卫生管理标准和要求》等，后勤管理必须熟识相关的知识，并依法管理，按章办事，严格执行，不能与之相违背。

二、对幼儿园后勤管理的要求

（一）树立为幼儿和教职员工服务的思想

幼儿园的办园目的就是促使幼儿健康、全面地发展。幼儿发展的好坏是幼儿园能否持续生存的关键。由于幼儿是正在发展中的、不成熟的弱小个体，幼儿园在为幼儿提供后勤服务时，应当树立为幼儿服务的思想，结合幼儿的身心发展特点与规律，提供有针对性的服务并真心地关爱幼儿，全心全意地为幼儿的生活与身心发展服务。

教职员工是幼儿园工作人员，是幼儿园运行好坏的决定因素之一，是幼儿园的人力资源。教职员工作环境、工作条件的满意程度，决定着他们在保教工作中的积极性、主动性。因此，在后勤工作中，应服务好每一位教职工，为他们提供优质服务，使他们在园中感受到家的温馨，最大限度地满足他们在生活方面的基本需求，使他们能够专心致志地投入保教工作中，提升教育质量。

（二）健全后勤管理制度

“没有规矩，不成方圆。”只有有章可循、有法可依，工作才能不偏离目标，并且有效地开展下去。因此，制度是任何一个组织顺利运行的保证。同理，如果没有一套良好的组织制度作为指引，幼儿园内的后勤工作必将出现杂乱无章的局面，工作势必无法稳定有序地开展。因此，制定并不断地完善和健全后勤管理制度，是做好后勤管理工作的开始。利用后勤管理制度，可以使园内的各项后勤工作的基本程序和对后勤人员的要求系统化，从而使得幼儿园的后勤管理能够朝着更完善、更科学、更人性化的目标前进。

（三）加强后勤工作队伍建设

幼儿园的后勤管理工作是通过对人、财、物等的综合运用与管理来进行的，但后勤工作目标的真正实现必须通过人来实现，因此，加强后勤工作的队伍建设是后勤管理的一项重要内容。在后勤工作队伍建设中，不能只注重人员的数量，更要注重工作队伍的质量，即队伍人员要精而优，要建立一支素质优良且精干的队伍。后勤队伍良好的素质不仅取决于后勤工作人员的体力状况，更重要的是思想上的觉悟。首先，后勤工作人员必须热爱自己的本职工作，不断提高自身的素质，和谈吐、衣着、专业知识和技能等。同时，还必须具备吃苦耐劳的品质，因为幼儿园的后勤工作非常烦琐，这就要求后勤工作人员必须细心、耐心，能够吃苦。总之，一支高素质的后勤工作队伍是高效后勤工作的关键。

（四）坚持勤俭办园的方针

勤俭节约自古以来就是中华民族的优良传统，管理好一所幼儿园同样也需要勤俭节约。所谓勤俭并不是说一切从简，而是指要把钱花在刀刃上，要抓住重点，即要使得所花的每一笔钱都能取得最大的效益。当前，有的幼儿园，特别是公立幼儿园浪费十分严重，这种浪费不仅包括没有遵循“成本——效益”原则所造成的浪费，还包括有些幼儿园管理者不懂幼儿园教育常识，花费很多金钱买了或建设了不利于幼儿教育的设施设备而产生的浪费。

三、幼儿园后勤管理的主要内容

幼儿园后勤管理工作内容广泛，根据常见的工作范围划分，主要包括：安全管理、幼儿卫生保健管理、膳食管理、财务管理、资产管理、档案管理等系列工作。本章节重点讲述幼儿园的财务和资产管理。

第二节　幼儿园财务管理

一、幼儿园财务预算管理

（一）预算管理的含义

财务预算是指幼儿园根据发展计划和任务而编制的年度财务收支计划，是幼儿园各项计划的具体量化，这种量化有助于管理人员之间协调、贯彻各种计划。预算管理是财务管理的核心，是幼儿园管理的重要组成部分。因此，要求幼儿园要重视预算管理，建立健全预算管理制度，编制科学、合理的预算，使预算更接近实际。幼儿园预算管理对幼儿园的财务活动具有重要的意义。在幼儿园年度计划的指导下，注重幼儿园内部综合协调管理，强化幼儿园管理的计划、组织、控制和协调职能，只有这样，才能让所有职能部门的子目标与幼儿园整体目标统一，从而提高幼儿园整体的管理效率和经济效益。

（二）财务预算管理的原则

1. 实事求是原则

幼儿园收支的预算必须以幼儿园发展目标和履行幼儿园职能需要为依据，对每一收支项目的数字指标应认真测算，力求各项收支数据真实准确。机构、编制、人员、资产等基础数据资料要按实际情况填报；各项收入预算要结合近几年实际取得的收入并考虑增收减收因素测算，不能随意夸大或隐瞒收入；支出要按规定的标准，结合近几年实际支出情况测算，不得随意虚增或虚列支出；各项收支要符合部门的实际情况，测算时要有真实可靠的依据，不能凭主观印象或人为提高开支标准编制预算。

2. 完整性原则

预算编制要体现综合预算的思想。所有收入和支出全部纳入预算，对幼儿园的各项财政资金和其他收人统一管理，统筹安排，统一编制综合预算。编制预算时，要将幼儿园取得的包括财政性资金在内的各项收人以及相应的支出作为一个有机整体进行管理，对各项收入、支出预算的编制做到不重不漏，不得在预算之外保留其他收支项目。

3. 科学性原则

预算编制要具有科学性，具体主要体现在：预算收入的预测和安排预算支出的方向要科学，要与幼儿园发展状况相适应，要有利于促进幼儿园协调全面、可持续发展；预算编制的程序设置要科学，合理安排预算编制每个阶段的时间，既要以充裕的时间保证预算编制的质量，又要注重提高预算编制的效率；预算编制的方法要科学，预算编制要制订科学规范的方法，测算的过程要有理有据；预算的核定要科学，基本支出预算定额要依照科学的方法制订，项目支出预算编制中要对项目进行遴选，分轻重缓急排序，科学合理地选择项目。

4. 稳妥性原则

预算的编制要做到稳妥可靠，量入为出，收支平衡。收入预算要留有余地，没有把握的收入项目和数额不要列入预算，以免收入不能实现时，造成收小于支的情况；预算要先保证基本工资、离退休费和日常办公经费等基本支出。项目预算的编制要量力而行，有多少钱办多少事。

5. 重点性原则

预算编制要做到合理安排各项资金，在兼顾一般的同时，优先保证重点支出。根据重点性原则，要先保证基本支出，后安排项目支出；先重点、急需项目，后一般项目。基本支出是维持幼儿园正常运转所必需的开支，如教职员工基本工资、国家规定的各种补贴津贴、离退休人员的离退休费、保证幼儿园正常运行所必需的管理费用支出以及完成幼儿园任务所必需的其他支出，因此要优先安排预算，不能留有缺口。

（三）财务预算管理制度

幼儿园预算管理制度包括预算制订、预算的执行和控制、预算的调整和预算的分析。

1. 预算制订

预算制订是幼儿园在预测和决策的基础上，围绕幼儿园的总体目标，对一定时期内幼儿园资金取得和投放、各项收入和支出等资金运作所做的具体安排。幼儿园编制预算，一般应按照“上下结合、横向协调、逐级汇总”的程序进行。

幼儿园预算的基本编制程序为：

（1）制订年度计划。预算的基础是计划，因此，预算能促使幼儿园的各部门提前制订计划。只有制订出幼儿园下一年的年度发展计划，各部门才能根据计划来编制具体预算。

（2）幼儿园各部门预算编制。幼儿园按照各部门的年度工作计划以及幼儿园提出的财务预算目标，分项目、分月份编制详细的预算。

（3）幼儿园财务部门审核。幼儿园财务部门对各部门上报的预算进行审核、汇总，要解决错误的预算编制、有疑虑的预算编制以及不合理的预算编制等。

（4）预算确认。幼儿园财务部门与各部门预算共同确认后，由财务正式编制幼儿园年度财务预算草案，提交有关上级部门批准。

（5）下达执行。预算经批准后，下达至各预算部门执行。财务据此作为次年度实际与预算目标的分析基础。

2. 财务预算的执行和控制

确定幼儿园年度计划并以此编制了幼儿园预算后，关键在于如何组织实施，如何按预算进行控制。预算控制由事前控制、事中控制和事后控制三部分组成。其中，事前控制主要指事前要对某一行为或某一事项按预算编制详细的实施方案；事中控制主要指在实施过程中严格按预算执行，不得超预算范围；事后控制主要指事后审计绩效，检查是否达到预算目标。

3. 财务预算的调整

由于编制预算时掌握的情况不可能全面、完整，或由于幼儿园外部因素发生了变化，导致编制预算的基础发生了变化，如仍按原预算执行显然不合理，预算的调整十分必要。

4. 财务预算的差异分析及考核

要使预算的目标成为现实，预算的控制是关键。预算控制涉及幼儿园的各个方面，但财务管理始终发挥着积极作用。财务在整个预算控制中的主要工作重点是分析预算与实际发生活动的差异因素，不论是有利的还是不利的，均找出差异的主要环节，将信息及时反馈到幼儿园相关部门，督促有关部门制订解决办法。通过分析出现差异的原因，找出管理中的强项和弱项，总结经验教训，加强管理。

二、幼儿园财务收支管理制度

幼儿园财务收支管理是指幼儿园获得资金以及花费资金的动态过程，是幼儿园财务管理的核心。合理编制园内经费预算，依法多渠道筹集事业资金；加强核算，提高资金使用效益是幼儿园实现开源节流的主要手段之一。

幼儿园财务就是要贯彻执行国家有关法律、法规和财务规章制度，坚持勤俭办园的方针；正确处理事业发展需要和资金供给的关系，社会效益和经济效益的关系，国家、集体、个人三者利益的关系。根据《事业单位财务规则》和《中华人民共和国会计法》等有关法律法规，对幼儿园的收支进行如下管理。

（一）收入管理

1. 收入项目

收入包括财政补助收入（拨入预算经费，如工资等），事业收入，其他收入（捐资助学、固定资产出租、利息、兴趣班收入等）。直属园的捐资助学费应统一使用教育局收据，款项解入教育局账户经申请批准后方可使用。

2. 收入管理

各园必须严格按照国家有关政策规定，依法组织收入，各项收费严格执行国家规定的收费范围和标准，并使用合法票据。各项收入必须全部纳入幼儿园账户，统一管理，统一使用。

（二）支出管理

1. 支出项目

幼儿园支出是指开展教学及其辅助活动发生的支出，内容包括：其他工资、职工福利费、公务费、修缮费、业务费、设备费、其他费用等。

2. 支出管理

（1）幼儿园支出应严格执行国家财务规章制度及上级主管部门开支范围及开支标准，没有统一规定的由幼儿园结合本园情况规定，并报上级主管部门备案。

（2）按预算正常执行，各项支出应按实际发生数列支。

（3）对于大型的维修及设备购置应预先经园务小组协商签字，报上级主管部门审批备案方可支出执行。

（4）幼儿园应加强工程项目的预算，把好质量管理等环节，防范决策失误等有关舞弊行为。工程结束后，报请审计部门审定，工程款项由局与施工单位核算。

（5）对于因种种原因需暂时冻结的资金应在上级主管部门批准解冻之后方可使用，不得擅自提前使用。

三、代管款管理制度

（一）代管款的含义

幼儿园的代管款包括代办费、伙食费。幼儿园应对代办费、伙食费进行独立核算。

1. 代办费

幼儿园应严格按教育局有关规定收取代办费金额，并严格控制代办费的支出项目，严禁支出无关的费用，代办费应每学期结算，向家长公布支出明细，清退余款。

2. 伙食费

幼儿园应按标准收取幼儿伙食费。支出幼儿一餐两点、净水、餐后水果及食堂使用的水电煤气费等其他成本。

（二）代管款的管理

应根据制定的带量食谱采购每日食品，严格控制采购的量。不得在幼儿伙食费中列支无关的内容。教师伙食应与幼儿伙食严格分开，单独建账，保证幼儿伙食专款专用，严禁挤占幼儿伙食费。食堂应建立物品进库、出库、每日过秤记录，每月进行盘库。幼儿园应建立公示制度。每日公布购菜明细，每月公布伙食费使用明细及库存情况，接受家长监督。

四、财务清算制度

幼儿园发生划转、撤并或园长、主管会计离任、外调时，应进行幼儿园财务清算。在上级主管部门监督指导下，对园内的财务、债权、债务进行全面清理，做好交接工作，并妥善处理各遗留问题。

五、财务报告制度

各幼儿园应根据每月经费的收支情况，编制月财务报表，报送上级主管部门，对于一些财务变动情况及本期或者下期财务状况发生重大影响的事项应附说明，对于存在的问题应提出改进措施。

学期末应对本学期收支情况进行财务分析，包括预算收支完成率、人员支出与公用支出及大型维修、设备支出占事业支出的比率，并与制定的预算做对应比较。

六、财务监督制度

财务监督是贯彻国家财经法规以及幼儿园财务规章制度，维护财经纪律的保证，各幼儿园必须接受国家有关部门的财务监督，并建立严密的内部监督制度。

幼儿园的财务监督包括事前监督、事中监督、事后监督三种形式，各园可根据实际情况对不同的经济活动采取不同的监督方式。

幼儿园的财务人员有权按《中华人民共和国会计法》及其他有关规定行使财务监督权，对违反国家财经法规的行为，有权提出意见并向上级主管部门反映。

会计定期对所辖幼儿园进行财务指导监督，发现问题及时要求整改，并向上级主管部门汇报。

第三节　幼儿园资产管理

幼儿园资产包括流动资产、固定资产等，因此资产管理分流动资产管理和非流动资产管理。

一、固定资产管理

1. 固定资产概念

固定资产是指一般设备单位价值在 500 元以上，专用设备单位价值在 800 元以上，使用期限在一年以上，并在使用过程中基本保持原有物质形态的资产，单位价值虽未达到规定标准，但耐用时间在一年以上的大批同类物资。

2. 固定资产管理

幼儿园应根据房屋和建筑物、专用设备、一般设备、图书、其他固定资产，结合本园具体情况，制定各类固定资产的明细目录。

幼儿园应定期对固定资产进行清查盘点，年度终了前应当进行一次全面的清查盘点，一般的报废、转让经园务领导小组批准后核销，大型、贵重的设备应经过有关部门鉴定，报主管部门批准后核销。

二、流动资产管理

按流动资产的表现形态，幼儿园流动资产可以分为货币性流动资产和实物形态的流动资产。

1. 货币性流动资产管理

货币流动资产包括现金，银行存款等货币资金及应收、暂付款、借款、存款等。货币流动资产管理是建立健全完善的货币资金内部管理控制制度。主要制度包括：

（1）对货币资金收支保管业务建立严格的授权批准制度，相关机构和人员应相互制约，确保货币资金的安全。

（2）审批人应根据货币资金授权批准制度的规定，在授权范围内进行审批。

（3）幼儿园有关部门或个人用款时应按照提交用款申请、支付审批、支付复核、办理支付等程序执行。会计、出纳应按签字齐全、票据规范、支出合理等方面认真复核后方可办理支付手续。

（4）单位对于重要货币资金支付业务，应当实行集中决策和审批，并报上级主管部门审批（单价满 1000 元或一次性支出满 2000 元的设备或维修项目）。建立责任追究制度，防范贪赃、侵占、挪用货币资金的行为。

（5）对于大额的支出应使用转账支票，不得以现金直接支付。

（6）现金收入应当及时存入银行，不得用于直接支付单位自身的支出。

（7）单位借出款项必须执行严格的授权批准程序，严禁擅自挪用、借出货币资金。

（8）单位取得的货币资金收入必须及时入账，不得私设“小金库”，不得账外设账，严禁收款不入账。

2. 实物形态的流动资产管理

幼儿园实物形态的流动资产，主要包括材料、低值品和易耗品。材料是指一次性使用或不能复原的物品，如幼儿园一次性的生活材料、玩教具制作材料等。低值品是指既不够固定资产标准，又不属材料范围的用具设备，如低值的幼儿玩具、教具、餐具等。易耗品则指经常使用的消耗日用品，如针、线、扣子、肥皂、毛巾、纸张、幼儿图画用笔、颜料、笔记本等。

幼儿园对于这些材料、低值品和易耗品的管理需要建立严格执行采购制度、验收入库制度、造册登记制度、物品领用和出借赔偿制度，规范其采购、库存、领用等物品管理行为，对繁杂的低值易耗品采购、库存和去处，幼儿园管理者做到心中有数、记录有底。这样，相对可以降低库存，减少浪费，提高其使用和利用率，达到节约办园的目的。

下面以贵港市港北区普罗旺斯幼儿园的流动资产管理制度为例加以说明。

幼儿园资产管理制度

为切实保护我园的一切公共财产，使其更好地服务于教育教学工作，特结合我园实际制定本制度，全体教职员工须遵照执行。采取分级管理制度，财务室负责管理全园财产，各组室管理所属的财产，教室内财产由班主任与保育员共同负责保管。

一、采购制度

1. 一般情况下，幼儿园采购物品由后勤事务人员办理。

2. 各部门请购物品须提前填写购物申请单，并注明名称、品种、规格、数量、用途。购物申请单须有申请人、部门负责人、幼儿园财产管理员三人的签名。

3. 采购的物品一定要和购物申请单相同。

4. 采购时必须两人以上同行，采购的物品（包括食品）必须有发票、收据，并要有经手人员验收方能入库或分发，然后由院长签名后到财务室报销。所购物品质量有问题或未经批准购买的物品一律不予报销。

二、验收入库制度

1. 后勤事务人员按购物申请单购物，仓库保管员负责验收入库，再由个人领用。

2. 验收入库时所购物品、购物申请单、购物发票三者缺一不可。

3. 入库时要区分物品性质，危险品、易腐物品、易爆物品，区别对待、妥善处理。

4、根据勤俭办学原则，要有计划购买物品，不浪费，不积压，但教学所需物品要保证供应。

三、造册登记制度

1. 幼儿园所有物品的造册登记工作由仓库保管员负责。

2. 仓库保管员根据物品的归类分别列入幼儿园财产的账册。三天内及时登账。

3. 登记造册的物品名称、数量应和记录符合。

4. 人员调动一定要做好个人物品借用归还工作。

5. 幼儿园财产负责人应定期检查造册登记情况。

四、领用制度

1. 物品在仓库存放，由仓库保管员统一管理。

2. 领用物品必须登记签名，办理领用物品手续才能领用物品。

3. 教学物品不能挪作他用。

4. 教学的借用物品须按时归还。每学期结束时，仓库保管员要及时收回，统一管理。

5. 领用物品若有多余，须归还仓库。

6. 由于财产保管人还兼有其他工作，为提高工作效率，每周二、四下午集中领物。

五、财产报废制度

1. 根据勤俭办园原则，教学仪器一定要做到物尽其用，爱惜使用。

2. 报废的物品要加以区别，对不正常的损坏要找出原因，人为损坏的要酌情赔偿。

3. 报废单要幼儿园负责人、财务主管和财产保管员签字、说明。

六、出借赔偿制度

1. 教学物品和器材专供本园教学使用，在不影响教学前提下，经领导同意方可出借。

2. 贵重物品原则上不出借。

3. 出借的物品须填写出借单、出门单。

4. 出借的物品要按期收回。

5. 归还物品时要当面验收，如有损坏或遗失，按赔偿制度执行。

6. 由设备管理人员填写赔偿单，经幼儿园分管领导批准再由损坏者凭赔偿单到财务部门缴款。

【思考与练习】

一、简答题

1. 幼儿园后勤管理工作主要任务和工作要求是什么?
2. 幼儿园财务管理的内容有哪些？请列出相关管理制度。
3. 幼儿园资产管理的内容有哪些？请列出相关管理制度。

二、案例分析题

小李的苦恼

食堂急需一批材料，因此，管理员请小李马上去购买。谁知小李的态度强硬，坚决不出去采购，一个人坐在办公室里闷闷不乐。见此情景，管理员只好找到园长。原来，作为一名后勤工作人员。小李总觉得自己比不上一线教师，本来就有点自卑。加之有些教职工购买物品没有计划性，经常是想起工作需要的物品，就要求小李必须马上去买，结果导致小李每日都是手忙脚乱，心情烦躁。园长听了小李的倾诉后，马上与他共同分析了造成这种情况的原因。

后来，园长与其他园领导一起研究了小李反映的问题，并进一步完善了该园的采购审批制度。新的采购制度规定：对于常规物品的采购，各部门要在学期初制定出计划，统一购买；对于教育教学所需物品的采购，教研组提前 周制定出计划；

对于其他备品的采购，各部门要提前三天制定出计划；只有出现极特殊情况时，所需物品才实行即时采购。当幼儿园实行了新的采购制度后，小李不但工作负担和思想负担减轻了，能够更加合理地安排时间，而且在闲暇之余，还主动帮助管理员分发备品，为班级修理玩具柜、桌椅和小床等，为幼儿园节约了一笔不小的开支。灿烂的笑容也重新回到了小李的脸上。

1. 当管理员提出教师的采购要求时，为什么小李闷闷不乐？
2. 园长的解决策略对你有什么启发？

第十章　幼儿园安全管理

【学习目标】

1. 了解幼儿园安全管理的含义和意义。
2. 熟悉幼儿园安全管理的内容和要求。
3. 掌握幼儿园常见安全事故及其预防策略。
4. 理解幼儿园安全法规及幼儿园责任事故的划分相关知识，对一些常见幼儿园安全问题具备基本分析问题和解决问题的能力。

【导　　语】

某幼儿园大班中午午睡前，教师在活动室督促幼儿收拾整理游戏材料，先进去的几名幼儿在过道玩，一幼儿一不小心摔倒在地上，其他幼儿赶紧告诉当班老师。教师立即检查，发现其没有外伤，两只胳膊也能动，幼儿自己也没有异常反应，便安抚其入睡。交接班时，由于教师的疏忽，未曾将情况转告给下午班的教师。幼儿起床时，下午班的教师发现该幼儿穿衣服时抬不起胳膊，教师翻开衣服发现其右肩处红肿。随即将幼儿送医务室，保健医生检查后，建议马上到附近医院拍片检查。经检查，该幼儿锁骨骨折，之后，通知其父母，父母将幼儿领回，于第二日向幼儿园提出幼儿住院的要求。

（资料来源：幼儿教师网 http：//www.yejs.com.cn/yzzc/article/id/49918.htm）

问题：该幼儿受到的伤害应该由谁来承担责任？为什么？幼儿园应该怎样加强管理，预防此类事故的发生？

《幼儿园教育指导纲要（试行）》明确指出：幼儿园应该把保护幼儿的生命和促进幼儿的健康放在教育工作的首要位置。幼儿的心理和生理都远远没有达到成熟水平，自我保护意识薄弱，自我保护能力差。因此，学前儿童的健康成长有赖于幼儿园为他们提供一个能够确保其人身安全的成长环境，这是一切保教工作的前提，是幼儿园管理工作的重心。

第一节　幼儿园安全管理概述

一、幼儿园安全管理的含义

安全即平安，指没有危险和事故，着重指不受威胁。安全管理是指通过计划、组织、指挥、协调、控制等管理的手段，排除存在的危险和事故的活动过程。幼儿园安全管理指通过计划、组织、指挥、协调、控制等措施，排除和控制幼儿园环境及幼儿园活动的安全隐患，降低事件发生的概率和危害程度。

任何安全管理措施都无法完全杜绝不安全事件的发生，幼儿园安全管理措施也不例外。幼儿园安全管理一方面是将事件发生的概率控制在可接受的程度；另一方面是将事件的危害程度控制在可接受的范围。例如，幼儿园对幼儿上下楼安全的管理，在楼梯间设置适合儿童高度的扶梯，地面做防滑处理，教育孩子们上下楼要靠右缓慢行走，不能相互推挤，同时在幼儿上下楼时要安排教师看护。尽管如此，却仍然不能完全避免楼梯间的摔倒事故，但是这样做可能使发生摔倒事件的概率降低。再如，年幼的孩子在走路和奔跑时难免会摔跟头，幼儿园如果对室内物体的突出部分做了相应处理，如把桌子换成圆形，将边缘尖硬突出部分用柔软材料包住，即便儿童摔倒并发生碰撞，也能够使碰撞损伤程度降到最低。

二、幼儿园安全管理的意义

幼儿园安全管理虽不能完全杜绝安全事故的发生，但可以控制安全事故发生的概率和安全事故损伤程度，极大地保护幼儿园幼儿和教职员工的人身和财产安全。因此幼儿园安全管理在幼儿园管理中处于一个极其重要的位置，有着极其重要的意义。

1. 保证幼儿全面健康发展

幼儿园的服务对象是发展中的、不成熟的个体，幼儿对外界危险的意识能力较弱，自我保护能力较差，因此，幼儿园对幼儿的人身安全应给予高度关注。这就要求幼儿园必须建立一套有效的安全管理体系，确保幼儿的人身安全。有效的幼儿园安全管理能够使幼儿得到全面健康的发展。

2. 确保保教工作顺利进行

安全的环境是工作能够高效顺利开展的保证。幼儿园内如果缺乏良好的安全管理体系，就会让人惶惶不安，时刻担心意外情况的发生，从而使工作出现混乱且效率低下的情况。建立一套完善的安全保障体系，能够确保保教工作的顺利进行。

3. 保障教职员工身心安全

幼儿园内工作的教职员工的人身安全也是至关重要的。幼儿园安全管理也会涉及教职员工的安全。一般地，园车接送时会有教师跟车，因此园车安全也是教职员工安全的基础；食品安全和园内其他安全都与广大教职员工的身心安全有关。因此，有效的幼儿园安全管理是教职员工身心安全的保障。

4. 有利于民族身体素质提高

幼儿园安全工作不仅是园所的本职工作，也是其社会责任。一个民族的兴旺发达依赖于健康、高素质的人民。由于幼儿时期的身体健康对其今后的发展有着极大影响，因此，重视幼儿的安全管理有利于整个民族身体综合素质的提升。

第二节　幼儿园安全管理内容和措施

一、安全管理的主要内容

明确幼儿园管理的含义和意义后，还必须明确幼儿园安全管理的主要内容，这便于有针对性地开展幼儿园安全管理工作。

《中小学幼儿园安全管理办法》指出，加强中小学幼儿园安全管理旨在保障学校及其学生和教职工的人身、财产安全，维护中小学、幼儿园的教育教学秩序。幼儿园安全管理的任务就是要通过有效的措施维护幼儿园正常的教育教学秩序，为在园幼儿体、智、德、美诸方面的和谐发展，为在园教职工的安全和健康提供基础保障。

为了实现幼儿园安全管理的基本任务，需要考虑多方面的管理内容。《中小学幼儿园安全管理办法》在明确相关管理主体职责的基础上，着重从管理学的角度明确校内安全管理制度、日常安全管理、安全教育、校园周边安全管理、安全事故处理等管理内容，为幼儿园开展安全管理工作提供了有力的法律依据。

在幼儿园的实际工作中，不安全事件可能发生在幼儿一日生活的每一个环节，内容繁杂，不易分类。在幼儿园安全事件管理中，人们习惯于根据幼儿园事故发生的原因进行分类。基于此，幼儿园安全事件管理的内容可分为以下几类。

1. 外来原因

主要指外来人员侵入、接送交通安全等外来原因导致的安全事故。

2. 幼儿自身原因

指主要是幼儿自身年龄小，安全防范意识薄弱，防范能力不强以及幼儿先天疾病等幼儿自身原因导致的安全事故。

3. 幼儿园原因

园内设备设施、教师过失或玩忽职守、管理制度缺失等幼儿园内部原因导致的安全事故。

二、安全管理的要求

（一）实行安全责任制

幼儿园实行园长负责制，园长作为第一责任人，对幼儿园的安全及其管理承担主要责任。为了对幼儿园安全实施有效管理，幼儿园成立安全管理机构，并建立岗位安全责任制度，层层落实安全责任。

1. 成立安全管理工作领导小组

园长担任安全管理工作领导小组组长，全面负责幼儿园安全工作的教育、检查和指导工作；分管安全工作的副园长具体负责部署实施各项安全举措；负责教育教学、卫生保健、饮食等相关业务的工作人员代表则负责各项安全举措的具体操作落实。由幼儿园各级领导和教职工代表组建安全工作领导小组，定期、不定期召开安全工作会议，部署、安排、监督、检查幼儿园各项安全工作，确保幼儿园各项工作安全顺利开展。

2. 建立岗位责任制

幼儿园安全工作内容十分复杂烦琐，它伴随在幼儿园各项工作中。幼儿园需要明确幼儿园各个岗位的安全工作内容，以及在执行中应该注意的问题，并配合奖惩条例，形成各个岗位的安全责任制度，对玩忽职守的，实行责任追究制度。

3. 层层落实安全责任

安全工作人人有责，幼儿园应建立切实可行的安全工作体系，层层落实责任，全园上下层层签订安全责任书。安全责任书要突出针对性和实用性，签订之后认真履行职责，责任到人，形成一个安全工作网络，人人职责明确，熟悉自身岗位的安全工作职责，并在工作中落实。对玩忽职守的，实行批评、扣发奖金，甚至开除等形式，追究其责任。

（二）建立健全安全管理制度

幼儿园每一项管理工作都需要相应的制度作为保障，建立完善的安全管理制度并切实执行，是幼儿园安全管理工作顺利进行的有力保障。幼儿园应依照《中小学幼儿园安全管理办法》和幼儿园的安全管理工作实际，建立健全安全管理制度。如安全责任制度、专项安全管理制度、安全会议制度、安全预警机制、突发事件应急预案等。

（三）强化全体教职工的安全意识

幼儿园安全工作涉及全园各个部门，因此，要提高全园教职工的安全意识，形成全园重视安全工作的局面。园领导及各部门负责人应注意随时监督、提醒教职工要做到人到心到，不擅自撤离岗位，严防意外事故的发生。

（四）消除环境中的不安全因素

幼儿园内教育活动设施、设备上的不安全因素，是造成幼儿意外伤害的原因之一。要注重设备、设施的经常性维修、检查，控制环境中的不安全因素，将园内不安全因素降至零，事先预料可能发生的危险，加强防范，保证幼儿的安全。

（五）重视组织幼儿活动中的安全问题

给予幼儿的时间不够，仓促、匆忙，就容易造成意外，而足够的活动空间可以避免因拥挤、幼儿相互碰撞而发生的意外。活动中教师组织不当、秩序混乱也容易发生意外。因此，要重视幼儿活动组织的安全问题，给幼儿提供充足的活动时间、空间，形成和谐有序的环境气氛。

（六）注意培养幼儿的自我保护能力和安全意识

好奇、好动、好探索是幼儿的天性，不能因重视幼儿的安全而限制、禁止幼儿的活动，因噎废食，消极防范，是不可取的。应该在重视环境和组织工作安全的前提下，注意训练幼儿身体活动的灵活与协调性，培养幼儿的自我保护和安全意识，加强幼儿安全常规教育，从根本上做好幼儿园的安全工作。

（七）加强家园合作

幼儿园要加强与幼儿家长的合作，共同承担起保护幼儿安全的重任。

1. 指导家长，重视孩子的安全

在幼儿园的伤害事故中，有些案例反映出家长对幼儿安全的忽视。例如：有的家长送孩子上幼儿园，根本不将孩子送到老师的手中，而是送到幼儿园门口就离开；孩子在家长的看护下在幼儿园玩大型玩具时有明显的危险动作，家长却不阻止……这些都可能导致孩子受伤，因为这个年龄段的孩子缺少安全意识，所以幼儿园需要与家长合作，指导家长重视幼儿园的安全，防范安全事故的发生。

2. 家园合作，共同开展安全教育

孩子的安全意识和安全防范自救能力不是一朝一夕就可以形成，这需要在日常生活中不断地提醒、学习和练习。比如，要让孩子知道什么事安全、可以做，什么事不安全、不可以做；什么地方是安全的，能去，什么地方不安全，不能去；找不到家，怎么自救；遇到火灾，怎样自救等，这些都需要家园合作，共同进行教育。

下面以贵港市普罗旺斯幼儿园部分安全管理制度为例加以说明。

幼儿园各项安全工作制度

一、幼儿园安全制度

1. 建立健全幼儿安全管理网络，成立幼儿园安全管理领导小组，下设工作小组，明确各小组的职责。实行分工合作、责任到人，并把安全工作要求列入各岗位职责中。

2. 幼儿园要注意房屋、场地、玩具、用具及运动器械的使用安全，定期检查，及时维修，避免触电、砸伤、摔伤、烫伤，预防异物入耳、鼻及气管以及火灾等重大事故的发生。

3. 保健员必须妥善保管幼儿的药品，病儿服药时，必须仔细核对药名、药量、幼儿姓名，按时给幼儿服药，不准吃错药。保健室药品标签清楚，不得存放、使用过期的药品，消毒药品专人管理。

4. 认真贯彻卫生防预部门下达的有关食品卫生的规定，严把食品的进园关和食品入口关，严防食品中毒事件的发生。

5. 对幼儿加强安全教育，各班通过游戏、儿歌、故事、角色表演等教学活动对幼儿进行防拐骗、绑架等自我防护意识的培养，开辟专栏定期向幼儿及家长宣传安全知识。在幼儿园有危险的地方张贴醒目的安全警戒标志，提高幼儿的安全意识和自我保护的能力。

6. 工作人员进行卫生保健知识的业务学习。每学年开展有针对性的安全培训工作，加强幼儿园突发事件应急救助培训及演练（如：消防演练等）。加强教职工的职业道德教育，对幼儿坚持正面教育，严禁态度粗暴，动作生硬，体罚或变相体罚，杜绝因上述原因造成的事故。

7. 幼儿园组织的各项活动都应以幼儿的安全为第一要素，进行认真细致的事先准备，对场地进行全面考察。严禁带幼儿到有危险的地方开展活动。

8. 幼儿来、离园严格实行安全接送，并由门卫加强管理，防止幼儿出大门走失，禁止外来人员来园玩耍。外来人员来访一律要求登记。坚持规范使用“代接条”，凡幼儿呼不出称谓者及未成年人不得带幼儿离园。

9. 严格现金管理制度，支票财务章按规定分开保管，现金保存不超过 2 000 元。教职员工也应妥善保管好自己的物品。

10. 下班后，各班教师要负责关好门窗，整理好教室内的物品。及时关灯，电视、电扇、饮水机等电器插头应拔下。门卫或值班人员要做好安全巡查工作，严防各类事件的发生。

11. 每月进行安全检查并做记录。实行安全事故及时上报制度，发生一般事故做好记录，幼儿园内发生重大伤害事故后，应在 2 小时内及时向上级主管部门汇报情况，并报当地有关部门。不得漏报。

附：常见事故分类：

（1）一般事故：由于缺乏自身保护能力或客观因素和条件所限等原因而发生的擦伤、划伤、骨折、跌伤、脱臼、吞入异物等事故。

（2）责任事故：凡由于保教人员责任心不强、照顾儿童不细心，擅离岗位，不执行安全制度或园内其他规章制度而发生的服错药、食物中毒、骨折、缝针、烧（烫）伤、儿童被冒领、走失、高处坠落、体罚、触电、溺水等事故，经积极采取措施未造成重大伤害的，为责任事故。

（3）重大事故：导致儿童死亡、残疾、重要组织器官损伤或增加儿童严重痛苦的事故为重大责任事故。

二、门卫制度

1. 门卫人员应认真对进入幼儿园的外来人员进行检查，对神情异样的外来人员要仔细盘查，严禁其进入园内。外来人员出示介绍信、身份证或工作证，门卫查验后请示园长或相关领导，批准后要求其填写登记表，准其入园，但不得随意接触幼儿。

2. 为幼儿园送拉货物的车辆应在采买人员的指引下方可入园。

3. 进入园内的车辆要谨慎慢行，凡撞坏门、墙等设施，由肇事者或所在单位承担维修费用。任何人都不得翻越破坏园门设施。

4. 谢绝外部人员来我园玩耍、散步、锻炼、闲逛等。严禁商贩，传推销人员进入我园。

5. 幼儿园实行 24 小时值班制度，门卫做到按时开门、关门。

三、外来人员证件查验制度

1. 非幼儿园教职员工进入幼儿园，应主动向保卫人员出示表明身份的相关证件。

2. 幼儿园保卫人员应认真查验进入幼儿园的外来人员的相关证件，严禁不明身份人员进入幼儿园。

3. 对拒绝出示证件或不能证明其身份的外来人员，幼儿园保卫人员有权拒绝其进入园内，并做好解释工作。

4. 在上课期间，幼儿确因特殊情况需要接回去时，家长必须持有接送卡和班主任签字同意接走的字条，保卫人员查验后方可放行并将字条存档备查。

5. 因特殊情况，家长需要探视送药物给幼儿，家长必须持班主任签字同意进入的字条，保卫人员查验后方可放行并将字条存档备查。

四、外来人员入园登记制度

1. 外来人员进入幼儿园，门卫必须在园门口门卫室进行登记，经允许后方可进入。

2. 对拒不进行登记的外来人员或登记内容与事实不符的，幼儿园保卫人员有权拒绝其进入幼儿园，并做好解释工作。

五、物品出入查验制度

1. 幼儿园保卫人员对进出幼儿园的外来人员携带的物品进行登记，对可疑物品要进行查验，严禁易燃易爆、剧毒、管制刀具等危害物品进入幼儿园。

2. 保卫人员对带出幼儿园的物品要请示幼儿园领导同意并查验登记后方可放行。

3. 保卫人员要加强对带入或带出幼儿园的可疑物品的盘查，确保师生和幼儿园人身财产安全。

六、接送卡制度

1. 为确保幼儿的安全，每天由家长凭接送卡按时接送幼儿。

2. 要正确使用接送卡，课前家长把幼儿送入教室，教师把卡给家长，放学后家长持卡接人。

3. 如接送人有事不能来接送，要委托他人接送，家长应事先通知本班教师，代接人应带好幼儿的接送卡，并在登记本里签名。

4. 请家长注意保存好接送卡，不得丢失，万一丢失，家长应在当大放学前到幼儿园（班级）挂失、补卡，以免出差错。

5. 要求各位家长大力支持，密切配合。

七、报告制度

1. 幼儿园教职工对所负责的安全责任区域内的安全隐患，要及时向幼儿园分管安全工作的行政领导报告或直接向园长报告。

2. 幼儿园安全领导小组必须在每季度30日前向市教育局安全工作领导小组汇报幼儿园季度安全工作情况。

3. 幼儿园对安全隐患的整改结果要在规定时间内向行政主管部门报告，对不能及时进行整改的安全隐患，要在报告中说明原因并提出防护措施。

4. 当班教师对工作中的偶发事件或异常情况要在第一时间向学校分管领导园长报告并妥善处理。

5. 幼儿园发生安全责任事故或其他具有重大影响的事件，幼儿园安全工作第一责任人要在第一时间向教育行政部门电话报告，并在两小时内书面报告教育行政部门。

6. 报告安全隐患应包括隐患的影响范围、影响程度、已采取的应急措施、整改措施、整改奖金来源及其保障措施、整改目标等，报告安全事故应包括发生时间、地点、经过、人员伤亡情况、采取的急救措施、事故现场的保护措施等。

八、安全隐患整改制度

1. 重大安全隐患应设立警戒线，制定整改措施，落实整改责任人，确定整改时间。

2. 幼儿园教职工要根据幼儿园或区域安全责任人的要求，对存在的安全隐患或安全工作中存在的问题及时进行整改，并要求幼儿园或安全责任人验收，并由验收人签字认可。

3. 幼儿园根据行政主管部门下达的安全工作整改通知书的要求，对存在的安全隐患或安全工作中存在的问题应及时整改，书面上报整改结果。

第三节　幼儿园常见安全事故及其防范对策

尽管幼儿园安全隐患无处不在，导致安全事故的原因五花八门，但通过对安全事故原因的分析整理归类，可以提出有针对性的安全防范措施，减少安全频率和安全事故损伤程度。根据安全事故发生的直接原因，安全事故类别及其防范对策如下。

1. 因外来的侵害，幼儿被冒领接走、绑架、伤害等事故

目前幼儿园在接送孩子环节存在不少隐患：有的是门卫管理不严，外来人员趁家长接孩子时人多混进幼儿园内；有的幼儿园只认接送卡不认人，外来人员拿着捡到或偷来的接送卡将孩子冒领；有的是别有用心的亲戚或熟人骗领孩子，教师放松警惕，因此种种造成了幼儿伤害事故。此类事故在幼儿园发生率最高，且往往伤害面大，程度严重，影响恶劣，说明在园门管理和幼儿接送环节漏洞最大，隐患最多。

此类安全事故常用预防措施有：

（1）幼儿园要实行接送卡制度，必须由固定接送人持卡接送，卡上只标明班级代码和幼儿编号，不出现幼儿姓名和照片，以防被冒领。

（2）对于非固定接送者来接孩子，包括亲戚朋友，教师要多留个心眼，无论是否持卡，都必须与原固定接送者取得联系（如打电话），得到许可后方能让其接走。

（3）门卫应是50岁以下强健男性，经过安全保卫技能培训，并严格执行门卫制度。家长接送孩子时必须站在门口把关，拒绝无接送卡的人进园，对陌生人要严加查问，严防可疑人员进入。必要时还可预备一些防卫的器械，如电警棍、木棍等。

2. 幼儿自身原因所致的事故、游戏和顽皮打闹造成的事故

（1）由幼儿自身疾病（如癫痫、心肌炎等）引起的事故，在教师不知情的情况下，没有采取积极的预防措施和针对性的救治。

此类安全事故常用预防措施有：

① 幼儿园可在孩子入园前与家长签定协议，要求家长不得隐瞒幼儿曾患过的哮喘、癫痫、心肌炎、过敏等较严重的疾病，否则一旦幼儿旧病复发，因不能及时获得针对性的救治而产生不良后果，责任应由家长自负。

② 教师对身体状况较差的幼儿随时注意观察，给予适当的照顾；幼儿园还应组织教师进行应急抢救知识的培训，一旦幼儿病情发作，教师就能在第一时间恰当地抢救处理，为救助幼儿生命赢得宝贵的时间。

（2）幼儿走失。多数情况是幼儿初入园时情绪焦虑，为逃避集体生活，乘人不备独自出走回家，途中迷失；或是自感在幼儿园受了挫折而独自出走；也有在幼儿园组织的郊游等外出活动时游离集体而走失。

此类安全事故常用预防措施有：

① 教师在孩子入园前应通过上门家访、组织亲子活动等方式详细了解孩子的各方面情况，创造尽量多的机会和孩子相处，让孩子消除陌生和不信任感。

② 在开学后一个月左右的时间内，教师要经常清点幼儿人数，认真做好交接班工作，门卫特别要提高警惕，防止幼儿私自离园。

③ 针对孩子受挫后易出走的特点，教师对易走极端的幼儿要注意及时地安抚、疏导，抑制其出走的苗头。

（3）幼儿在游戏时受伤。幼儿在活动中很难对自己的行为进行有效的控制，如：不小心绊倒，相互碰撞等。这种意外的伤害，即便教师在现场也是较难避免的。

此类安全事故常用预防措施有：

① 教师应对将要做的游戏有充分的估计，如游戏跑动较多活动量较大，就应选择较宽敞的场地，且最好是有软地垫的场地。

② 游戏前可和幼儿一起说说该游戏的危险之处，让幼儿有意识地控制、保护自己。

（4）幼儿间的打闹受伤。此类事故多数是幼儿间争抢玩具等原因而发生矛盾冲突，教师不及时制止而造成的。

此类安全事故常用预防措施有：

① 教师应采用故事表演等幼儿喜闻乐见的形式，教育幼儿要谦让和宽容，懂得分享是快乐的，要遵守规则，减少矛盾冲突。

② 教师要善于观察，幼儿间发生打闹应及时介入，帮助幼儿化解矛盾，将打闹伤害事故消灭在萌芽状态。

3. 因教工恶意行为和过失行为造成的绑架、砍伤、火灾、食物中毒等事故

（1）恶意伤害。

有的教工（特别是临时工）思想动机不纯，为了钱财铤而走险，不惜以幼儿的人身安全为代价。有的教工甚至曾经患有精神分裂症，一旦病情发作，难以自控，便伤及无辜的幼儿。

此类安全事故常用预防措施有：

① 招工时必须对其进行全面调查，包括家庭状况、社会关系、工作经历、身体状况等，以保证所招职工身心健康。

② 加强师德学习，培养热爱幼儿、热爱幼教事业的情感。

③ 园领导要关心教职工的生活，经常沟通，了解他们的思想轨迹，帮助他们解决实际困难。

（2）火灾。

幼儿使用的桌椅、教玩具、被褥等都是易燃品；有的幼儿园内装修用的建筑材料也是易燃可燃的；厨房、液化石油气储存间、烧水间等与幼儿园活动场所相连；电热板、饮水机等电器工作时间过长等都是火险隐患。

此类安全事故常用预防措施有：

① 层层签订消防安全责任书，明确每个岗位消防安全责任，以增强全体教职工的责任心，严格执行有关消防安全制度。

② 幼儿园内装修要符合《内装修设计防火规范》的有关规定，采用不燃或难燃材料。

③ 要有专人管理火源和电源。厨房、液化石油气储存间、烧水间应当严格按专业管理部门要求建造。由正式电工管理电器线路，定期检查。

④ 要加强对幼儿的消防安全教育。利用生动活泼的形式对幼儿进行防火知识教育，并教会其基本的自救逃生知识，并经常组织消防疏散演习。

⑤ 加强对教职员工的消防安全培训，达到人人会使用灭火器材、会扑救初起火灾、会组织幼儿疏散逃生的要求。

（3）食物中毒。

幼儿园内中毒事故原因较复杂，如农药残留、进货变质、清洗不过关、容器消毒不到位、菜烧煮不熟、炊事员个人卫生不合格、人为因素投毒等原因。

此类安全事故常用预防措施有：

① 厨房的格局设施必须严格按卫生防疫部门的要求设置。

② 专人负责管理食堂。

③ 严格禁止非食堂工作人员出入食堂。

④ 把好进货关，必须到正规渠道采购食品，并向商家索要该批次食品的卫生检验合格证，严禁不符合卫生要求的食品入园。每天必须将食物留小样，以备事故发生后待查。

⑤ 豆浆、刀豆等食物必须煮透烧熟，防止中毒。

4. 教学设施原因引起的事故

（1）有的幼儿园设备（如滑梯、攀登架等）陈旧、老化，年久失修，存在安全隐患，教师又未尽注意义务，若不及时发现存在的问题，就很容易发生事故。

此类安全事故常用预防措施有：

① 必须建立设备器械检查制度，定专人定期检查，并及时做好检查记录。

② 要定期请专业人员检修、保养，对于陈旧、老化的器械，要坚决更换。

（2）幼儿园校舍中楼房占大多数，楼道、走廊、楼梯等也是事故易发地。可组织幼儿找找不安全的地方，并共同设置警示标志，如：在楼梯两边画小脚丫以暗示按秩序上下楼梯。

（3）午睡室高低床的使用不当，教室里的桌椅、柜子边角尖锐，设计不合理，室内摆设拥挤等对幼儿都有潜在的危险。

此类安全事故常用预防措施有：

①《幼儿园工作规程》明确规定寄宿制幼儿园应配备儿童单人床，日托幼儿园如果因需要而使用高低床，除了要对幼儿进行安全教育以外，还要采取必要的防护措施，如幼儿睡下和起床时增加管理人员加强管理等。

② 在设计制作幼儿用具时，要尽量向软、圆的标准靠近，如桌椅柜的边角是弧形的，墙壁和柱子做上软包，避免磕碰致伤。

5. 因无接送制度或执行不到位，家长接送孩子失误所致事故

这类事故主要表现：因为不具备接送资格的未成年人接送幼儿所致事故；因为教师提前放学，未等家长来接所致事故；家长未与老师交接所致；家长对接送孩子不重视所致事故。

此类安全事故常用预防措施：

幼儿园要建立完善的幼儿接送制度并严格执行，幼儿园与家长要签订关于接送方面的协议，内容包括幼儿接送的固定地点、固定接送人（无民事行为能力人不能作为接送人）、接送时间段、如何交接等。

6. 幼儿园组织园外活动引发的事故

幼儿园组织幼儿集体外出活动，幼儿到了新的场所，接触的环境、人和活动内容都是新

鲜的，情绪容易兴奋；如果再加上组织不够严密，管理人员配备不足，教师思想上麻痹大意，就很可能发生安全事故。

此类安全事故常用预防措施：

（1）幼儿园必须考虑园外活动是否符合幼儿安全和卫生的要求，严禁参加可能危及幼儿人身安全的劳动、体育运动、商业宣传等活动。

（2）幼儿园一定要事先做实地考察，并与合作单位取得联系，互相沟通活动方案，甚至进行细节推敲，尽可能在可预见范围内采取必要的安全措施，制定“外出活动意外事故预案”，按相关规定租乘交通工具，将职责分解落实到每位管理人员，履行相应的安全保护职责。

（3）活动前和活动中，向幼儿进行安全教育，增强幼儿的安全意识和自我保护技能，如遵守交通规则、不单独行动、不触摸危险设施、不吃陌生人食品等，减少来自幼儿自身原因引起的安全事故。

第四节　幼儿园安全事故的处理

一、幼儿园安全事故赔偿责任划分

（一）事故赔偿责任的划分

《最高人民法院关于审理人身损害赔偿案件适用法律若干问题的解释》第七条规定：对未成年人依法负有教育、管理、保护义务的学校、幼儿园或者其他教育机构，未尽职责范围内的相关义务致使未成年人遭受人身损害，或者未成年人致他人人身损害，应当承当与其过错相应的赔偿责任。根据该条规定，在学生伤害事故中学校承担侵权责任的归责原则是过错责任原则，即有过错，学校应承担侵权责任，无过错则不承担侵权责任。何谓过错？在民法理论上，所谓过错，就是对某种民事义务的违反。而所谓学校的过错就是学校和教师对学生负有的安全注意义务的违反，即未履行其负有的教育、管理和保护义务。依据在实践中界定学校的过错，依据幼儿园事故发生的原因、情节及过错情况，幼儿园的责任又分为：完全责任、部分责任和免除责任。

1. 完全责任

完全责任是指过错完全在幼儿园。例如幼儿走失、教师体罚和变相体罚幼儿所致的安全事故，设备设施建设不符合标准或损坏从而造成儿童伤害；或对通往幼儿园有障碍的道路未采取安全措施标识，导致幼儿不慎掉进摔伤等。

2. 部分责任

部分责任即幼儿园事故发生，其过错一部分是由幼儿园或教职工引起的，另一部分起由其他因素引起的。如幼儿在课间追打，教师在旁边看见，虽制止了但不得力，最终酿成事故，那么教师负有一定责任。

3. 免除责任

免除责任是指幼儿园事故的发生由幼儿自身原因引起，或纯属意外，幼儿园不可预料。

如某幼儿患有某种疾病或属于特殊体质，家长并没有告诉幼儿园教师。幼儿园或教师在不知情的情况下，实施教育教学活动，造成幼儿伤亡。

（二）幼儿园对幼儿的保护责任

幼儿园作为幼儿园责任事故的主要相关方，幼儿园在责任事故中是否履职作为责任事故赔偿认定的主要依据。因此，幼儿园需要明确自身的职责，认真履职，避免幼儿园责任的发生，如发生责任事故，也可减轻事故的赔偿责任。《中华人民共和国未成年人保护法》第三章“学校保护”具体介绍学校对未成年人的保护责任。幼儿园作为学校机构，本法适用学前教育机构。幼儿园对幼儿的保护责任包括以下几方面。

1. 按照教学常规进行教学

幼儿园要严格按照《幼儿园工作规程》和幼儿园的规章制度对幼儿进行教育，不能以超出幼儿接受能力的方式进行教学。在正常的教学活动时间里，不能出现擅自调课、不请假而离岗、请人代岗的现象。教师如果在应在岗期间不在岗，未能了解事故发生的情况，出现事故没有采取有力措施进行抢救，不及时汇报，不按照教学常规来教学，都可能产生不利的法律后果。

2. 外出活动时保证幼儿安全

幼儿园组织幼儿集会、文化娱乐、社会实践等集体活动，要防止发生人身安全事故。幼儿园组织外出活动时，一定要在保证安全的前提下进行。组织者要配备足够的教师，出发、集合、分散活动都要事先计划好，确定好详细的活动方案，确定具体的责任人。

3. 了解幼儿健康状况

幼儿园要检查幼儿的身体状况，建立幼儿健康检查制度和幼儿健康档案，以防事故的发生。幼儿园要根据幼儿的身体状况安排具体的教育教学活动，对体质特殊或有疾病的幼儿给予适当的照顾。

4. 定期检查教育活动场所、安全设施，提供安全、卫生的学习环境

学校建筑物和其他设施要符合标准，保证幼儿在校内的人身安全。如果明知校舍或其他设施有危险而不采取措施，造成人员重大伤亡的，将依法追究直接责任人员的刑事责任。学校要给幼儿提供安全的体育活动设施和卫生的校园环境。幼儿园要保证幼儿的饮水、饮食卫生，防止食物中毒，预防各种疾病在园内传播、流行。发现幼儿园的教学设施存在安全隐患时，要及时汇报，让幼儿远离危险设施，避免幼儿在危险的环境中活动。

5. 不体罚和变相体罚幼儿

教师因故意行为造成幼儿伤害的，法律也有相应的责任规定。《中华人民共和国未成年人保护法》明确规定：学校、幼儿园、托儿所的教职员对未成年幼儿和儿童实施体罚或者变相体罚，情节严重的，由其所在单位或者上级行政机关给予行政处分。《〈以中华人民共和国义务教育法〉实施细则》第四十二条进一步指出，对体罚幼儿情节严重，违反《中华人民共和国治安管理处罚条例》的，由公安机关给予行政处罚，构成犯罪的，依法追究刑事责任。

6. 事故发生后及时采取补救措施

为了防止幼儿在事故发生后，因不能及时得到照料而使所受到的损害扩大，幼儿园应该在事故发生后，对幼儿进行必要的照顾、保护，并即刻通知幼儿家长或监护人。幼儿园要主动与家长联系，认真听取意见和建议，取得家长的支持和配合。因疏于通知所引发的事故，幼儿园要承担相应的责任。

二、幼儿园安全事故的赔偿主体

《学生伤害事故处理办法》第二十三条规定：对发生学生伤害事故负有责任的组织或者个人，应当按照法律法规的有关规定，承担相应的损害赔偿责任。依据此规定，幼儿园安全事故的赔偿责任主体落实到具体组织和个人，应包括幼儿园、幼儿监护人和保险公司。

1. 幼儿园

由于幼儿园的过错引起幼儿伤害，根据事故发生的原因、情节和过错情况，幼儿园承担赔偿的责任。根据《学生伤害事故处理办法》第二十七条规定，幼儿园教职员工故意或过失引起学生伤害事故，由幼儿园代替职工承担赔偿责任，然后幼儿园再对教职工进行行政处理或追偿。

2. 幼儿监护人

《学生伤害事故处理办法》第二十八条规定：未成年学生对学生伤害事故负有责任的，由其监护人依法承担相应的赔偿责任。幼儿作为无民事行为能力的人，其赔偿责任由监护人代为承担。目前，我国采用三种设定监护人的方式：

（1）法定监护。

根据《中华人民共和国民法通则》规定，有三类监护人属于法定监护。近亲属：包括父母，无父母或丧失监护能力的，由祖父母、外祖父母或兄、姐承担。近亲属以外的其他关系密切的亲属或朋友，必须经未成年人的父母所在单位或未成年人住所的居委会、村民委员会同意。不符合上面两类情况时，未成年人的父母所在单位、居委会委员、村民委员会以及民政部门才可以作为法定监护人，从现有法律规定来看，幼儿园不是幼儿法定监护人。

（2）指定监护。

指定监护即对担任监护人有争议的由未成年人的父母或未成年人父母所在单位或未成年人住所居委会、村民委员会在近亲属中确定。因此，幼儿园也不是指定的监护人。

（3）委托监护。

我国有关法律规定，监护人可以将监护责任部分或全部委托给他人。因此，被监护人的侵权行为需要承担民事责任的，应当由监护人承担，但另有约定的除外；被委托人确实有过错的负连带责任。根据这一意见，幼儿在入园时，家长从未将监护责任委托给幼儿园或老师。即便有委托，如果被委托的幼儿园或教师有过错，那么他们应当承担民事责任，如果无过错，则民事责任应当由监护人承担，而不是由幼儿园或教师承担。寄宿制幼儿园的幼儿管理事宜，应由家长和幼儿园签订委托合同事宜。

3. 保险公司

对幼儿在幼儿园内发生的人身伤亡和意外伤害事故，保险公司依据担保人与公司签订的险种、险别、承诺赔偿的款项等承担相应的赔偿责任。

三、幼儿园安全事故解决的途径

当幼儿在幼儿园发生安全事故时，幼儿园及相关教师千万不要慌张，也不要委曲求全，应正确主张自己的合法权利。可以通过以下途径妥善处理。

1. 协商

协商是指幼儿园幼儿伤害事故的双方或多方当事人在平等自愿的基础上，按照有关法律、法规和规章的规定，平等自愿地进行磋商、谈判达成双方或多方都接受的解决方案以解决争议。在幼儿园幼儿伤害事故的处理中，协商的当事人一般是幼儿园、受伤幼儿监护人、其他责任人（如导致该学生受伤的其他幼儿）。

2. 调解

调解是指幼儿园幼儿伤害事故的双方当事人在第三人主持下，通过劝说引导、说服教育、交流沟通和平等谈判，按照法律、法规和规章的规定，力求当事人在自愿的基础上达成协议解决争议。

3. 诉讼

在幼儿园幼儿伤害事故的双方当事人通过协商和调解后仍不能达成一致意见时，可以通过诉讼的方式进行解决，即由法院来处理幼儿园幼儿伤害事故争议。与协商和调解相比，诉讼最权威、最有效，并且其处理结果具有终局性。

4. 仲裁

仲裁就是幼儿园幼儿伤害事故纠纷的当事人在自愿的基础上达成共识，将纠纷提交仲裁机关审理，由仲裁机关做出对争议各方均有约束力的裁决的一种解决纠纷的制度和方式。

5. 其他

幼儿园幼儿伤害事故的发生，必然会涉及幼儿园、保险公司等，它们都不可避免地会从各自的利益出发，将事故的责任降到最低。

四、幼儿园安全事故的处理程序

（一）事发前的措施

1. 家园双方签订责任协议书

幼儿园可以根据园方和家长各自的责任，设计责任协议书。双方在幼儿入园前签订“家园协议”，明确责任。“家长的责任”条款中有：因下列情形之一造成幼儿伤害，家长将依法承担相应责任。

（1）幼儿之间因不慎造成身体伤害的，肇事幼儿的家长应承担赔偿责任。

（2）幼儿身体状况、行为、情绪等有异常，家长知情而没有及时告诉教师，或者有关情况幼儿园已告知家长，但家长未履行相应的监护责任，致使幼儿来园后发生意外的，家长应承担相应责任。

此协议签订后，双方将承担有关责任，避免事发后一些不必要的纠纷。

2. 幼儿园配备专业法律顾问

幼儿园聘请法律顾问，遇到意外伤害事件，及时向律师咨询，理智地处理问题。园长要学法、懂法、用法。

3. 制订园纪园规，强化教师的责任意识

在幼儿园日常管理中，制定和严格执行安全管理和安全责任制度；在日常教育教学中，加强安全教育，注意安全技能的演练，提高师幼的安全意识和安全技能。幼儿园管理人员要加强巡查，及时处理可能出现的突发情况。

（二）事发中的对策

1. 及时救助

在发生幼儿伤害事故后，幼儿园应当及时采取有效措施救助受伤害幼儿，并及时告知其监护人。如果幼儿园没有履行及时救助义务而导致损失扩大，对扩大的损失有过错的，幼儿园应承担赔偿责任。

2. 现场保护

在发生幼儿伤害事故后，幼儿园要派专人保护好事发现场，以保全证据。幼儿园要详细记录事故发生时在场人员的口头描述、目击者的证词，并保护好物证及现场秩序等。

3. 向相关教育主管行政部门报告

幼儿伤害事故若情形严重，幼儿园则应当及时向主管教育行政部门及有关部门报告；若属于重大伤亡事故，教育行政部门则应当按照有关规定及时向同级人民政府和上一级教育行政部门报告。

4. 稳定家长和幼儿的情绪

幼儿园要稳定幼儿及其家长的情绪，教师及时家访，了解幼儿病情及家长的想法。如果家长有过激行为，幼儿园应冷静、避免正面冲突，并在第一时间向公安机关报案。如果家长行为有损幼儿园财产、名誉、教师人身安全，幼儿园可以提起诉讼和向公安机关报案。

（三）事发后的工作

1. 处理结果报告制度

在幼儿伤害事故处理结束后，幼儿园应当将事故处理结果书面报告主管的教育行政部门；重大伤亡事故的处理结果，幼儿园主管的教育行政部门应当向同级人民政府和上一级教育行政部门报告。

2. 事发后的反思

幼儿园必须在事件发生后，组织教师反思造成幼儿意外伤害的原因，分析如何为幼儿提供更加安全的生活和学习环境，提高师生的安全意识，达到防患于未然的目标。

【练习题】

一、简答题

1. 简述幼儿园安全管理的含义和意义。
2. 简述幼儿园安全管理工作的内容和要求。
3. 幼儿园常见安全事故有哪些？如何做好防范工作？
4. 幼儿园安全事故责任如何认定？
5. 幼儿园安全事故解决的途径和处理的程序是什么？

二、幼儿园典型案例分析

案例一

洋洋和壮壮都是幼儿园大班的小朋友。一天，在幼儿园户外活动时，洋洋和壮壮都选择了跳绳，刚开始两人还各自跳各自的。可是没过多久，他俩就开始拿着跳绳你打我，我打你，练起了“武功”。忽然，意外就在一瞬间发生了，壮壮抡起跳绳时，一只手柄从手中脱落直飞出去，击中洋洋的眼部，导致左眼视网膜受损。事情发生后，幼儿园在保健医生简单处理后，及时报告家长，并把洋洋及时送往医院检查和住院。本次事故洋洋因视网膜修复手术住院，家长共支付医药费一万元，家长因照顾幼儿导致误工费、伙食费和车费合计五千元。事后，幼儿园与洋洋和壮壮家长商量事故的赔偿，你觉得应如何处理？

提示：导致本次事故的直接原因是什么？事故中对于壮壮对洋洋造成的伤害，作为壮壮监护人的父母是否应承担赔偿责任？本事故中，教师是否有过错，幼儿园是否应当给予一定赔偿？

案例二

午餐的时候，中班豆豆小朋友离开座位去厕所，走到青青小朋友的桌子边，青青正好伸出小腿，无意中绊倒了豆豆，豆豆摔在桌子角上（桌子角是经过特殊处理的圆角塑料桌），造成下颌处摔裂，缝合3针。针对这种意外事故，在责任归属上应该怎样确认？

问题：这种情况一般都是由于意外引起的，但是在责任归属上应该怎样进行分析确认？（提示：可以从事故主要相关的三方：幼儿园、豆豆和青青进行分析）

案例三

在幼儿园活动的时候，多多在秋千上高兴地荡来荡去，几名小朋友也热心地在后面推他，可是忽然之间，秋千的一侧铁链发生断裂，多多从秋千上跌下，造成右腿骨折。

问题：多多受到的伤害应该由谁来承担责任？为什么？幼儿园应该怎样加强管理，预防此类事故的发生？

第十一章　幼儿园档案管理

【学习目标】

1. 了解幼儿园档案管理工作的含义和意义。
2. 熟悉幼儿园档案管理工作的要求和原则。
3. 掌握幼儿园档案分类和管理工作流程。
4. 掌握幼儿园档案管理问题处理的相关知识，对一些常见幼儿园档案管理问题具备基本分析问题和解决问题的能力。

【导　　语】

随着社会的发展，信息资源的利用已广泛地在社会各领域中发挥着重要的作用。而档案是众多信息资源的基础，是管理工作的重要组成部分。幼儿园档案管理更是体现幼儿园科学管理，反映幼儿园管理水平高低的重要方面，它对幼儿园的改革发展起着不可低估的作用。近年来，幼儿园就非常重视档案的管理，把档案管理作为幼儿园管理的一项重要的基础性管理工作。

第一节　幼儿园档案管理概述

一、幼儿园档案管理工作的含义

档案是人类在各项实践活动中直接形成的历史记录，是留存的以备查考的历史文件。幼儿园档案是指幼儿园在保教管理工作中形成的，具有保存价值的各种文字、图纸、音像等不同载体的文件材料。它记录幼儿园工作的全过程，体现着幼儿园的整体管理水平。

幼儿园档案管理是指幼儿园在各项活动中对有价值的材料所开展的搜索、整理、分类、排序、编号、装订成册、归位、保管、销毁以及利用等系列的专门性工作。

二、幼儿园档案管理的意义

幼儿园的信息资料记录了幼儿园的建立、成长和发展，可以说完整的档案信息就是幼儿园的发展史，因而将幼儿园各个阶段所发生的大事、行政领导的变动、党务管理者的变动等信息进行及时、妥善的记录，对于幼儿园的发展意义非常重大。

（一）为正确决策提供依据

档案信息是幼儿园各项工作保留的原始资料，也是第一手的参考资料，对于教师学习和领导决策来说，是不可缺少的参考依据。科学地分析历史档案和处理档案信息，可以更好借鉴历史成功经验，决策规划今后工作，提高工作效率和工作质量。

（二）加强业绩考核的合理性和科学性

工作业绩的量化考核是当前较为重要的管理手段。幼儿园可根据教职工在工作中形成的信息资料，通过分析在时间、数量以及质量上的差异，作为对教师评价的重要依据。相对于无材料的考核，这样附有证据性材料的考核相对来说更科学合理。

（三）激发教师爱园之情，提高园所管理品质

幼儿园的信息资料集中体现了幼儿园各项工作的成败得失，尤其是富有特色的信息资料，更是开展本园培训的好教材。通过学习、思考和研究幼儿园长期积累的历史资料，可以激发广大教师对园所的热爱、自豪之情；通过掌握对自己实际工作有启发意义的信息资料，更能调动教师的工作热情，对形成特色鲜明、特点突出的幼儿园文化，提高保教质量，将产生深远的影响。

（四）为各类评估考核做好铺垫

幼儿园经常会遇到各种各样的评估，评估的一项重要内容是查看以往材料。如各省在评估省级示范幼儿园的时候，一般会认真查阅一些档案资料，这些资料往往包括账目材料、教师培训材料、儿童健康检查材料（如每日晨检记录、定期体检材料等）、食谱材料、安全排查材料、自制玩具教具材料、教学反思材料、幼儿成长观察记录材料、教师自编教学案例材料、承担课题材料、园本教研材料、论文成果材料、开放日活动材料、家长工作材料等。如果平常没有做好档案管理工作，即便做过了一些工作，但缺乏必要的佐证材料，面对评估会缺乏说服力。相反，如果档案管理工作很完善，积累了丰富的材料，面对评估，直接从档案室调取档案材料即可，也无须弄虚作假。由此可见，档案资料越齐全，评估效果越好。

三、幼儿园档案管理工作要求和原则

（一）幼儿园档案管理的要求

幼儿园档案涉及面广，种类繁多。因此，幼儿园应设置专职或兼职的档案管理人员，对所有档案实行集中统一的管理。档案管理人员必须综合素质高、有一定的保教经验、有丰富的档案管理知识、工作认真细致、责任心强。对档案管理的工作，提出以下要求。

1. 勤于动手

园领导要带头并发动全体教职工人人参与收集档案。档案材料大多来自保教一线，只有树立了积极参与收集的意识，才能保证档案资料的全面性和完整性。任何人不得私自保存、销毁应该归档的文件材料。教师工作中力求做到三勤：即“勤动笔、勤记录、勤登记”，并以此作为常规制度，共同遵守，逐渐形成勤于动手的良好风气。

2. 真实有效

档案是最原始的历史记录，它源于实践，高于实践，具有较强的思想性、科学性和适用性。因此，教师收集时一定要如实记录当时当地的真实情况，及时准确地收集好，确保完整和安全。

3. 全面完整

凡是与工作有关、与幼儿园有关、与教职工有关的情况都要有记载，有记录。幼儿园要建立一套非常详细、非常完整的档案材料，为今后更好、更深入地开展各项工作，公平合理地评价每一位教职工提供科学、有效的依据。

4. 精益求精

幼儿园的档案管理工作是一项极其烦琐、极其重要的工作，分类、组卷、卷内文件排列、装订、存放等每一个环节，都要遵循精益求精的原则，力求准确、实用、美观，使档案管理工作沿着规范、完整、科学的轨道良性发展。

（二）幼儿园档案管理的原则

幼儿园的档案管理，应以辩证唯物主义为指导，引入系统论的观点和现代化管理的方法，把幼儿园档案工作的历史、现状和发展前景结合起来，应具有较强的思想性、科学性和适用性。

1. 体现思想性

档案工作是政治性很强的工作。幼儿园档案分类的体系结构、类目设置、序列编排，都必须以国家有关档案工作的法规标准为依据。从实际出发，突出教学、科研档案在幼儿园档案中的中心地位，发挥行政管理档案统率全局的作用，力求反映新时期幼儿园职能活动的新情况、新特点。

2. 符合科学性

幼儿园档案管理的各项内容，既要实事求是，符合幼儿园档案工作的实际，又要在理论与实践的结合方面，有较强的科学性，力求有所发展，有所创新。

（1）采用“幼儿园档案”这一综合概念，以幼儿园全部档案为对象，按照幼儿园档案形成的领域范畴，将同一活动领域的档案作为一个整体归入相同的类别。

（2）在充分反映幼儿园档案的形成规律、内容、特点的前提下，确定统一的分类体系，把同一门类档案的管理性和业务性材料集中在一起。

（3）类目设置必须有相对稳定性。不受偶然因素、短期行为的影响，在较长时期内不随意改变。

（4）类目排列，档号结构的确定须符合逻辑原则。要充分考虑到幼儿园档案记述和反映事物的本质属性和非本质属性的不同，严格按从总到分，从一般到具体的原则划分，做到各类之间划分标准一致，类目之间界限清楚，不互相交叉和包容。

3. 重视适用性

幼儿园档案管理采用多元、灵活的处理方法，在强调大原则统一的同时，根据各园档案实际情况和发展水平，在类目设置、序列编排、上架检索等各方面给予适当自由度。为了方便掌握使用，幼儿园档案管理在类目名称、档号模式、标识符号等方面，力求做到准确、简明、易懂、好记。

第二节　幼儿园档案的分类和管理流程

档案是信息资源的重要组成部分，它对日后的实际工作和研究有查考和利用价值。认真收集、归类、整理、保存和再利用档案信息，是幼儿园后勤工作的一项重要任务。

一、幼儿园档案的分类

（一）按档案形成的方式分类

1. 因时间推移形成的档案

这些档案全程记录了幼儿园的整体工作。透过这些信息，可以看到每个部门在各个时段所做的工作，进而理清各个部门工作进展的脉络。幼儿园在每个工作时段都会产生新的信息资料，后勤行政部门应随着时间的推移及时收集、整理档案信息，并进行必要的分析、总结。

2. 各职能部门的工作档案

不同的部门会同时形成自己的档案信息，这些信息是全园工作在不同层面的具体体现和反映，从这些信息中可以了解全园工作在各个部门的落实和执行情况。比如，教学部门形成的教学文件包括：幼儿园的教育计划、总结、备课、各类表卡、活动安排表、教研教改、课题研究等；后勤部门形成的教学文件则包括：卫生保健管理、财务工作管理、幼儿园资产管理、办公用品管理等。同时，通过对档案信息的比较分析，能清晰地看到部门之间的联系甚至是差异。

3. 由各类人员信息组成的档案

幼儿园的档案信息既有教职工的也有幼儿的。教职工方面，包括各类工作人员在工作中所形成的信息资料，如教职工业务档案、人事档案、教科研档案等；幼儿的档案信息主要有幼儿入园登记表、幼儿信息资料卡、幼儿评估手册、幼儿健康卡等。这些档案是经常使用和变化的，是幼儿园的工作离不了的。因此上述档案对于教职工和幼儿的管理有着非常重要的价值。

（二）按档案记录内容分类

档案按照内容进行划分，目前没有统一的标准，因此不同的幼儿园有不同的划分。笔者以广西贵港市普罗旺斯幼儿园为例介绍其档案的分类。依据广西壮族自治区示范性幼儿园评估标准内容，贵港市普罗旺斯幼儿园的档案分为以下四大类。

1. 办园条件

基本内容有：

（1）办园历史。包括：幼儿园筹备报告、幼儿园办园规模设施设备采购计划、幼儿园简介、规划、发展史、贵港市示范园文件等。

（2）园舍建设。包括：幼儿园土地使用证（复印件）、幼儿园场地设置图纸、幼儿园总体规划和设施建设标准、建设说明、设施设备简介等。

（3）设施设备。包括：设施设备介绍、设施设备图片、教玩具登记表、幼儿园资产入库登记表、班级固定财产登记表、演出服道具登记表、书籍造册、班级图书登记、教师借书、还书记录表、教学参考书籍登记表、专业期刊登记表、影碟、录像、磁带登记表等。

（4）办园经费。包括：幼儿园固定财产、幼儿园账本、教职工参考表、教职工养老保险手册、教职工医疗手册等。

2. 队伍建设档案

基本内容有：

（1）人员配置。包括：领导班子花名册、教职工人员配备、教职工名册、保健医生花名册、食堂工作人员花名册、会计和出纳名册等。

（2）任职资格。包括：领导班子学历和资格证书、教师学历和资格证、保育员学历和资格证、保健医生学历和资格证、财会学历和资格证、炊事员上岗证、健康登记表等。

（3）职业道德。包括：教职工考勤、教师师风师德承诺书、教职工师风师德培训、教职工师风师德学习体会、教职工心得、教职工业务考核、教职工年度考核等。

（4）岗位能力。根据不同岗位又分为以下几类岗位工作能力档案：① 领导班子的岗位能力：幼儿园教学各项制度、教师培训计划、骨干教师培训计划、教研培训计划、幼儿园食品安全计划、幼儿园课题、领导班子培训资料、领导班子论文及论文获奖、教科研活动、课题活动、组织教学活动记录、听课记录、研讨活动记录等；② 教师的岗位能力：个人工作计划、班级工作计划、教学工作计划、月工作计划、业务学习计划、个人工作总结、班级工作总结、教学工作总结、主题案例、业务学习计划等；③ 保育员岗位能力：保育员岗位职责、保育员一日流程工作、班级卫生工作制度、保育员工作计划、保育员工作总结、保育员业务学习时间安排表、保育员学习心得、保育员技能操练、保育组会议记录、班级消毒记录等；④ 保教医生岗位能力：保健医生职责、保健制度、疾病预防、幼儿营养分析表、保健医生工作计划、保健医生工作总结、卫生保健宣传、卫生保健会议记录、班级卫生检查表、幼儿用药登记表、幼儿常规体检、幼儿因病缺勤总汇表；⑤ 会计人员岗位能力：财务预决算制度、方案、财务管理制度等；⑥ 厨师岗位能力：厨房管理制度、厨师的工作职责、幼儿均衡饮食金字塔等。除此外，岗位能力发展还包括教职员工团队的发展档案，如教师梯队发展计划、课题研究、业务学习、外出培训等。

3. 园务管理

基本内容有：

（1）管理体制。包括：园长负责制、园务计划和总结、园务委员、教职工议、伙食委员、党支部、工会组织、家长委员会、领导班子会议记录、全园工作安排、领导值周表等方面的档案。

（2）办园思想。包括：幼儿园简介、幼儿园管理条例、幼儿园工作规程、幼儿园教育指导纲要、幼儿园 5 年发展规划、幼儿园总目标管理、幼儿园教学目标、幼儿园校园文化、幼儿园各类人员工作程序、幼儿园岗位职责、幼儿园家长学校章程、幼儿园奖罚制度、幼儿园年度评选制度、3—6 岁儿童学习与发展指南等。

（3）规模与班模。包括：幼儿注册表、幼儿分班表等。

（4）校园文化建设。包括：幼儿园办园理念、幼儿园校园文化、幼儿园培养目标、名人名言语录、幼儿园民族文化、清洁乡村美丽广西活动等。

（5）制度建设。包括：幼儿园制度、幼儿岗位职责、财产管理制度、家长联系制度、卫生保健制度、档案资料管理制度、编外自聘人员管理制度、幼儿园班级卫生制度、师生集体外出制度、职工聘任书、年教职工聘任情况表、教职工合同、幼儿园奖金发放、财产报废记录等。

（6）课程管理。包括：课程编排、月计划、周计划、活动教案等。

（7）财务管理。包括：财务管理制度、财务人员职责、财务工作计划、财务报告、财产登记表、幼儿园账本、幼儿民办教育收费管理实施办法、幼儿园收费备案申请表、幼儿园收费公示表、伙食支出表、伙食退费表、幼儿收费收据等。

（8）资源管理。包括：家长资源管理、社区资源管理和档案资源管理。① 家长资源：家长学校制度、家长联系制度、家长接送制度、家长会制度、入园家长须知、幼儿园家长工作计划、家长教育名言、家长活动方案、家长签到表、家长开放日等。② 社区活动：幼儿招聘启事、幼儿园招生工作、月工作重点、社区活动方案、社区活动剪影等。③ 档案资源：档案资料管理制度、幼儿园各项证件、幼儿园购物合同、上级来文（教育局、教科局）、上级来文（消防安全）、上级来文（食品安全）、上级来文（卫生保健）、幼儿园各种报告、申请（主管部门）、幼儿园各种报告（总部）、领物登记等。

（9）校园安全。包括：保卫力量建设、技防物防设施建设、内部安全管理制度、周边群防群治力量、校园周边巡逻防控、矛盾纠纷排查和治安整治、组织部署及监督检查、消防制度、预案等。

① 保卫力量建设：门卫岗位职责及安全防范工作规范、保安人员相关证件（保安一览表、身份证复印件、上岗证复印件）、保安安全责任书、保安值班表、保安会议记录、保安交接表、来访登记表。

② 技防物防设施建设：幼儿园技防物防设施建设、幼儿园监控设施方位、幼儿园技防、物防设施建设情况表、幼儿园安全建设情况表等。

③ 内部安全管理制度：校园安全制度、校园安全突发事件应急预案、消防安全管理制度、十八大消防安全保卫方案、安全应急组织结构图、学校安全工作台账、幼儿园安全教师一览、幼儿教育安全内容、安全活动课时安排表、安全活动教案、学生安全教育学习记录、教师安全教育培训、幼儿疏散示意图、幼儿安全演练、幼儿安全知识竞赛、城北派出所安全防范宣传记录、幼儿园安全教育宣传板块等。

④ 周边群防群治力量：城北派出所学校及周边安全巡逻制度、警民共建协议书、军民共建协议书、幼儿园安全监督员职责、幼儿园护校队工作职责、校园护校安全员情况一览表等。

⑤ 校园周边巡逻防控：护学岗制度、学校周边巡逻防范人员安排表、学校及周边巡逻情

况表、城北派出所治安管理检查记录、周边邻近单位巡查情况记录等。

⑥ 矛盾纠纷排查和治安整治：校园矛盾纠纷排查和化解情况表、校园周边重点人员摸排情况表、净化校园周边环境情况表等。

⑦ 组织部署及监督检查：上级安全来文、港北区民办教育机构交通安全责任书、城北派出所关于加强辖区学校安全管理责任书、领导检查幼儿园安全图片资料等。

⑧ 消防制度、预案：消防安全重点单位档案、幼儿园消防安全应急预案、消防安全管理制度、贵港市普罗旺斯幼儿园消防演练方案、党十八大消防安全保卫方案、单位消防档案、节假日领导值班安排表、安全检查记录表、消防设施巡查记录、幼儿园防火检查记录、幼儿园每日防火巡查记录、厨房每日防火巡查记录、家庭消防火灾自查表等。

（10）保健管理。包括：教职工健康证复印件、幼儿出勤记录、幼儿预防接种登记表、幼儿接种证查验及补种、补证登记表、幼儿晨检表、幼儿因病缺勤表、幼儿体温记录表、幼儿疾病记录表、幼儿传染病登记表、幼儿意外伤害登记表、幼儿视力、口腔登记表、幼儿作息表等。

（11）膳食管理。包括：食品原料采购索证制度、餐饮具消毒管理制度、食品留样制度、食堂工作实施方案、后勤工作计划、后勤工作总结、食品采购供货商证件、会议记录、食品法律法规学习记录、浸泡记录表、厨房消毒记录表、食品留样记录表、配餐间消毒记录表、蔬菜农药残留原始记录表、食品添加剂使用登记表、采购明细表、出入库登记表、采购票据、食品原材料退货记录表、食堂工作意见本、厨房卫生检查、废弃物品处置登记表、幼儿食谱等。

（12）管理成效。包括：幼儿园大事记载、各级领导参观、检查、幼儿园各项大活动剪影、积极帮扶工作图片说明、姐妹园来园参观、取得的荣誉等。

4. 保教水平

基本内容有：

（1）保教原则。包括：幼儿园教育指导纲要、幼儿园工作规程、教师忌语、幼儿园教师一日活动常规要求、幼儿一日安排表等。

（2）课程设置。包括：幼儿评估表、幼儿使用课程、购书发票等。

（3）教学活动剪影。包括：主题案例、教学活动观察记录、幼儿用餐检查表等。

（4）环境创设。包括：幼儿园环境创设规划表、班级环境创设计划表、班级环境创设总结、班级环境创设图片资料。

（5）健康监测。包括：营养分析表、幼儿食谱、家长沟通记录本等。

（6）幼小衔接。包括：幼小衔接方案、幼小衔接活动照片。

（7）幼儿发展。包括：幼儿体质达标总汇表、幼儿发展图片剪影等。

二、幼儿园档案管理的流程

幼儿园的档案管理是一个经常性工作，需要在平时做好档案的收集、整理、保管、利用工作。利用是档案管理工作的最终目的，能否有效利用，却是要建立在合理的收集、整理和保管工作基础之上。

（一）档案的收集

档案的收集是指按照档案形成的规律，把分散的材料接收、征集、集中起来。通过建立和健全归档制度，将需要上交的档案材料及时上交到档案室，实行统一管理。归档的材料由谁负责收集以及由谁上交档案室都要责任明确，不能出现活动开展得轰轰烈烈，档案资料收集工作无人问津或者相互推诿的局面。什么材料有价值需要归档，要有明确的规定，具体收集的材料可以列出清单，明确告诉收集人，让收集人做到心中有数，省得丢失遗漏。归档的材料什么时间上交，也要明确规定，不能拖拖拉拉，要及时完成上交的材料。要达到什么标准，也要有明确的规定，要整洁、清晰、完整。

（二）档案的整理

档案的整理是指按照一定原则对档案实体进行系统分类、组合、排列、编号和基本编目，使之有序化的过程。上交的档案比较零散，档案管理人员需要进一步将这些材料条理化。平时积累的档案材料不要随手丢弃，要及时归类保存。如果没有专门的档案管理人员，兼职档案管理人员若不能及时归档，也要完整保存档案资料，另找时间及时进行系统的归类整理。

（三）档案的保管

档案的保管，是指根据档案的成分和状况采取的存放和安全防护措施。档案保管工作的任务，就是了解档案损坏规律，通过经常性工作，采取专门的技术措施，最大限度地防止和减少档案的损毁，延长档案的寿命，维护档案的系统性和完整性。

（四）档案的利用

档案的利用。是指档案利用者通过档案利用工作系统查找、利用档案信息，满足其利用需求的行为过程，也是档案的利用价值得以实现的过程。

下面以普罗旺斯幼儿园档案管理制度为例加以说明。

幼儿园档案管理制度

一、档案收集制度

1. 定期由教研组长（主班教师）将各类计划、总结、教研活动、教案、经验、听课记录及反思等资料收集好交园长处。

2. 定期由后勤负责人将园舍房屋、线路、水管、下水道走向、新建、修建或检查后的记录资料收集好交园长处。

3. 园长半年一次将收集的资料经整理阅看后交资料室归档。

4. 资料室及时将各类业务资料做好登记并分门别类装入档案袋（或档案盒）保管好。

5. 重视档案的储存工作，注意保密。

二、归档制度

1. 资料室及时做好归档工作，不遗失，不损坏。

2. 严格执行档案查阅制度，除园长外一律不外借，如特殊情况，有关人员须得到园长批准方可查阅，阅后要及时归还。

3. 档案按年度（学年度）排列整齐，装订做到分类准确，排列有序，装订整齐。

三、查阅制度

1. 凡查阅档案须做好登记手续，查阅后直接面交保管人员。

2. 查阅档案时不得任意涂改、损坏、遗失。

3. 查阅人员只能按指定资料查阅，不得带出，本园档案仅供本园使用，如外单位需查阅，须经组织同意。

四、保管制度

资料保管必须切实做好防盗、防潮、防虫、防霉等保护工作，确保资料完好无损。各类资料均应按有关规定进行分类管理，园舍资料属长期保存资料，不得随意销毁。

【练习题】

1. 简述幼儿园档案管理的含义和意义。
2. 简述幼儿园档案管理工作的要求和原则。
3. 简述幼儿园档案的分类和管理流程。

第十二章　幼儿园公共关系管理

【学习目标】

1. 了解幼儿园公共关系管理的含义和意义。
2. 熟悉幼儿园公共关系管理的内容和原则。
3. 掌握幼儿园内部公共关系的沟通技巧。
4. 熟悉幼儿园与家长和社区公共关系的内容。

【导　　语】

一天，某家长气冲冲地带着其 6 岁的儿子到办公室找园长。园长正好外出，总务负责接手处理这件事。总务客气地向家长了解事情缘由，原来他的孩子前一天被老师罚了一个小时站，小孩还说老师用板擦敲他的头。家长很生气地说要告老师虐待，接着大肆批评该幼儿园的制度，还说该幼儿园的老师都不正常，不是生理有问题就是心理有问题。总务极力安抚这位家长的情绪，保证把事情反映给园长并给予适当的解决，家长这才悻悻地走了。之后，总务向该老师了解事情的经过和真相。发现这个孩子长期以来（一年多）一直是让老师头疼的孩子，上课总是调皮捣蛋。不仅自己不好好听讲，还总是捣乱不让其他孩子专心学习。除此之外，户外活动时孩子不是推人咬人，就是捡小石子打人，有一回甚至就地在树下小便。老师也常常向小孩的母亲反映，母亲总是向老师道歉，情况却不见改善。听到这里，总务不禁皱起了眉头。

《幼儿园教育指导纲要（试行）》在总则里提出：幼儿园应与家庭、社区密切合作，与小学相互衔接，综合利用各种教育资源，共同为幼儿的发展创造良好的条件。《幼儿园教育指导纲要（试行）》在组织与实施中指出：家庭是幼儿园重要的合作伙伴。应本着尊重、平等、合作的原则，争取家长的理解、支持和主动参与，并积极支持、帮助家长提高教育能力。

第一节　幼儿园公共关系管理概述

一、幼儿园公共关系的含义

（一）什么是公共关系

国际公共关系协会对公共关系的定义是：公共关系是一项经营管理的功能，属于一种经常性和计划性的工作，不论公私机构或组织，均通过它来保持与其相关公众之间的了解、同情和支持，也就是审度公众意见，使本机构的政策和措施与之配合，再运用有计划的大量资料，争取建设性合作，从而获得共同利益。

公共关系，就是一个组织运用有效的传播手段，使自身适应公众的需要，并使公众也适应组织发展需要的一种思想、策略和管理职能。

（二）什么是幼儿园公共关系

幼儿园公共关系是幼儿园为实现教育及管理目标，有组织、有计划地运用各种传播手段与内外沟通联系，在幼儿园与幼儿及家长之间、幼儿园与员工之间、幼儿园与外部公众之间建立和发展相互了解、信任与支持合作的关系，是以提高幼儿园管理质量，塑造幼儿园良好形象和创造最佳教育环境为目的的社会实践活动。

二、幼儿园公共关系管理的意义

良好的幼儿园公共关系，有利于改善幼儿园的办园条件，争取更多的资金来源；有利于扩大幼儿园的知名度和美誉度，塑造良好的整体公众形象，增强公众对幼儿园信息的了解，获得公众在教育上的配合和更好的生源，提高幼儿园的整体竞争力；最终有利于创设良好的育人环境，让社会、家庭理解和认识幼儿园教育，形成更好的教育合力，促进幼儿全面发展，争取更好的教育效果和教育影响。

三、幼儿园公共关系管理的原则

幼儿园公共关系，因其教育机构的特征，有不同于其他组织的特点，在管理中应遵循以下基本原则。

1. 诚实守信的原则

诚实守信是幼儿园得以长足发展的基础。幼儿园公共关系必须以诚信为先。要向公众讲真话，要坚持公众关系的真实性，如实向社会、家长、幼儿传达信息，实事求是地宣传幼儿园，兑现承诺，敢于接受社会和家长对幼儿园的批评、建议和意见，树立良好的职业道德，以取信于公众。

2. 互利互惠的原则

公共关系中，公关和被公关双方的行为都受一定的或物质或精神的利益驱动，单方付出或单方得到都是不可能的，组织与公众之间的信息、利益都要对称。公共关系中互惠互利是最基本的原则，公共关系是在互惠互利基础上进行的。公众是幼儿园的服务对象，是幼儿园生存发展的基础。幼儿园公共关系要以社会利益为本，以公众利益为第一出发点，积极履行应尽的社会职责，为社会公众提供有效的服务。

3. 全员攻关的原则

幼儿园没有类似企业的公关部门和专业的公关人员，因此，在幼儿园公共关系活动中全员公关的原则就显得尤为重要。要让全园工作人员认识到幼儿园公共关系不仅是幼儿园领导的事，更是全园教职工的事，但这并不是要求全园每一个人都成为公关人才，而是要求每一个人都要意识到自己是幼儿园的一员，自己的形象与行为代表着幼儿园，影响着幼儿园。必须随时自觉地注意自己的言行，力所能及地参加幼儿园的公关活动。

4. 持之以恒的原则

公共关系的职能反映了幼儿园公共关系是一种长期性的工作，要求幼儿园公共关系工作要保持经常性和计划性，要持之以恒。幼儿园在平时的公共关系工作中要扎实、细致地工作，努力做到时时有公关，处处有公关，使幼儿园在其发展过程中，不论遇到什么样的困难，都能得到公众的支持与帮助。

四、幼儿园公共关系的对象和内容

（一）幼儿园公共关系的对象

幼儿园公共关系的对象是指与幼儿园相关的公众，可分为内部公众和外部公众两大类。内部公众主要包括幼儿、教职员工、举办者等；外部公众主要包括家长、社区、上级主管部门、公共媒体和同业者等。

1. 内部公众

（1）幼儿。

幼儿是幼儿园保教工作的对象，是幼儿园工作水平的直接反映者，是幼儿园的“形象代言人”，同时也是幼儿园对外宣传的“新闻发言人”。

（2）教职员工。

幼儿园的教职员工是与幼儿园关系最紧密的核心公众群体之一，是幼儿园保教工作正常开展的最基本条件。他们在幼儿园公共关系中具有双重身份，既是幼儿园对内公共关系的客体，又是幼儿园对外公共关系的主体。

（3）举办者。

举办幼儿园的政府、企事业单位或个人是幼儿园办园经费的重要来源，也是幼儿园发展规划和重大决策的主要制定者，是幼儿园内部的重要公众。

2. 外部公众

（1）幼儿家长。

幼儿家长是幼儿园最直接的服务对象，他们是与幼儿园有着最直接利益关系的外部公众，是幼儿园的核心利益相关者，也是幼儿园实现社会传播与沟通的最佳人选。

（2）社区。

社区是若干社会群体或社会组织聚集在某一个社区里所形成的生活上相互关联的集体，是社会有机体的基本内容，是社会的缩影。社区里主要的公众包括所属的居委会、居住小区、左邻右舍的居民等。社区是幼儿园重要的教育资源，也是实现幼儿园与社会对幼儿进行共育的场所。

（3）上级主管部门。

幼儿园的主管部门是对幼儿园工作起着指导、监督和检查作用的上级教育行政部门和其他政府部门，这些部门是最权威的公众。幼儿园必须与这些部门保持良好的关系，争取他们的支持与认可，为幼儿园发展争取有力的政策、法律与经济等的帮助。

（4）公共媒体。

公共媒体是幼儿园形象传播的重要途径。通过媒体向社会宣传自己，制造有利的社会舆论，树立优质的园所形象，与大众进行广泛沟通，这些都能增强幼儿园的影响力和竞争力。

（5）同业者。

幼儿园的同业者，一般来讲是幼儿园的竞争对手，但也可以成为合作伙伴。

（二）幼儿园公共关系的内容

根据幼儿园公共关系的对象，可以把幼儿园公共关系的内容归纳为以下几个方面。

1. 对内公共关系的内容

（1）对幼儿的公共关系。

良好的师幼关系不仅能起到团结、教育幼儿的作用，还可以对社区和家长产生影响。对幼儿公共关系工作的重点是培养良好的师幼关系，增强幼儿对教师的依赖感和对幼儿园的向心力和归属感，使幼儿真正喜欢幼儿园。

（2）对教职工的公共关系。

对教职工公共关系最主要的责任是实现幼儿园管理者与教职工的良好沟通，使幼儿园的决策和行为能充分体现幼儿园和教职工的共同利益，反映双方的愿望和要求，引导教职工将个体利益目标追求寓于幼儿园整体利益目标之中，同心协力共同发展。

（3）对创办者的公共关系。

对举办者公共关系最主要的任务就是行使好创办者赋予的园长职责，管理好和办好幼儿园，提升幼儿园教育质量。同时，财务、人事等重要信息和重要决策需要定时向创办者汇报。工作中面临的困境也要向创办者请示。这样才能在创办者赋予的职权范围内管理好幼儿园。

2. 对外公共关系的内容

（1）对家长的公共关系。

幼儿园要采取多种形式加强与家长的沟通和联系，与家长群体建立起良好的公共关系，在家长心中树立“值得依赖的幼儿园”的形象，使幼儿园获得家长的支持和扩大合作范围。

（2）对社区的公共关系。

幼儿园要积极开展对社区公众的公关活动，开展多种形式的为社区公众认可的社区教育服务工作，协调好与社区的公共关系，为幼儿园的生存和发展创造一个“地利”“人和”的环境。幼儿园要在社区中树立一个“合格和热心的居民形象”，争取社区公众的合作支持，充分利用社区的教育资源，促进幼儿园的和谐发展。

（3）对上级主管部门的公共关系。

幼儿园要主动积极地与政府部门联系沟通，增进交流。在业务上要虚心接受上级教育部门的行政监督、检查和指导，有关幼儿园办园方向、办园特色等重大决策问题要主动向上级主管部门汇报，争取其帮助、指导和支持，为幼儿园争取更大的发展空间。

（4）对新闻媒介的公共关系。

幼儿园要积极主动地与新闻媒介取得联系，真实传播幼儿园的相关信息，充分尊重新闻媒介，正确对待新闻媒介的报道，从而建立良好的媒介关系。

（5）对同业者的公共关系。

对同业者，幼儿园的重点应放在向对方学习请教上。只有抱着谦虚的态度，方能赢得同业者的支持与合作。要克服竞争对手给同业者带来的负面影响，就要坚持特色办园，以满足不同家长的需要。

第二节　幼儿园内部关系管理

一、与教职工的公共关系

教职工是幼儿园的建设者，是保证高质量幼儿园工作，协助做好幼儿园公共关系和展示幼儿园形象的关键。要创设和谐融洽的工作关系，培养教职工的归属感、集体意识，调动他们的工作积极性，作为园长就要处理好与教职员工的关系，特别是与教师的关系。幼师是一个以女性为主的特殊群体，园长跟他们沟通的关键是用“心”。下面具体介绍园长与教师用“心”沟通的技巧。

（一）促膝谈心，相互理解

1. 促膝谈心，消除教师的紧张心理

促膝谈心使领导与教师站在了平等对话的平台上，两者自然会产生一种亲近感。交谈的内容也可以延伸到工作以外，话题就会变得轻松愉快、丰富多样，双向的交流更自由、更广泛、更真实。同时，促膝谈心可以在不同的环境中进行，这样随着交流环境、交流内容的改变，也能有效消除教师的紧张心理和戒备心理。

2. 促膝谈心，真实地了解教师的内心世界

促膝谈心是两人面对面地交流，能及时看到交流者的表情变化，从而推测其心理活动，便于选择适宜的话题使交流继续下去，以便获得有价值、有意义的信息，真实地了解教师的内心世界。

3. 促膝谈心，让员工了解领导的“另一面”

每个人都具有多重角色，幼儿园领导也是如此。她们既是制度的执行者、困难的解决者、重大问题的决策者，有着果断大胆、沉着冷静的一面，又是贤惠的妻子、宽容的母亲、知心的大姐姐，有着温柔、富有人情味的一面。了解了这些，教师自然而然会对领导多一份理解，少一份指责，有利于消除工作中的隔阂和误解。

（二）将心比心，善待失误

1. 换位思考，解开症结

工作中，人们都希望将每一件事情做好，但结果并不一定能如人所愿，总有或多或少的

遗憾，或大或小的失误。面对教师的失误，领导不能不分青红皂白地指责批评，而要善解人意，换位思维。当领导把自己放在当事人的角度去思考、分析问题时，更易于掌握事实的真相，从而帮助教师找到成功的秘诀，教师也才能心悦诚服地接受领导的帮助。

2. 善待失误，耐心等待

只有失误者本人真正认识到问题的实质时，才能全身心地投入去改正。改正需要时间，需要等待；教师的专业成长同样需要时间，更需要耐心地期待。尊重教师犯错的权利，给教师一些时间去反省、思索，对教师既是一种宽容、理解，更是一种期待、希望。

3. 改过自新，振作精神

善待失误不等于认同失误，它是给犯错误教师的一种“软着陆”的帮助办法，让她们在经历失误后，能平稳过渡，重新振作起精神，再次投入到工作中去。

（三）独具匠心，知人善任

1. 领导要有高度的洞察能力

善于从教师的一言一行、一举一动、一颦一笑中捕捉相关信息，敏感地察觉教师的内心需要，多个角度了解教师，兼听众论，避免主观臆断，避免以个人好恶作为评价教师的标准。

2. 领导应善于在实践工作中“识人”

从平凡的工作中准确地把握教师的“闪光点”，力求全面地了解教师，从而扬长避短，克服“一叶障目，不见泰山”的做法。

3. 领导应扬长避短，科学用人

在了解教师特点的前提下，将每一位教师安排在合适的工作岗位上，使一个班级中，在年龄上既要有朝气蓬勃、勇于创新的新教师，又有经验丰富、细心周到的老教师；在性格上可以大胆配细致，外向配文静；在能力上，既有擅长文字书写的，又有擅长口头表达的。将有责任心、组织能力、业务能力强的教师聘任为班、组长，委以重任。

（四）因人而异，循循善诱

1.“老教师”是幼儿园的宝贵财富

她们熟悉业务，具有较丰富的教育、教学经验和优良的教风，她们热爱幼儿教育事业和孩子，教学认真负责；她们的孩子已长大成人，家务事对教学干扰少。因此，她们更需要尊敬、信任和政治思想上的关怀。

2.“中年教师”是幼儿园的骨干力量

她们业务水平和实践经验均较扎实，责任心和上进心强，愿意承担重担，渴求发挥特长。但她们上有老，下有小，生活负担重，家务干扰大。她们中有的人自视过高，有的得失心重。因此，她们既需要生活上的关心照顾，又需要精神上的激励。她们可以担重担，但应注意引导她们正确看待功过得失，引导她们既敢于竞争，又要善于竞争。

3.“青年教师”是幼儿园的新生力量

她们有朝气，有较好的业务基础，好学上进，对新事物敏感，敢想敢说，但教育经验不足。她们正处于恋爱、婚姻、养育子女时期，家务拖累多，有的专业思想不巩固，心理抗挫能力低，遇到困难便打“退堂鼓”。因此，要引导她们树立正确的世界观、人生观、价值观，激发她们对幼儿教育工作的热爱之情，学会正确处理爱情、婚姻、家庭与事业的关系。同时应多为她们提供锻炼的机会，磨炼其意志，增长其经验，帮助其成长。

二、与幼儿的公共关系

幼儿是幼儿园主要的、直接的服务对象。对幼儿的公共关系重点在于建设家一般的环境，亲人一般的师生关系，尊重幼儿，让幼儿在幼儿园中养成良好的生活习惯，学会学习和交往。与幼儿建立良好的关系，沟通也是关键，下面具体介绍与幼儿成功沟通的技巧和应注意的问题。

（一）与幼儿沟通的技巧

1. 熟记幼儿的名字

在幼儿园里，老师呼唤幼儿的名字，幼儿会倍感亲切，觉得自己受到老师的重视。一般而言，呼唤幼儿的名字以幼儿入园登记的名字为标准，而不呼唤幼儿的绰号，这是对幼儿的尊重和基本的礼节。因此，熟记幼儿的名字是教师与幼儿沟通技巧的第一把钥匙，也是进行沟通的基础。

2. 选用适当的语言

在沟通过程中，什么样的语言才是适当的语言呢？笔者也针对这个问题进行过实验，当笔者用比较生疏的字词句与幼儿交流时，幼儿不知所云。看到幼儿的反应，笔者用通俗易懂的语言为幼儿翻译一遍，幼儿恍然大悟，也和笔者聊了起来。因此，教师与幼儿沟通时，应该选择幼儿容易听懂的字词句来作为与幼儿交流的媒介，用词要准确，句子表达要完整、具体。

3. 眼光要与孩子直接接触

目光的接触本身就是一种交流和沟通。有经验的老师通常能够用目光来和幼儿进行交流，幼儿能通过老师的一个眼神明白老师要说什么。

此外，在与幼儿进行交流与沟通时，教师的视线最好与幼儿平行，最好的办法就是，蹲下来与孩子交流，让孩子感觉老师重视他，与老师处于平等的位置，交流起来更能感觉到老师的关爱。

4. 说话语调和速度要适当

在沟通的过程中，老师说话的语调对于交流起着重要作用。对于幼儿而言，教师的语言抑扬顿挫会使交流效果更好，更能激起幼儿交流的兴趣和欲望。同时，与幼儿沟通时的语速要适中，不能太快，也不能太慢。太快容易导致幼儿听得不太清楚，太慢就会使幼儿等得太急，幼儿本有的积极性会降低。交流时的音量也要适当，只要使每个幼儿都能听清楚就可以了。

5. 语气要和善

教师与幼儿沟通时，语气是否和善有着至关重要的作用。语气和善，幼儿听起来会感觉到一丝温暖的情意，幼儿也更容易接受。此外，为了更好地达到沟通效果，教师可以适当制造悬念，让幼儿的注意力更为集中。

6. 善于倾听

在语言活动中，我们常常引导幼儿学会倾听，而我们本身却不时会忽视这一点。在与孩子的交流过程中，我们要做好榜样，用心倾听孩子的心声。

（二）与幼儿交流时应注意的问题

1. 尽量和孩子多说话

应不放过任何机会与孩子说话。孩子起床，可问他梦见什么；放假后返回学校，可问问孩子在家里的情况，或聊聊白天的见闻。

总之，只要和孩子在一起，就要尽量和孩子多说话，即使是婴儿，经常与其逗话，婴儿也会变得异常活泼。孩子需要老师和家长的关心。

2. 激发孩子说话的兴趣

良好的交流应该是双向的，为此，老师应注意培养孩子说话的兴趣，尤其是对那些沉默寡言的孩子，更要想办法激发他们说话。可找一些孩子喜爱的玩具，同孩子一道玩，边玩边与孩子交谈。

交谈时，应多找一些孩子感兴趣的话题。还可以找几幅图片给孩子看，看后让孩子讲给老师听，引发孩子积极思考、大胆想象。平时要引导孩子多观察，这样，孩子的话才能逐步多起来。

3. 不打断孩子的话

当孩子说话时，不可轻易地打断他们的话，要耐心地、尽可能地让他们把话说完。孩子想说的多是自己的要求或感受，尤其是他们感到好玩的或害怕的事，但老师和父母往往忽视这类问题，不注意听完孩子所说的话。长此以往会挫伤孩子说话的积极性。

4. 允许孩子申辩，申辩也是一种权利

有的老师喜欢那种俯首贴耳“听话”的孩子，老师怎么讲，孩子就怎么做。一旦发现孩子做错了，就会不分青红皂白地训斥孩子，不允许孩子申辩。这样不但不能使孩子心服口服，还会使孩子滋长一种抵触情绪，为说谎、推脱责任埋下恶根。

孩子申辩本身是一次有条理地使用语言的过程，也是与大人交流的过程。如果老师能有意识地找一些问题来与孩子辩论，孩子的思维能力和口语表达能力都可以得到很好的训练。

5. 多赞美、少批评

恰到好处的赞美是父母与孩子沟通的兴奋剂、润滑剂。家长对孩子每时每刻的了解、欣赏、赞美、鼓励会增强孩子的自尊、自信。切记：赞美鼓励使孩子进步，批评抱怨使孩子落后。

第三节　幼儿园与家长的公共关系

一、幼儿园与家长的公共关系在幼儿园管理中的意义

1. 增进彼此理解，减缓矛盾

《幼儿园教育指导纲要（试行）》提出：家庭是幼儿园重要的合作伙伴。应本着尊重、平等、合作的原则，争取家长的理解、支持和主动参与。幼儿园与家长搞好关系，可以获得家长的理解和物力、人力以及精神方面的支持，同时获得家长对幼儿园工作的理解，当出现冲突时，矛盾冲突激烈程度会相应减轻，关系容易缓和。

2. 指导家庭教育，形成教育合力

《幼儿园工作规程》中规定：幼儿园应主动与家长配合，帮助家长创设良好的家庭环境，向家长宣传科学保育、教育幼儿园的知识，共同担负幼儿教育的任务。幼儿园及教师通过家长工作，了解和分析家庭教育的特点与问题，有针对性地引导、帮助家长树立正确的教育观念，学习、掌握幼教规律和教养方法，提高科学育儿的自觉性，较好地承担起家长的教育职责。

3. 开发家长资源，共同办好幼儿园

从幼儿园的对外交流工作看，家长是幼儿园走向社会，获得广泛理解和支持，扩大教育和服务影响力以及树立自身良好形象的重要中介和桥梁。做好家长工作，才能争取家长的关心、支持，激发其参与幼儿园教育与管理的积极性，对幼儿园工作和保教质量的优劣作出评判，提出建设性的意见、建议，帮助幼儿园工作人员，共同办好幼儿园。

4. 传播幼儿园形象，扩大教育和服务影响力

加强幼儿园管理的目的是为幼儿和家长提供优质的保教服务，促进幼儿在德智体美等方面全面发展，进而更好地服务社会，提升幼儿园在社会的美誉度和知名度。幼儿家长，作为幼儿园的服务对象——幼儿的监护者，是幼儿园教育服务和教育质量的主要评价者，是幼儿园走向社会的重要桥梁。因此，幼儿园需要密切与家长的关系，让幼儿家长亲身体验幼儿园优质的保教服务和教育质量，然后借助幼儿家长的正面评价，扩大幼儿园教育和服务的影响力。

二、幼儿园与家长的公共关系

（一）建立经常联系，相互沟通情况，对幼儿同步教育

幼儿园只有与家长建立密切联系，经常沟通情况，才能达到配合一致教育幼儿的目的。联系沟通应注意以下三点。

1. 经常性

幼儿园家长工作一般都通过家长会、家园联系栏及家长学校等向家长通报幼儿园的工作计划、要求，宣传科学保育和教育幼儿的知识、经验。这些内容都很必要，但光是这些还不

够。由于家长工作的目的在于实现家园合作，促进每个幼儿身心发展，而幼儿是存在个体差异的，发展幼儿是一个渐进的过程，因而幼儿园的家长工作更重要的应该做到经常联系与沟通。如通过教师与家长的个别谈话、便条、家园联系册、电话、家访等形式，随时反映和交换孩子成长、进步的情况，存在的问题与需要，以便及时采取措施促进每个幼儿在其原有基础上获得发展。

2. 双向性

家园沟通是双向的，不应只是幼儿园单方面向家长提出工作要求或汇报幼儿在园的表现。幼儿园教师和家长应经常将幼儿在园、在家的情况相互交流，共同研究配合教育的方法，相互反馈教育效果，只有这样才能取得共识，达到共同教育，促进幼儿发展的目的。

3. 以幼儿发展为中心

家园无论采用何种方式进行沟通，都是为了促进幼儿的发展。但一些调查发现，有不少家园联系册中的内容未能围绕幼儿发展这个中心进行。比如：有的教师把家园联系册当作通知书，通知家长做这个做那个，有的家长则在联系册上笼统地写孩子有进步了，感谢老师的教育等。不少联系册都只是用了一两次就很少运用了。这些情况实际上起不到促进幼儿发展的作用，家园沟通应根据幼儿园班级的教育目标，结合每个孩子发展的需要，将孩子在园、在家的表现、进步和问题，互相交流，彼此配合教育，以促进每个孩子的发展。

实现幼儿园与家庭的相互沟通并不是件很容易的事，需要双方做出努力，其中幼儿园应起主导作用，因为幼儿园是专门的教养机构。幼儿教师应主动创造条件，排除家长的种种顾虑，打通沟通渠道，为促进幼儿的身心健康发展而共同努力。

（二）帮助家长提高科学育儿的水平

幼儿园采取多种有效方式向家长宣传正确的教育思想和科学的育儿知识，帮助家长提高家教水平，不仅可以改进和优化家庭教育，还有助于在教育孩子的问题上家园取得共识，达到教育上的协调一致。

向家长宣传科学育儿的原则与知识，进行家教指导，应注意以下几个方面。

1. 帮助家长认识幼儿期家庭教育的重要性

不少家长对幼儿教育，特别是幼儿家庭教育的重要性缺乏认识。有的家长认为“树大自然直”；有的认为孩子幼时主要是长身体，上学才是教育的开始；有的家长只顾挣钱，对孩子的教育不放在心上；还有相当一部分家长认为把孩子送进幼儿园，教育就是老师的事，家长只管孩子的生活就行了。幼儿园应向家长宣传：幼儿是人生的奠基时期，是身体、智力迅速发展与性格、品德、行为习惯形成的重要时期，是进行教育的黄金时期。还要使家长认清家长在教育孩子上起着重要的、不可替代的作用，应该尽到自身的责任。

2. 帮助家长树立正确的教育观念

家教观念决定着家长的教育行为。目前，我国不少幼儿家长在儿童观、发展观、教子观、人才观等方面都存在问题，导致一些家长对孩子的教育步入误区，直接影响着家教质量和家园合作教育。比如：不少家长误认为向孩子灌输大量的知识便是智力开发，让孩子学会一技之长就能成才、成星，并以为这就是早期教育；有些家长忽视幼儿社会性的发展，不重视孩子的性格、品德、行为习惯的培养；还有些家长教育观念陈旧，不适应时代发展的要求。因此，要帮助家长端正和更新教育观念，引导家长重视孩子在智德体美各方面的全面和谐发展，帮助其树立面向未来、从幼儿开始、培养社会主义一代新人的观念。

3. 宣传科学的育儿知识

当今不少家长对孩子的期望过高，但又教育无方。他们不了解幼儿的生理、心理特点，缺乏科学的育儿知识。有的家长对孩子娇惯溺爱，有的家长对孩子过早地进行定向教育；有的家长不主张孩子玩游戏，认为玩游戏是学不到知识的，对幼儿施行小学化、成人化的教育等。

向家长宣传有关幼儿身心特点和科学保育、教育的知识，让家长了解教养孩子必须遵循的科学规律，坚持严爱结合、正面教育为主、以身作则以及教育一致性等教育原则。

4. 帮助家长为幼儿的健康成长创设良好的家庭环境

要使家长认识到家庭教育，尤其是家庭幼儿教育，从本质上讲是一种环境教育，要重视为孩子身心健康、和谐发展创设良好的物质和精神环境。

（三）争取家长的配合支持，树立良好形象

对于家园教育的密切合作，很多人都简单地理解为家长对幼儿园物质材料上的支持，认为只要家长能与幼儿园的教育思想、行为保持一致就不错了，但其实这是远远不够的。应该考虑如何进一步深入挖掘家长教育资源，使家长也成为幼儿园课程的参与者和实施者。

一般来说，结合节日活动开展丰富多彩的家园共庆活动是很有必要的。让家长在主动参与中了解孩子的爱好和需要，以转变自身的教育观念和行为。例如：在三八妇女节，每个小朋友画了一幅名为“心中的妈妈”的画，并且口述了一封写给妈妈的信，和大家一起分享自己对妈妈的爱。在放长假的时候，请家长带孩子出外游玩，家长和孩子一起收集见闻资料，并带来幼儿园送入展示区中，让幼儿在同伴间相互交流信息，为每一名幼儿都提供表现的机会，进一步增强其自信心，培养他们的合作交往能力。

让家长以各自不同的身份参与幼儿园的活动。如：可以专门邀请在交通部门工作的家长来园为幼儿介绍交通规则，让幼儿学习简单的交通指挥手势，教幼儿学看交通标识，教育幼儿要遵守交通规则，学习一些自我保护的方法；也可专门邀请在医院工作的家长为大班幼儿讲解换牙、保护牙齿应注重的问题。

第四节　幼儿与社区的公共关系

一、幼儿园与社区的公共关系在幼儿园管理中的意义

《幼儿园工作规程》规定：幼儿园应当加强与社区的联系与合作，面向社区宣传科学育儿

知识，开展灵活多样的公益性早期教育服务，争取社区对幼儿园的多方面支持。加强幼儿园与社区合作具有十分重要的意义。

（一）满足幼儿自身发展的需要

幼儿的健康成长有赖于其所处的外部环境及其交互作用。除了在幼儿园外，幼儿大部分时间是生活在家庭和社区里。社区的自然环境和人文环境在幼儿的成长过程中，特别是心理发展过程中有着特殊的意义。例如，成年人回忆幼小时生活过的街道、村庄、小镇时，总会伴随着十分美好、温馨的情感，这些情感构成了他们人生积极情感的重要内容，对人的一生都会产生影响。如果幼儿园使幼儿与社区之间进行有意义的互动，让幼儿投身于充满活力的现实生活之中，幼儿就会从周边生活环境中获得丰富的信息。这对培养幼儿学习各种东西、创造才能及完善幼儿人格都有重要作用。

（二）丰富幼儿园教育资源

社区作为一个集生产、生活、文化等多种功能于一体的社会小区，能为幼儿园提供丰富的人力、物力、财力、场所等多方面的支持。社区的积极参与，让幼儿走进社区课堂，能使幼儿园教育变得更生动、更富有时代气息和地域特色。比如，让幼儿参观社区中的各种机构、设施，请社区的劳动模范、解放军战士、医务人员、警察叔叔等与幼儿共同活动；幼儿园在教育活动中将社区的历史、风俗、革命传统等作为本土课程资源来利用，使幼儿园教育内容丰富而有特色；幼儿园可以通过环境布置、师幼服饰及人际交往方式等将反映当地民族文化的内容渗透到幼儿园。所有这些都会对丰富幼儿园的教育资源起到积极的影响。

（三）满足非在园幼儿的学习需要

幼儿园与社区开展合作，积极发展社区幼儿教育，不仅可以拓展在园幼儿的学习、成长机会，而且还可以为那些未能入园接受正规幼儿教育的孩子提供补偿教育，促进幼儿共同发展和教育平等。

（四）促进家庭教育、社区教育发展和精神文明建设

社区文化不仅对幼儿园教育有重要影响，而且也影响着社区每个成员。家庭、幼儿园、社区三方应发挥自身的优势，进行人力资源与物质资源的优化与互补，以及提供对方所需要的服务。幼儿园是专门的教育机构，幼儿教师懂得幼儿身心发展的特点和规律，应将科学的幼儿教育方法推广到家庭教育与社区教育中。在教育生态化中，家、园、社区三方的合作是一种必然趋势。幼儿园与社区合作，既有利于家长、社区了解教育、参与教育，促进家庭、社区对幼儿园各项工作的理解与支持，提高保教质量；也有利于资源的有效整合与利用，以弥补教师在知识、技能方面的不足，扩大学前教育的社会服务功能。还可以发挥教育对社会和社区发展的作用，使社区成员更加关心下一代的成长，关心和支持文化教育的发展，提高社区居民的文化教育素养，营造良好的社区风貌，很好地推动精神文明建设。总之，充分开发和利用社区教育资源，已经成为当前幼儿园课程改革的一个热点。幼儿园与社区合作既是社会发展对幼儿教育提出的客观要求，又是幼儿教育自身发展的内部需要。幼儿园应当积极

探索适应社会变化的新型教育模式，促进自身的持续发展。

二、幼儿园管理社区公共关系的目的

（一）利用社区的物质资源

社区的物质资源主要包括社区的花草树木、景观建筑、机构设施等。广阔的田野、茂盛的蔬菜园区、秀丽的公园、忙碌的工厂、整洁的道路、历史遗迹等，这一切为幼儿教育提供了得天独厚的条件。幼儿园要组织幼儿走出幼儿园，走向广阔的天地，让幼儿去看、去听、去触摸，让幼儿感受与园内教育截然不同的快乐和收获。不同的季节，社区有不同的自然风景，可以开展让孩子们认识各种蔬菜粮食作物、“找秋天”等系列活动，让幼儿了解科学、认识自然。也可以充分利用社区里的工厂和各种机构设施。比如某幼儿园带幼儿参观啤酒厂。在参观过程中，幼儿观看了啤酒的制作流程，感受到工人们一丝不苟、勤勉努力的工作态度，既丰富了幼儿的认识，又增强了幼儿的责任意识。

（二）利用社区的人力资源

社区蕴涵着丰富的人力资源。首先，家长是我们可以最大程度利用的教育资源。幼儿园的各项教育活动，都离不开家长的支持和协助。教师要注意发现和利用家长特有的教育优势，为幼儿园教育服务。幼儿家长一般来自各行各业，因而他们在一定程度上能展现出社会的千姿百态。幼儿园可以邀请不同职业的幼儿家长，到幼儿园和幼儿一起活动，让幼儿了解各行各业。此外，社区中有从事各行各业的人员，如消防员、超市收银员、清洁工、劳动工人等，他们以自身的劳动展示着多彩的社会生活，给幼儿认识社会角色提供丰富的素材。另外，社区里的离退休老人、劳动模范、民间艺人等更是潜在的教育力量，邀请他们融入幼儿活动中，幼儿更容易接受，可以起到单纯教育不可替代的作用。某园在开展主题活动时，邀请社区的老艺人，给幼儿讲述京剧脸谱的分类、色彩的搭配等，并向幼儿展示自己绘制的脸谱，让孩子们接受更专业、更直接的传统文化教育，受到孩子们的欢迎。

三、幼儿园与社区教育公共关系的内容

（一）日常性社区合作

1. 成立社区幼儿教育委员会

健全社区教育机构，构建一个能统筹、协调社区内各种教育因素的组织机构，有利于社区幼儿教育的开展。邀请社区内街道居委会、企事业单位以及社区内各种与幼儿教育有密切联系的职能部门和经济实体参与，充分发挥其参教、议教、资教、助教的作用，使得社区教育工作有计划、有步骤地进行。

2. 建立完善的社区婴幼儿服务网络

引导家庭、社会共同参与和关心婴幼儿教育，让所有的婴幼儿都能健康、茁壮成长，也使幼儿园教育有良好的社区基础。

3. 成立社区托护中心

保教专职人员有效帮助社区双职工家庭解决小孩放学回家无人看管的问题，或节假日父母加班无法照料幼儿的问题等，尽量做到解除社区年轻父母的后顾之忧，有托必应。

4. 成立社区儿童图书馆

每天定时开放，为社区每个儿童提供良好的文化学习环境，营造轻松愉快的休闲氛围。

5. 建立家庭教育指导中心，为每一个有户籍的儿童建立成长档案

从出生起，就使婴幼儿就得到教育关注，使教育的范围从 3 ~ 6 岁扩展到 0～6 岁。幼教专职人员能够定期为社区内的家长提供正确的家庭教育指导。

6. 成立多种形式的家长协作组织

家长协作组织利于家长与家长之间建立联系，互相勉励，互相支持，使家长管教孩子时不再感到孤独无助。比如定期开展家教沙龙活动，让家长互相交流自己的教育心得。

7. 成立家长巡视组和社区幼儿园委员会

让家长与社区参与晨间接待、离园管理、幼儿常规和教师教学常规的检查、大型活动的组织与安全保护等活动，使家园社区合作共育落到实处。

8. 建立社区正当的投诉程序

建立社区正当的投诉程序有利于化解幼儿园和家庭之间的矛盾，有利于建立和谐融洽的家园关系。

（二）指导性社区合作

1. 举办家长学校和召开家长座谈会等活动

密切同家长的联系，向社区宣传科学育儿知识。面向每一个幼儿及家庭乃至全体社区成员提供优生优育优教方面的服务指导，从而为儿童实现生命权、生存权、发展权提供保障。

2. 社区建立家庭教育辅导站

从新婚指导做起，举办优生优育优教的系列辅导，采取集中授课、登门指导、专家咨询、定期发放科学育儿资料、板报宣传以及各种娱乐活动。

（三）参与性社区合作

1. 幼儿园利用节假日组织社区范围内的集体活动

在节假日幼儿园可以向社区开放，组织一些娱乐活动，请社区成员一起欢度节日。比如元旦，幼儿园可组织幼儿用自己的美术作品作为布置，为社区街道增添色彩。比如植树节，幼儿园可组织幼儿对社区的树木进行护理。

2. 幼儿园组织幼儿到社区里的一些特殊场所进行慰问演出活动

教师可组织幼儿到福利院、敬老院、特殊学校等进行活动，既推动社区精神文明建设，又扩大幼儿园的影响，还有利于培养幼儿健全的人格。

3. 幼儿园要善于利用社区的环境资源

幼儿园可以利用自然环境的资源，带领幼儿走进大自然，感受家乡千姿百态的景象，培养幼儿热爱大自然的情感。还可以利用社会环境的资源，带领幼儿融入大社会，让幼儿对美发院、美容院、健身房、茶馆、咖啡屋、酒吧、书店、图书馆、博物馆、影剧院、少年宫等设施有所认识。此外，还可以利用文化环境资源，丰富幼儿教育。如当社区里的腰鼓队、太极拳队、舞蹈队等进行表演时，教师可带领幼儿前去观赏；当社区组织居民进行唱歌、美术、书法等比赛时，教师也可指导幼儿参与比赛。还可以利用社区资源开展主题探究活动，丰富幼儿园课程资源，在此基础上可以进行高质量的园本课程开发。

4. 幼儿园定期开放教育资源（如玩具、场地等）供散居儿童使用

幼儿园组织专门的教育活动吸引散居儿童参加有利于扩大幼儿园在社区中的影响，便于幼儿园招生工作的顺利开展。

5. 聘请社区中热心参与教育、关心幼儿成长的有识之士为幼儿园助教

请大学教育系学生、专家做社区教育志愿者，解决当前幼儿园普遍存在的师生比例严重失调的现实问题，特别是在组织幼儿外出参观游玩活动时，这些力量会成为幼儿安全问题的可靠保障。

6. 建立幼儿园社区的网络平台

在网络已进入家家户户的时代，充分利用现代化信息资源，有效开展家园社区合作工作。以制度建设为依托开展家园社区合作，有益于使幼儿园教育从封闭走向开放。注重家庭教育、机构教育与社区中多种教育因素的有机联系，发挥整体性教育影响，提高教育质量，有益于加强地方自主性，使学前教育更好地立足当地实际，因地制宜，形成各自特色。

【练习题】

一、简答题

1. 幼儿园公共关系管理的含义和原则是什么？
2. 简述幼儿园公共关系管理的内容。
3. 简述幼儿园内部公共关系管理的沟通技巧。
4. 简述幼儿园与家长公共关系的意义和内容。
5. 简述幼儿园与社区公共关系的意义和内容。

二、幼儿园典型案例分析

案例一

（小班）晨间活动时，老师在接待幼儿。丫丫来了，她很有礼貌地向老师问好，老师回以热情的微笑，并蹲下来拥抱丫丫，然后指了指操场一端的玩具筐说："丫丫，自己去拿玩具吧。"丫丫的奶奶看了却很生气："老师为什么不帮孩子拿玩具，我交那么多费用，上你们幼儿园，就是让孩子得到好的照顾……"

问题：分析案例，思考家长生气的原因，并给出沟通建议。

案例二

新学期开始，刚刚上任不久的某幼儿园李园长，针对该幼儿园以前管理中出现的由于教职工责任不清晰、奖罚不明、干多干少干好干坏一个样，而造成教职工工作积极性不高、工作作风散漫、效率低下的不良现象，对该幼儿园管理进行了改革。实施了新的管理措施，即在明确各人职责的基础上，采取按劳分配的原则。根据教职工的工作表现和实际成绩，给予不同的工资福利待遇，并且对工作表现好、成绩突出者给予适当数额的奖金奖励，而对于工作散漫、效率低下，以至不能完成任务或工作中有明显失误的人员酌情进行罚款。为此，该幼儿园制定了一整套对教职工工作进行检查和评估以及根据教职工工作成绩实行奖励和处罚的制度，并在实际工作中得到了切实的执行。说来也怪，半年以后，李园长发现教职工工作的积极性明显比以前高了，不仅没有了以前那种拖沓、散漫、相互推诿的现象，而且大家都争任务、抢任务，显得干劲十足，整个幼儿园的工作效率大大提高了。同时，李园长也发现园里的教职工越来越看重物质了，没有物质报酬的工作几乎没人愿意去干，以前那种任劳任怨、无私奉献的精神不仅在实际工作中得不到体现，甚至都没有人愿意去提及，并且园里工作人员之间的关系似乎变得也有些冷淡了。看到这些现象，因自己进行了成功的幼儿园管理改革而沉浸在喜悦之中的李园长又陷入了深思。

问题：分析上述案例，试回答（1）李园长对幼儿园进行改革采用的是哪种方法?（2）这种方法有何利弊?（3）如何正确运用这种方法?

案例三

何园长正在办公室里写工作报告，一位家长敲门而入。家长开门见山地责问园长："何园长，你们园老师怎么回事，罚我儿子半天不能玩!这么小的孩子不玩，那还能干啥？亏你们园还是一级一类园呢！"何园长一听，愣了，园里可从来没发生过这样的事情，其中是不是有误会呢？见家长正在火头上，何园长递给她一杯水，请她坐下，让她先消消气把事情原委说清楚。家长告诉园长："昨天，我接孩子回家，问孩子今天玩得怎么样，孩子说：'老师让我半天不准玩'。何园长，我孩子也就 3 岁 10 个月，哪能半天不玩呢?"何园长说："我先了解了解情况，一定给您一个满意的答复。"于是，何园长找到了小二班王老师询问此事。王老师着急地向何园长解释："园长，是这样的，明明昨天淘气，我就对他说：'明明，你再淘气的话，老师可让你半天不准玩'。但我只是让他安静地待了一分钟，并没有真正让他半天不准玩。"保育员也向园长证实情况属实。何园长全明白了，小班孩子不能正确理解教师的话，时间观念也差，所以表达出来就引起了家长对老师的误会。何园长将事情的真相告诉了家长，并且向家长道歉。家长反而不好意思了，直说："看来得去学学儿童心理学，谢谢何园长！"事后，何园长找来王老师，没有批评她，而是与她一道探讨教育的技巧，并建议她第二天主动向家长道歉。

问题：分析上述案例，评价何园长对家长公共关系的处理行为。

案例四

某老师是位从地方转来的青年教师，年纪不大，业务能力很强，尤其是钢琴弹得非常好，她在业余时间不是教学生学钢琴，就是去歌舞厅伴奏，经常迟到早退。

有一次，离下班时间还有半个小时，她又打扮得漂漂亮亮的准备走了。刚走到门口，被园长撞上了。园长批评她，她却说："扣我的奖金好了"。园长看着她的背影，气得说不出话来。此后，园长按规定扣了她的奖金，但她仍然我行我素。

问题：案例中，园长采取扣奖金的方法未能解决与教师的公共关系问题。请你分析原因，给园长提出管理建议。

参考文献

[1] 吕晓，杨晓萍. 园长专业化知识基础的构成与发展途径[J]. 学前教育研究，2011（12）：19-22.

[2] 吕晓. 园长专业发展相关评述研究[J]. 幼儿教育·教育科学. 2006（11）：22-24.

[3] 罗丽，洪秀敏. 园长领导力的现状与分析[J]. 幼儿教育，2012（7）：19-20.

[4] 屈玉霞. 幼儿园经营与管理[M]. 北京：科学出版社，2017.

[5] 时松. 幼儿园管理[M]. 长春：东北师范大学出版社，2018.

[6] 蔡连玉. 幼儿园经营与管理[M]. 上海：华东师范大学出版社，2013.

[7] 欧阳亮，ZH 幼儿园发展战略研究[D]. 湘潭：湘潭大学，2014：10-16.

[8] 刘萍. 学前教育原理[M]. 北京：北京出版社，2014.

[9] 吴邵萍. 幼儿园管理与实践[M]. 南京：江苏教育出版社，2012.

[10] 王瑜，贺燕丽. 幼儿园组织与管理[M]. 北京：高等教育出版社，2015.

[11] 张慧敏. 幼儿园组织与管理[M]. 北京：人民邮电出版社，2014.

[12] 胡云聪，申健强，李容香. 学前教育评价[M]. 北京：人民邮电出版社，2015.

[13] 陈加兴. 如何建设幼儿园精神文化. 教育科学[J]. 2016（01）.

[14] 栾文彦. 民办幼儿园教师参与课程决策的个案研究[D]. 重庆：西南大学，2010：1-2.

[15] 高庆春. 幼儿园管理[M]. 北京：清华大学出版社，2017.

[16] 罗长国，胡玉智. 幼儿园管理[M]. 北京：高等教育出版社，2011.

[17] 邢利娅. 幼儿园管理[M]. 北京：高等教育出版社，2010.

[18] 梁坤. 幼儿园责任事故的几种类型与处理程序[J]. 早期教育，2015（1）.

[19] 刘双菊，张宏霞. 幼儿园意外事故的应对与处理[J]. 幼教博览，2010（5）.

[20] 李季湄. 幼儿教育学基础[M]. 北京：北京师范大学出版社，1999.

[21] 肖全民，周香. 幼儿教育概论[M]. 北京：北京师范大学出版社，2012.

[22] 肖全民. 学前教育原理[M]. 北京：北京师范大学出版社，2017.

[23] 孙立双. 学前儿童家庭与社区教育[M]. 北京：北京出版社，2014.